Peter Widmer

Der Eigenname und seine Buchstaben

**Peter Widmer** (Dr. phil.) ist Psychoanalytiker in freier Praxis in Zürich. Lehraufträge und Gastprofessuren an verschiedenen Universitäten (Kyoto, New York, Innsbruck, Zürich). Sein Forschungsschwerpunkt ist die Konstitution der Realität für das Subjekt.

Peter Widmer

# Der Eigenname und seine Buchstaben. Psychoanalytische und andere Untersuchungen

[transcript]

**Bibliografische Information der Deutschen Nationalbibliothek**
Die Deutsche Nationalbibliothek verzeichnet diese Publikation in der Deutschen Nationalbibliografie; detaillierte bibliografische Daten sind im Internet über http://dnb.d-nb.de abrufbar.



Umschlaggestaltung: Kordula Röckenhaus, Bielefeld
Lektorat: Adrienne van Wickevoort Crommelin
Druck: Majuskel Medienproduktion GmbH, Wetzlar
ISBN 978-3-8376-1620-0

Gedruckt auf alterungsbeständigem Papier mit chlorfrei gebleichtem Zellstoff.

Besuchen Sie uns im Internet:
*http://www.transcript-verlag.de*

Bitte fordern Sie unser Gesamtverzeichnis und andere Broschüren an unter:
*info@transcript-verlag.de*

# Inhalt

# Vorwort

Eigennamen sind etwas so Alltägliches und Selbstverständliches, dass ihnen in den einschlägigen Wissenschaften nicht die ihnen gebührende Beachtung geschenkt wird. Zu präzisieren ist, dass in der vorliegenden Arbeit nur die Eigennamen thematisiert werden, mit denen sich Menschen selber bezeichnen, also Vor- und Familiennamen. Daneben ließe sich ja auch nach den Eigennamen von Städten, Dörfern oder Landschaften fragen. Interessanterweise gibt es für diesen Bereich unendlich viele Untersuchungen. Woran mag das liegen? Trifft vielleicht die Hinwendung zum eigenen Namen auf einen Widerstand, der gerade mit der alltäglichen Selbstverständlichkeit zu tun hat, die nicht gerne hinterfragt wird? Oder liegt es daran, dass die Untersuchung des Eigennamens Türen aufmacht, die in unbekannte Räume führen, in denen einem im wörtlichen Sinn unheimlich werden könnte?

Eigennamen beschäftigen mich seit meiner Kindheit. Ich kann mich gut erinnern, dass ich mich fragte, warum dieser oder jener Spielkamerad oder Schulkollege so und nicht anders hieß; präziser noch: Ich versuchte, den Klang eines Eigennamens mit dem Aussehen seines Trägers in Beziehung zu bringen. Das gelang manchmal problemlos, in anderen Fällen fand ich aber, dass der Name nicht zu einem bestimmten Aussehen oder das Aussehen nicht zu einem Namen passte. Das änderte nichts daran, dass die Namen ein Faszinosum blieben, selbst von da an, als ich wusste, dass im Grunde genommen niemand etwas für seinen Namen konnte, weil ihn sich ja niemand selber ausgesucht hatte. Eine hartnäckige Überzeugung sagte mir dennoch, dass es eine enge Verbindung zwischen dem Sein eines Menschen, seinen Zügen, und seinem Namen gebe.

Ich erinnere noch deutlich, was in mir vorging, wenn jemand meinen Eigennamen nicht richtig verwendete, wenn etwa der erste Buchstabe meines Vornamens in berndeutschen Versionen zu einem B wurde oder wenn der Klang des ersten Vokals dunkler wurde. Das warf mich auf eigenartige Weise auf mich selbst zurück, ließ mich fragen, wie ich aussehe, schlimmer noch: führte zur Vermutung, dass etwas nicht stimme mit mir. Dieser Eindruck ging so weit, dass er mein Gesichtsfeld beeinflusste, dass meine Welt eine bestimmte Färbung, einen bestimmten Geschmack erhielt, was mir gar nicht zusagte. Immerhin leitete ich davon ab, dass der Eigenname für seinen Träger nicht einfach Schall und Rauch ist, sondern für die Wahrnehmung von zentraler Bedeutung ist, vielleicht sogar ihr Zentrum *ist*.

Die Empfindlichkeit für den Eigennamen betraf sowohl den Vornamen als auch den Geschlechtsnamen. Vielleicht lag darin eine Kompensation für die Gewöhnlichkeit meiner Namen, die in den Regionen, in denen ich aufgewachsen bin, häufig vorkamen, auch dafür, dass ich nur mit einem Vornamen ausgestattet wurde, während viele andere zwei oder noch mehr hatten. Zu schaffen machte mir, wenn der Familienname nicht richtig ausgesprochen wurde, wenn etwa im Schweizerdeutschen der Buchstabe *d* in der Mitte einfach übergangen wurde. Ich kann nicht sagen, dass ich das deutlich als sexuelle Metaphorik aufgefasst habe, aber eine Ahnung davon war zumindest da.

Andererseits war ich selber keineswegs zimperlich, wenn es um die Verspottung von Eigennamen von anderen Kindern, männlichen und weiblichen, ging. Ich kann mir heute vorstellen, dass andere auch ihre Empfindlichkeiten hatten und ich achtlos in ihren Garten getreten war. Besonders schlimm war es diesbezüglich in der Zeit der Pubertät, vor allem in der Schule. Wurde ein Mitschüler aufgerufen, so zischte sein Name aus aller Munde, wurde dabei grob entstellt, so dass manch einer nicht mehr imstande war, auf eine Frage des Lehrers zu antworten. Auch auf dem Pausenplatz terrorisierten wir uns gegenseitig mit den Klängen der Eigennamen. Ich weiß heute noch nicht, ob solche Situationen üblich waren und noch sind oder ob ›mein‹ Jahrgang sich darin besonders übel hervortat.

Die Beschäftigung mit der Psychoanalyse führte dazu, dass sich dieses Interesse verstärkte, zum Glück auch differenzierte. Bald spürte ich mehr intuitiv als rational, dass nicht nur der Eigenname, sondern auch der Name des Analytikers nicht bedeutungslos ist. Als ich einmal als Anfänger in einer Supervisionsgruppe auf solche Zusammenhänge aufmerksam machen wollte, indem ich die Bauchschmerzen eines Patienten auf den Namen eines Analytiker-Kollegen bezog, in dessen

Namen der Bauch unüberhörbar war, erteilte mir die Supervisorin eine Abfuhr, indem sie mir zu verstehen gab, dass es in der Analyse und besonders in der Übertragung um Gefühle gehe, nicht um Spitzfindigkeiten und Zufälligkeiten. Ich behielt dann meinen Einwand, dass sich ja Gefühle um einen Eigennamen gruppieren könnten, für mich, da ich nicht auf eine Chance hoffen konnte, gehört zu werden.

Jahrelang blieb ich allein mit meiner Ansicht, dass der Eigenname in der Psychoanalyse ein wichtiges Thema ist. Erst die Lektüre von Serge Leclaires Buch *Der psychoanalytische Prozeß* stützte meine fragile Gewissheit, dass an dieser Vermutung etwas dran sein musste. Es sollte weitere Jahre dauern, bis sich mir durch die Lektüre von Lacans lange nicht zugänglichem *Seminar XII* neue Einsichten und Zusammenhänge eröffneten. Die fortgesetzte Beschäftigung, von der dieses Buch Zeugnis ablegt, führte jedoch nicht zu bündigen Erkenntnissen, sondern eher zu Differenzierungen, die es schwer machen, die Übersicht zu behalten, zumal ja nicht nur die Psychoanalyse etwas zur Bedeutung des Eigennamens zu sagen hat, sondern auch die Sprach- und Sozialwissenschaften, die Philosophie, Ethnologie und Geschichtsschreibung.

## Warum dieses Buch?

Wenn ich gefragt werde, warum ich dieses Buch über den Eigennamen schreibe, werde ich damit auch nach seinen Zielsetzungen gefragt. Tatsächlich werde ich von einer Hypothese geleitet, die im Eigennamen den Kern des Psychischen sieht, der über die Zugehörigkeit zum Symbolischen hinausgeht und seine Wurzeln im Realen des Subjekts hat. Dieser Eigenname ist nun nicht bloß ein Eindruck, einem Stempel gleich, sondern eine gestaltende Macht, die die Wahrnehmung des Subjekts, seinen gesamten Bezug zur Welt und zu den anderen Menschen betrifft. Diese gestaltende Macht ist gerade nicht Ausdruck von etwas Fixem, Unveränderlichem – obwohl der Eigenname ja Zeit eines Lebens derselbe bleibt – sondern von etwas Rätselhaftem, das sich erst im Laufe der Erfahrungen, in der Konfrontation mit anderen Namen, als solches herausstellt. Eine der leitenden Fragen dieses Buches lässt sich so formulieren: Inwiefern ist der Eigenname als Agens, als Katalysator, als Vermittler an der Konstitution der Realität eines Subjekts beteiligt?

Diese Frage knüpft ersichtlich an meine vorhergehende Arbeit, die den Titel *Metamorphosen des Signifikanten* trägt, an. Darin spielen das

Körperbild und seine Transformationen eine bedeutsame Rolle für die Konstitution der subjektiven Realität. Waren damals noch mehr das Lacan'sche Spiegelstadium und seine Verwandlungen im Fokus, so wird hier ein weiterer Schritt vollzogen: Der Eigenname wird als Körperbild im Symbolischen aufgefasst; das Unsichtbare strukturiert das Sichtbare, vom Spiegelstadium an über die Anthropomorphisierungen der Welt bis zur Auffassung dessen, was als Realität gelten kann. Es wäre auch berechtigt, noch etwas weiter zurückzugehen: Eigentlich war schon in meiner Dissertation, welche die Bloch'sche und die Freud'sche Anthropologie verglich und den Untertitel: »S ist noch nicht P« hatte (Subjekt ist noch nicht Prädikat), die Thematik angelegt, denn S und P sind bedeutsame Buchstaben in meiner Biographie. Die entscheidende Voraussetzung zur Fragestellung in diesem Buch, nämlich die Einsicht in die Repräsentativität des Subjekts durch die Sprache, gelang mir damals allerdings noch nicht, dazu bedurfte es eines langen Weges.

## Wie zu lesen sei

Das vorliegende Buch ist psychoanalytisch inspiriert, reicht jedoch über die genuin psychoanalytische Argumentation hinaus, indem es sozialwissenschaftliche, philosophische, sprachwissenschaftliche und literarische Dimensionen, angefangen mit einem Märchen, umfasst.

Wer sich vor allem für den psychoanalytischen Teil interessiert, kann die anderen Abschnitte ohne weiteres weglassen. Sie dienen der Einstimmung und der Schaffung einer Übersicht über die Auseinandersetzung einzelner Disziplinen mit ganz unterschiedlichen Aspekten und Phänomenen des Eigennamens. Vieles bleibt nur angedeutet und dient dazu, den Einstieg in das psychoanalytische Denken des Eigennamens vorzubereiten. Die lacanianische Psychoanalyse ist dabei wegleitend; denjenigen, die sich darin noch gar nicht auskennen, wird der Einstieg durch Beispiele aus den Überlegungen Freuds und seiner Nachfolger erleichtert. So wird die Signorelli-Episode, die am Anfang der *Psychopathologie des Alltagslebens* steht, ebenso ausgiebig kommentiert wie Leclaires Traumdarstellung, die sich um den Namen *Poord'jeli* dreht.

Die zentralen Teile sind diejenigen, die daran anschließen; darin wird versucht, den Eigennamen im weiten Feld der Psychoanalyse zu positionieren. Er wird als strukturierende Instanz nicht nur des Subjekts, sondern auf einer allgemeinen Ebene auch der Klinik und der

Theorie gedacht. Dabei zeigt sich ein Bruch, wenn gefragt wird, in welchem Namen das Subjekt spricht, wenn der Eigenname im Sprachgebrauch verschwindet, wenn sich das Subjekt in der ersten Person Singular vernehmbar macht. Dann wird das Denken über den Eigennamen hinaus notwendig; ein Denken, das an seine Grenzen kommt, wenn es über die Sprache und ihre innerweltlichen Bereiche hinaus vorstoßen will. Gleichwohl sind diese Grenzerfahrungen nicht ohne Belang für die Subjekte, strukturieren sie doch rückwirkend das Geschehen in den psychoanalytischen Kuren, in deren Herzen die Übertragung das versammelt, was den Eigennamen übersteigt. Dabei bleiben Fragen offen, die zu weiteren Diskussionen und anderen Beiträgen ermuntern sollen.

## Dank

Viele haben bei der Entstehung dieses Buches mitgeholfen, ihnen allen möchte ich danken. Namentlich sind dies Adrienne van Wickevoort Crommelin, Hamburg, die es seit seinen frühesten Fassungen begleitet, dann mit großer Sorgfalt und Kompetenz lektoriert und zudem wichtige Anregungen eingebracht hat; meine Frau Elisabeth Widmer, die bei der Entstehung des Projekts mitbeteiligt war und mit ihrer kritischen und aufmunternden Lektüre der ersten Entwürfe viel dazu beigetragen hat, dass es überhaupt auf den Weg gebracht wurde; meine Seminargruppe im Rahmen des *Lacan Seminar Zürich*, die während zwei Semestern Fragen gestellt, Ideen und Kritik vorgeschlagen hat, die ebenfalls in dieses Buch miteingeflossen sind. Nicht zuletzt danke ich der Leitung und den Mitarbeitern des *transcript-Verlags*, mit denen die Zusammenarbeit erneut sehr erfreulich war.

# Einführung: Merkmale und Merkwürdigkeiten des Eigennamens

Sobald man sich mit dem Wesen der Eigennamen näher beschäftigt, zeigen sich gegensätzliche Seiten: Intimität und Fremdheit, Unverfügbarkeit und Austauschbarkeit, Bedeutungslosigkeit und Inbegriff von Bedeutung, Gabe und Nahme, Flüchtigkeit und Dauerhaftigkeit geben ihm seine eigenartigen Konturen.

Seit es Eigennamen gibt, sind sie nach ihrem Wesen, ihrer Herkunft, ihren Merkmalen befragt worden. Innerhalb des Untersuchungsfeldes der Namen im Allgemeinen beanspruchen die Eigennamen einen besonderen Platz. Von vornherein ist es klar, dass in ihnen die Frage nach Wesen und Funktion sich anders stellt, als wenn es um die Benennung von Dingen außerhalb von Personen geht.

Eigennamen lassen sich, jedenfalls in unserer Kultur, in Vor- und Nachnamen aufteilen. Liest man Zeugnisse aus früheren Kulturen, etwa der griechischen oder der jüdischen, so fällt auf, dass die Menschen zu dieser Zeit nur einen Namen trugen. Sokrates war weder ein Vorname noch ein Geschlechtsname, sondern der Name dieses Mannes, der mit seiner Philosophie auf die Straße ging und die Leute in Gespräche verwickelte. Auch Abraham, Sara, Isaak, David, Saul, waren weder Vornamen noch Nachnamen, sondern Namen einzelner Menschen, die, um ihre Individualität zu bezeichnen – auch andere Menschen konnten ja diese Namen tragen –, auf ihre Abstammung hinwiesen. Erst im Mittelalter wurde es zur Gewohnheit, den Namen eines Menschen in Vornamen und Nachnamen aufzuteilen, wobei ein Einzelner mehrere Vornamen haben konnte, aber nur einen Nachnamen.

Was waren die Gründe für diese Aufteilung? Mehrere Faktoren mögen dabei eine Rolle gespielt haben, der bedeutsamste war wohl das

Aufkommen des Handwerkertums im Mittelalter. Die Berufsbezeichnung stellte die Vorstufe zum Nachnamen dar, löste den Hinweis auf die Abstammung ab. Diese Ablösung drückte auch ein anderes Seinsverständnis der Menschen aus, sie definierten sich nicht mehr von der Genealogie und damit von der Vergangenheit her, sondern von ihrer Tätigkeit und damit von der Gegenwart. Ein Schmied mochte von wem auch immer abstammen, dass er sich als Schmied bezeichnete, bereitete die Trennung in Nachnamen und Vornamen vor. Einen anderen Grund sehen viele Namensforscher in der zunehmenden Verstädterung und – damit im Zusammenhang – in der verwaltungstechnischen Notwendigkeit, Namen, die zur Kennzeichnung von Personen nicht genügten, weil ihn auch andere trugen, mit einem zweiten Namen zu ergänzen. Dieser zweite Name, der spätere Nachname, wurde entweder dem Namen oder der Lage des Wohnortes entnommen (z.B. Basler, Hamburger; zum Bach, am Berg), einer Eigenschaft eines Menschen (Groß, Klein, Reich) oder dem Vornamen eines Vorfahren, so dass viele Nachnamen wie Vornamen aussehen (Peter, Karl, Bruno usw.). Im Laufe der Zeit bildeten sich Kombinationen von Herkunftsmerkmalen, auch Lautverschiebungen heraus, so dass eine feste Zuordnung aus späterer Sicht oft nicht oder nur noch nach speziellen Untersuchungen möglich wurde.

Der Nachname wird auch als Geschlechtsname bezeichnet. Mit *Geschlecht* ist jedoch in diesem Kontext nicht die Zuordnung zu Weiblichkeit oder Männlichkeit gemeint, sondern diejenige zu einer Familie und deren Genealogie. Aufschlussreich ist, dass das Wort *Geschlecht* etymologisch auf *schlagen* verweist, damit auf (Stamm-)bäume und Holz. In Sprichwörtern sind diese Zusammenhänge enthalten: »Der Apfel fällt nicht weit vom Stamm«, jemand ist »aus gutem Holz« usw.

Es stellt sich nun die Frage, in welcher Beziehung die Überlieferung der Familiennamen über Generationen hinweg zur Namensgebung ausgehend von Berufsbezeichnungen oder Wohnorten, die mit einer Betonung der Gegenwart einher gingen, standen. Die Antwort kann nicht zweifelhaft sein: Die Betonung der Gegenwart konnte nicht von Dauer sein; vom Moment an, wo jemand, der sich ausgehend von seiner Tätigkeit oder von seinem Wohnort (Schmied, Meier, Bäcker, Ambach usw.) bezeichnete, selber wieder Nachkommen hatte, übernahmen diese dieses Patronym; somit setzte sich die Tradition doch wieder fort. Der Unterschied zur vorherigen Praxis der Namensweitergabe bestand darin, dass Familiennamen nicht auf einen Stammvater zurückgeführt wurden, sondern auf Berufsbezeichnungen, also nicht auf ein einzelnes Gründersubjekt oder Elternpaar, sondern auf eine Berufsbezeichnung, die für viele Subjekte zutraf. Es kam dazu, dass mit der freien Berufs- und Wohnortswahl der überlieferte Familienname dann von der überlieferten Berufs- und Wohnortsbezeichnung abgekoppelt wurde, wenn die Nachkommen sich dazu entschlossen, Beruf oder Wohnort zu wechseln. So kam es, dass das ursprüngliche Zusammengehen von Berufsbezeichnung und Familiennamen, von Wohnort und Familienname aufgelöst wurde, was sich daran zeigt, dass jemand Müller heißen kann, der als Kaufmann arbeitet, wie auch jemand, der Wieser heißt, in der Stadt wohnen kann.

Mit den Nachnamen ist ein Problem verknüpft, das auf der politischen Ebene in den letzten Jahren und Jahrzehnten viel zu reden und zu dekretieren gegeben hat und dessen Fäden weit in die persönlichen Schicksale der Betroffenen reichen: Gemeint ist die Frage, ob die Frauen ihren Namen mit der Verheiratung wechseln oder ob sie ihren Geburtsnamen, den sie vor der Heirat hatten, behalten sollten. Die ganze Problematik der sogenannten Geschlechtsidentität hängt daran, und dies ist der Grund, warum die Frage des Umgangs mit dem Nachnamen weit ins Psychische der Betroffenen eingreift. Ohne die Trennung in Vor- und Nachname stellte sich dieses Problem nicht, Maria wäre einfach Maria, Tochter des X., Elisabeth wäre einfach Elisabeth, Tochter des Y. Diese Problematik scheint nicht befriedigend gelöst werden zu können, wie sonst wäre es erklärbar, dass immer neue Varianten vorgebracht werden, die regelmäßig mit dem Urteil »Das ist es nicht«, nach neuen Lösungen rufen.

In andere Zusammenhänge führen Pseudonyme. Sie zeichnen sich dadurch aus, dass sie selbstgewählten Namen entsprechen. Werden sowohl Vor- wie Geschlechtsnamen nicht selber bestimmt, sondern von anderen gegeben bzw. tradiert, können Subjekte sich einen Namen zulegen, den sie selber ausgesucht haben. Schriftsteller, Künstler machen oft davon Gebrauch und zeigen damit, dass die Ästhetik der Namen für sie – und sie gehen davon aus, dass das nicht nur für sie, sondern auch für die anderen Menschen gilt – besonders wichtig ist. Mit den Pseudonymen ist es zugleich möglich, als Träger eines sehr gewöhnlichen, oft vorkommenden Namens diesen durch etwas Einmaliges zu ersetzen. Wenn er dazu auch noch wohlklingt oder etwas bezeichnet, das mit Schätzen oder Tugenden zu tun hat, dann vergrößert sich zweifellos die Chance, beachtet zu werden.

Die Tatsache, dass es Leute gibt, die ein Pseudonym tragen, führt zur Frage, welche Folgen dies hat. Steht einem Gewinn an ästhetischen Qualitäten nicht auch ein Verlust gegenüber? Erleidet, wer sich mit einem Pseudonym identifiziert, nicht einen Verlust an Identität, der davon herrührt, dass jeder Mensch seinen Namen schon seit seiner Kindheit hört, ja vielleicht schon in der intrauterinen Zeit? Ist somit der Eigenname, zumindest der Vorname, nicht Kern der Identität, dessen Missachtung nicht ohne gravierende Folgen bleiben kann? Tatsächlich wird der Vorname auch Rufname genannt. Mag er sonst etwas bedeuten oder nicht, auf jeden Fall stellt er eine Verbindung zu einem Menschen her, der sich durch einen bestimmten Namen aufgerufen fühlt. Den Bedenken gegen die Verwendung von Pseudonymen kann entgegengehalten werden, dass es ja nicht darum geht, den ursprünglich empfangenen Eigennamen abzuschaffen, sondern ihn gegenüber der Öffentlichkeit – und auch das nur in bestimmten Zusammenhängen – zu verwenden. Die Kontroverse braucht und kann hier nicht entschieden werden; wahrscheinlich kommt es darauf an, in welchem Ausmaß jemand seinen ursprünglichen Namen hintanstellt und ob er ihn versteckt, verleugnet oder gar verwirft. Diese Diskussion hat im Kontext der virtuellen Identitäten, mit denen im Internet gespielt werden kann, an Aktualität gewonnen.

Von Pseudonymen ist der Spitzname zu unterscheiden. Dieser ist in der Regel nicht von seinem Träger selber gewählt, sondern wird dem Betroffenen zugedacht. In diese Kategorie von Namen gehört auch der sogenannte *Biername*,[1] d.h. eine Art von Übername, der in studentischen Verbänden einem Mitglied zugesprochen wird, wobei diese Namensgebung sogar in einer Art von Taufe zelebriert wird. Ein Spitzname oder ein Zerevis zeichnet sich dadurch aus, dass eine von anderen erkannte Eigenschaft einer Person in den Namen eingeht, ein großgewachsener Mensch kann deshalb als Stange oder Bambus bezeichnet werden, ein klein gewachsener entsprechend als Zwerg, ein als intelligent bezeichneter als Kant oder Platon usw. Dadurch wird ein Spitzname oder ein Zerevis zu etwas besonders Intimem für seinen Träger, und man kann sich fragen, ob der Grad an Intimität dabei nicht höher sei als beim Eigennamen. Für diese Auffassung spricht, dass ein Merkmal einer Person, die schon halbwegs erwachsen ist, in den Namen einfließt, so dass dieser nicht einfach ein beliebiges Merkmal ist.

1 In der Schweiz werden Biernamen *Zerevis* genannt.

Aber es gibt ein Gegenargument dazu: Der Eigenname hat zwar etwas Arbiträres an sich (vor der Namensgebung gab es ja noch kein leibhaftiges Subjekt, dessen Eigenschaften man als Vorlage zu einem Namen hätte verwenden können), andererseits führt die Vorgängigkeit des Namens vor seiner Geburt nicht notwendigerweise zu einer bleibenden Äußerlichkeit des Namens für das Subjekt; im Gegenteil, es wächst damit auf, es hört ihn so früh, wie es überhaupt hören kann, er bildet einen Kern von Identität, lange bevor sein Träger merkt, dass der Name eigentlich etwas Beliebiges ist. Und, dieses Argument verstärkend, lässt sich mit Fug und Recht behaupten, dass ein Spitzname oder ein Zerevis, gerade weil es der Geburt eines Menschen nicht vorausgeht, ihn mit einer Eigenschaft fixiert, die vielleicht nicht ein Leben lang besteht, sondern vorübergehend ist. So hat das Zerevis eines brillanten Kunstturners (Reck, oder Schwung) etwas Lächerliches, wenn dieser drei, vier Jahrzehnte älter und beleibt geworden ist. Der Streit beider Auffassungen, ob nun der Eigenname oder ein Spitzname intimer ist, braucht aber gar nicht entschieden zu werden – einmal mehr sind wir auf eine Gegensätzlichkeit gestoßen, die wir im Folgenden wiederholt antreffen werden.

Der Eigenname hat jedenfalls etwas Intimes, und gerade die Wahl eines Pseudonyms zeugt davon – wäre der Name bloß eine Abfolge von Buchstaben, bräuchte man ihn ja nicht zu verdecken. Es gibt nicht wenige Leute, die es nicht zustande bringen, ihre Unterschrift zu geben, wenn man ihnen dabei zuschaut; auch kennt man das Erröten aus der Schulzeit, wenn es darum geht, sich gegenüber Lehrenden oder Kameraden mit seinem Namen einführen zu müssen. Dass der Name oft zum Anlass für Spott genommen wird, ist kein Zufall – ich verweise hier auf meine Erinnerungen im Vorwort.

Unsere Zeit zeichnet sich dadurch aus, dass die Vornamen sehr exotisch geworden sind, aus vielen Ländern und Kulturen kommen. Das hängt nicht nur mit der Immigration zusammen, sondern vielmehr mit einem Internationalismus, der mit ›Globalisierung‹ zu charakterisieren versucht wird. Namen aus Ländern, die sehr verschieden sind, breiten sich aus; sie stehen im Gegensatz zu der besonders in den USA verbreiteten Gewohnheit, die Namen nach Möglichkeit auf zwei oder drei Buchstaben abzukürzen (Al, Joe, Jeff, Liz, usw.). Man muss aber bedenken, dass der Vorname stets vom Anderen her kommt, so dass er für das betroffene Subjekt fremd wird, wenn es ihn mit anderen vergleicht. Die Neigung zu außergewöhnlichen Namen kommt zweifellos von Eltern her, die im Kind nicht nur etwas Einzigartiges sehen, sondern dies auch mit einem entsprechenden Namen zum Ausdruck bringen wollen. Damit kommt so etwas wie ein Narzissmus des Namens ins Spiel, vermittelt über die Eltern und ihre Erwartungen, die sie an ein Kind haben.

Die Bedeutung eines Namens zeigt sich schließlich im Brauch der Taufe. Selbst in Kreisen, die sich nicht als zugehörig zu einer Religion verstehen, finden Tauffeiern statt. Der Sinn ist es, ein Kind in eine Gemeinschaft aufzunehmen; sein Eigenname, den ihm die Eltern gegeben haben, wird beglaubigt, wobei eine gesellschaftlich anerkannte Autorität notwendig ist, die das Kind beim Namen nennt. Nun kann man die Bedeutung der Taufe mit dem Hinweis, dass auch Tiere, ja sogar Schiffe getauft werden, in Frage stellen und verneinen, dass sie ein Zeichen der Einführung in die menschliche Gesellschaft ist. Tatsächlich ist es nicht der Akt der Taufe, der ihr ihre Bedeutung verleiht. Sie erhält diese erst, wenn man an die Funktion des Eigennamens denkt, der nicht einfach einem Stempel entspricht, den man in ein Dokument drückt, sondern der für ein Nicht-Festgelegt-Sein, eine Offenheit innerhalb der menschlichen Gesellschaft steht. Tiere mögen zwar auch einen Namen haben, seine Funktion bleibt ihnen aber weitgehend äußerlich. Ein Haustier, auch wenn es auf seinen Namen hört und darauf reagiert, fragt sich bestimmt nicht, warum es diesen und nicht jenen Namen erhalten hat, wer wohl seine Vorfahren gewesen sind, welches seine Zukunft ist; kurzum, es vermag sich nicht aus dem Eingebundensein in den jeweiligen Kontext herauszuheben, die Frage nach sich selbst zu stellen.

Mehr als die Sprachwissenschaften und die Philosophie hat die Psychoanalyse zur Erhellung der Bedeutung des Eigennamens beigetragen. Sie untersucht weniger seine logischen Funktionen, interessiert sich auch nicht für die Geschichte von Eigennamen und ihre Verbreitung, sondern fokussiert seine Bedeutung für die Subjekte. Nur scheinbar haben Eigennamen allein mit dem Bewussten zu tun; wie sich zeigen wird, sind sie mit dem Unbewussten auf mannigfaltige Weise eng verknüpft. Die Untersuchungen dazu führen zu einigen Überraschungen.

# Der Eigenname in Märchen, Wissenschaften und Belletristik

# Rumpelstilzchen

Ein Müller behauptet von seiner schönen Tochter, sie könne Stroh zu Gold spinnen, und will sie an den König verheiraten. Der König lässt die Tochter kommen und stellt ihr die Aufgabe, über Nacht eine Kammer voll Stroh zu Gold zu spinnen, ansonsten müsse sie sterben. Die Müllerstochter ist verzweifelt, bis ein kleines Männchen auftaucht und ihr um das Entgelt eines Halsbandes Hilfe anbietet und für sie das Stroh zu Gold spinnt. In der zweiten Nacht wiederholt sich das Gleiche und die Müllerstochter muss dafür ihren Ring hergeben. Darauf verspricht der König dem Mädchen die Ehe, falls sie noch einmal eine Kammer voll Stroh zu Gold spinnen kann. Diesmal verlangt das Männchen von der Müllerstochter ihr erstes Kind, worauf sie schließlich ebenfalls eingeht. – Nach der Hochzeit und der Geburt des ersten Kindes fordert das Männchen den versprochenen Lohn. Die Müllerstochter bietet ihm alle Schätze des Reiches an, aber das Männchen gibt sich damit nicht zufrieden. Durch ihre Tränen erweicht, gibt es ihr drei Tage Zeit, seinen Namen zu erraten. Dann soll sie das Kind behalten dürfen. In der ersten Nacht probiert es die Königin mit allen Namen, die sie kennt; doch ohne Erfolg. In der zweiten Nacht versucht sie es erfolglos mit Namen, die sie von ihren Untertanen erfragt hat. Am Tag darauf erfährt sie von einem Boten, dass ganz entfernt in einem kleinen Haus ein Männchen wohne, das nachts um ein Feuer tanze und singe:

»Heute back' ich, morgen brau' ich,
übermorgen hol' ich der Königin ihr Kind;
ach, wie gut, dass niemand weiß,
dass ich Rumpelstilzchen heiß'!«

Die Königin kann das Rätsel nun lösen, worauf sich Rumpelstilzchen mit den Worten »Das hat dir der Teufel gesagt!«, vor Wut selbst zerreißt.

Was bei diesem Märchen aus der Sammlung der Brüder Grimm besonders interessiert, dreht sich um die Szene, in der Rumpelstilzchen beim Namen genannt wird und sich infolgedessen zerreißt. Ausgerechnet der Name, der doch sonst ein Zeichen der Erkennung, wenn nicht sogar der Anerkennung des Subjekts ist, fungiert hier als das Zeichen des Todes, der Selbstvernichtung des Subjekts. Das geheimnisvolle Wesen ist nur so lange lebendig und aktiv, entfaltet nur so lange seine zauberischen Kräfte, wie es nicht erkannt wird. Was für eine seltsame Konstellation!

Nehmen wir diese Erzählung beim Wort. Zunächst fällt das Fehlen der Mutter auf; es gibt den Müller und seine Tochter – kein Wort wird von der Mutter gesagt. Sodann ist der Ehrgeiz des Müllers offensichtlich; er will seine Tochter als Königin sehen; für dieses Ziel nimmt er eine Lüge in Kauf, deren Folgen seine Tochter zu spüren bekommt, indem sie nun etwas beweisen muss, was sie nie zu können behauptet hatte. Sie ist dem Begehren des anderen ausgeliefert. Der Kobold, der nun erscheint und ihr gegen ein Entgelt hilft, stellt sich wie eine Verkörperung dieses Begehrens des anderen, der väterlichen Wunscherfüllung, dar; er soll dem Mangel der Tochter, d.h. dem Unvermögen, Stroh in Gold zu verwandeln, abhelfen, dem Unwahren, Verstiegenen des väterlichen Ehrgeizes zum Durchbruch verhelfen. Sie muss dafür bezahlen, im ersten Durchgang mit einem Halsband, im zweiten mit einem Ring, im dritten mit dem Versprechen, ihr erstes Kind dem Kobold zu geben.

Die Thematik ist offensichtlich, es geht um den Mangel und seine Akzeptanz.

Wenn die Müllerstochter nichts geben müsste, so wäre sie in einem Zustand ohne Mangel, wie ihn ihr Vater erträumt, der sich über die einschränkende Wahrheit hinwegsetzt, dass auch seine Tochter nur mit Wasser kochen kann. Dieser Zustand der Mangellosigkeit wird dadurch vermieden, dass die Müllerstochter Halsband und Ring geben muss, im Austausch zum gesponnenen Gold, das sie zudem nicht behalten kann, sondern vom König angeeignet wird. Da es ja um ihr Leben geht, das sonst ein Ende findet, wenn sie die gestellte Aufgabe nicht zu lösen vermag, lautet die Alternative, der sie sich stellen muss: entweder den Tod erleiden, gleichbedeutend mit dem Ende jedes Mangels, oder das Leben gewinnen, um den Preis eines Verlustes.

Im dritten Anlauf ist der Einsatz ein anderer. Es geht nicht mehr um Leben und Tod, sondern um den Status, Königin zu werden oder Müllerstochter zu bleiben. Der von Rumpelstilzchen geforderte Preis ist nun ein anderer, kein bloß materieller mehr, sondern das erste Kind, das die zukünftige Königin zur Welt bringen wird; es soll ihm gehören. Nun könnte man sagen: Gut, es geht bloß um das erste Kind, sie kann ja dann noch weitere Kinder haben. Damit wäre man auf der Linie des väterlichen Ehrgeizes, der das Leben seiner Tochter aufs Spiel setzte – in den beiden ersten Nächten ging es um Leben und Tod –, um sein Begehren zu befriedigen. Die Tochter denkt und empfindet nicht so; nachdem sie das Kind geboren hat, will sie es Rumpelstilzchen nicht geben. Ein mütterlicher Zug zeigt sich bei ihr, der sich dagegen auflehnt, das Kind in die Reihe der materiellen Gaben zu stellen, die sie in den beiden ersten Nächten dem Kobold geben musste – ein Kind ist etwas anderes als ein Halsband oder ein Ring. Mit ihren Tränen erreicht sie zwar nicht ein Nachlassen der Forderung von Seiten Rumpelstilzchens, aber eine Chance, das Kind behalten zu können, wenn sie den Namen dieses geheimnisvollen Männchens errät.

Wer also ist Rumpelstilzchen? Während unklar bleibt, was es mit *Rumpel* auf sich hat, führt *-stilzchen* zu einer Vermutung, denn es weist auf *Stelzen* hin – *auf Stelzen gehen*, *›gestelzt sein‹* bedeutet abgehoben, verstiegen zu sein, seine Füße nicht auf dem Boden zu haben. Das passt zum Ehrgeiz, dem vorherrschenden Zug des Vaters im Märchen, dem Begehren des anderen, das sich in der Tochter eingeschrieben hatte, dem sie sich schließlich widersetzte, indem sie mütterliche Eigenschaften zeigte. Die Nennung des Namens Rumpelstilzchen war gleichbedeutend mit der Trennung von dieser Figur des Ehrgeizes, der zum Glück für die Tochter nicht derart unerbittlich war, dass er ihr keine Chance gelassen hätte.

Schon oft ist die Parallele zu Mephisto bemerkt worden: Wie er stattet auch Rumpelstilzchen einen gewöhnlichen Menschen mit übernatürlichen Fähigkeiten aus, wie er steht es im Dienste des Ehrgeizes, des Unwahren und Dunklen, des Bösen, das dem Mangel des Menschen zu Leibe rückt, nicht ohne am Ende selber davon betroffen zu sein. Indem Rumpelstilzchen nicht nur materielle Güter erlangen will, sondern auch ein Kind, ohne im mindesten dazu berufen zu sein, offenbart sich auch eine Seite des Hasses: Diese teuflische Figur setzt ein Kind mit einem materiellen Gut gleich. Aber es gibt eine subtile Dialektik, die sich in diesem Kampf zwischen mütterlicher Liebe und Hass zeigt: Rumpelstilzchen eröffnet eine Möglichkeit, dass die Königin ihr Kind ihm nicht überlassen muss, nämlich indem sie diesen Kobold beim Namen nennt und die Mutterliebe über den Hass obsiegen lässt.

## DAS KIND BEIM NAMEN NENNEN

Das Märchen von Rumpelstilzchen erinnert an einen Ausdruck, der viel zu denken gibt: »Das Kind beim Namen nennen.« Er wird dann verwendet, wenn etwas verschwiegen wird, wenn eine Wahrheit nicht ausgesprochen wird. Das Verschwiegene wird mit einem Kind gleichgesetzt, dessen Name nicht genannt wird. Die Redensart unterstellt also, dass das Kind einen Namen hat, der jedoch nicht ausgesprochen wird – genau wie bei Rumpelstilz. Zwei Fragen stellen sich somit: Wie kommt es, dass ein Problem, oder auch eine Lüge, eine Vertuschung, als Kind bezeichnet wird, und dazu noch als eines, das man nicht beim Namen nennt? Und: Warum soll das Nennen des Namens ein Problem lösen, eine Schwierigkeit beseitigen, eine Lüge als solche erkennbar machen?

Die zweite Frage ist die einfachere. Das Aussprechen eines Sachverhalts gibt diesem einen anderen Status, macht ihn für die Beteiligten erkennbar, schützt sie damit vor den Folgen von Heimlichkeiten, Intrigen und Lügen. Sprache wird damit als eine Macht aufgefasst, die pazifierend wirken kann, die ermöglicht, aus dem Dunkel der Unkenntnis herauszukommen, sich eine Orientierung zu verschaffen. Erst recht gilt dies alles, wenn es um die Aufdeckung von etwas Bösem geht, von dem ein Widerstand ausgeht, ans Licht der Erkenntnis und damit in die Sprache zu kommen.

Zur ersten Frage eröffnet sich ein Zugang, wenn man Kindsein mit Sprachlosigkeit und vielleicht auch mit einer schlechten Art von Genießen gleichsetzt, wie es sich z.B. in Formen der Verstocktheit oder des Trotzes zeigt. Es geht dabei weniger um das Kindsein als Altersstufe als vielmehr um einen Zufluchtsort, an den man sich zurückziehen kann, an dem man glaubt, keinerlei Rechenschaft ablegen zu müssen, Verantwortung ablegen, die Bettdecke über den Kopf ziehen zu können. Diese Formen des Rückzugs stehen für Formen des Genießens, das sich dem Sprechen, der Öffnung zu den anderen widersetzt. »Das Kind beim Namen nennen«, heißt dann, diese Verstocktheit und Sprachlosigkeit aufzubrechen, den Rückzug zu beenden, die Verantwortung für das eigene Handeln wieder zu übernehmen, nicht länger so zu tun, als wäre man in einem Zustand unschuldiger und sprachloser Kindheit.

Es trifft zu, das Kind beim Namen zu nennen, hat etwas Traumatisches, hat mit Aufdeckung von Unwahrheit, mit Schuld und Einsicht in eigene Verfehlungen zu tun. Der Eigenname ist ja überhaupt ein Zeichen der Zugehörigkeit zum Menschsein, zur symbolischen Ordnung als Trägerin der nicht auf Natur rückführbaren Kultur, in der sich Ich und Du unterscheiden, in der es Lüge und Wahrheit, Schuld und Freiheit gibt. Deshalb kann das Angerufenwerden beim eigenen Namen erschrecken, auch wenn vorgängig gar kein Delikt geschehen ist. *Ich* bin gemeint, ich und kein anderer, das Hören meines Rufnamens exponiert mich als Angesprochenen, als singuläres Subjekt werde ich in die Pflicht genommen, zu hören und Verantwortung für *mein* Tun zu übernehmen. Mein Name, auch wenn ich ihn beim Sprechen vergesse oder nicht daran denke, ist Zeichen für diese Zugehörigkeit zur symbolischen Ordnung, zur Vereinzelung innerhalb der Gesellschaft, in der ich lebe.

Kein Wunder, begegnen uns doch schon in der Bibel Gestalten, die sich verstecken, wenn sie aufgerufen werden – angefangen bei Adam, den Gott suchen muss, bis zu Jonas, dessen Fall vom Schiff in den Bauch des Wals leicht zu deuten ist als Regression in die Natur, in der es keine Verantwortung, kein Risiko des Sich-Exponierens gibt. Wer könnte von sich behaupten, solche Versuchungen, sich zu verstecken, wenn es darum geht, sich zu exponieren, nicht zu kennen?

# Sozialwissenschaftliche Beobachtungen

## MAGIE DER EIGENNAMEN

Wem ist die enorme Bedeutung, die den Eigennamen im Sport oder im Showbusiness zukommt, nicht schon aufgefallen. Das hängt gewiss mit den Medien zusammen, die das Geschehen auf den Sportplätzen auf die heimischen Bildschirme übertragen; sie spiegeln darüber hinaus eine Tendenz wider, Eigennamen mit magischen Funktionen auszustatten. Einzelne Sportarten, vor allem Fußball, werden als Massenphänomene zu etwas hochstilisiert, das direkt auf die Befindlichkeiten der Fans einwirkt. Ein Sieg ›ihrer‹ Mannschaft löst eine Hochstimmung aus, eine Niederlage das Gefühl von Entwertung. Diese Aufblähung der Bedeutung wiederholt sich auf der Ebene der Eigennamen. Sieger werden zum Träger eigenen Glücks; ihre Namen werden glorifiziert und Objekte der Identifizierung. Analoges gilt für Filmstars. Ob sie sich neu verliebt oder wieder getrennt haben, ist den Bewunderern keineswegs egal; vielmehr identifizieren sie sich mit den Schicksalen ihrer Idole, vergessen darob ihre eigene Situation. Kurzum: Stars werden zu Vorbildern für das eigene Sein – die Aneignung ihrer Eigennamen geht einher mit dem Tragen ihrer Leibchen oder Accessoires, mit dem sie sich vermarkten lassen.

Wenn wir im Vorgriff auf die folgenden Ausführungen die Psychoanalyse konsultieren, könnten wir bei solchen Erscheinungen von symbolischen Morden sprechen, nach dem Motto: »Der Star ist tot, es lebe der Star!« – Aber sind das nicht unschuldige Spiele, weil diese Morde nur symbolische sind und deswegen niemand daran gehindert wird, sich aufs Neue in Szene zu setzen? Gewiss, dennoch darf man die Ambivalenz, die in dieser Aneignung liegt, nicht übersehen; in ihr steckt Hassliebe. Die Idole werden nicht nur vergöttert, sondern etwas von ihrem Sein soll auf die Fans übergehen. Von da führt eine Linie bis zu den tätlichen Angriffen, die immer wieder vorkommen. Stars, die schutzlos Verehrern ausgeliefert wären, riskierten ihr Leben; das Berühren-Wollen würde leicht eskalieren, wie man ja auch bei Politikern feststellen kann, die keineswegs nur durch fanatische Opposition ihrer Widersacher in Gefahr geraten.

Mit der Glorifizierung nimmt der Eigenname eine andere Bedeutung an: Aus einem Zeichen für einen realen Menschen, der diese oder jene Eigenschaften hat, wird er zum Signifikanten für Erfolg, Geld, Macht, losgelöst von diesem wirklichen Menschen, der vielleicht seine lieben Nöte hat, im alltäglichen Leben zu bestehen. Als Kehrseite davon wird der eigene Name abgewertet, verblasst im Glanz des glorifizierten Namens.

Die Magie der Eigennamen lässt sich nicht nur im Sport, im Showbusiness oder in der Politik beobachten, sondern – auf etwas andere Weise – auch in der Wirtschaft. Auf vielen Lastwagen ist z.B. der Eigenname des Firmeninhabers angebracht; wenn man auf der Autobahn fährt, ist das nicht zu übersehen. Auch in diesem Fall haben die Eigennamen nicht nur die Funktion, auf eine singuläre Existenz hinzuweisen, sondern darüber hinaus auf die Macht, die seinem Träger zukommt.

## DIE EINMALIGKEIT DER VORNAMEN UND DIE TENDENZ ZU IHRER EIGENEN WAHL

Die Kriterien für die Wahl der Vornamen wandeln sich im Laufe der Geschichte; in den letzten Jahren und Jahrzehnten lässt sich eine ausgeprägte Tendenz zu solchen aus fernen Ländern bzw. anderen Kulturen beobachten. Während traditionelle Vornamen wie Hans, Peter, Friedrich, Verena, Ursula, Margrit im Verschwinden begiffen sind, kommen solche wie Ariel, Liron, Saraphina oder Satchel auf – das Internet gibt Aufschluss über die neuesten Trends und sogar über die ausgefallensten Namen. Wenn der Eindruck nicht täuscht, stammen vor allem Mädchennamen aus fernen Kulturen, während bei den Knaben eher die Kürze dominiert, wie dies in den USA schon lange üblich ist. Was bei vielen Namensgebern verpönt ist, ist der Bezug zur Tradition, der sich in einem Namen ausdrücken kann. Gänzlich unmodern ist es geworden, einem Kind denselben Vornamen zu geben, den ein

Elternteil schon hat. Betont wird das Einmalige, Singuläre eines Kindes. Darin drückt sich zugleich die Überzeugung aus, dass der Vorname in erster Linie als Unterscheidungsmerkmal gegenüber anderen Kindern dienen solle. Wenn in früheren Zeiten jedes sechste Kind Peter oder Paul hieß – wobei den Eltern als Namensgeber dieser Sachverhalt durchaus bekannt war –, so drückte sich darin nicht so sehr die Überzeugung aus, dass jedes Kind mit einem eigenen Namen ausgestattet werden sollte, als vielmehr diejenige, dass jedes Kind Teil einer Gemeinschaft war, die ihre Namen aus einem begrenzten, innerkulturellen Vorrat auswählte. Dass es Kinder mit demselben Vornamen gab, nahm man dabei in Kauf, sie ließen sich ja anhand der Familiennamen, der Herkunft und der Jahrgänge unterscheiden. In statischen Gesellschaften gab es zudem genug Kriterien, mit denen sich Kinder mit gleichen Namen unterscheiden ließen; in Dörfern wurde das Problem so gelöst, dass man alteingesessene Bewohner mit einem zweiten Namen versah, der dann als Identifikationsmerkmal geltend gemacht wurde.

Mit zunehmender Mobilität, auch mit der multikulturellen Vermischung in den Städten und auf dem Land, verloren die Hinweise auf Traditionen weitgehend ihren Sinn – eine Antwort darauf liegt in der Individualisierung der Vornamen, in ihrer Wahl aus einem Vorrat von Namen, der wohl noch nie so groß gewesen ist wie in der Gegenwart. Welche Folgen entstehen daraus? Wenn dem Umstand, dass Kinder immer auch in eine Tradition hineingeboren werden, keine große Bedeutung mehr beigemessen wird, kann man auf der einen Seite eine befreiende Wirkung vermuten; auf der anderen Seite hat eben dieses Moment der Befreiung seine Kehrseite der Vereinzelung, der Vereinsamung. Ein Kind, das merkt, dass es mit einem Namen ausgestattet worden ist, der einmalig ist und es demzufolge von sämtlichen anderen Kindern unterscheidet, ist nicht nur von der Tradition befreit, sondern es wird auch mit einer Orientierungslosigkeit konfrontiert, vor allem dann, wenn der Name lediglich ein ästhetisches Gebilde ohne etymologisch erkennbaren Bezug, ohne Bezug zu anderen Menschen gleichen Namens, ist. Damit ist jedoch das Wesentliche noch nicht gesagt: Die Einmaligkeit eines Vornamens vereinzelt nicht nur, sondern bindet das Kind an das Phantasma der Eltern, die seinen Namen ausgewählt haben.

Wenn Eltern oder Angehörige, die dazu legitimiert sind, einen Vornamen auswählen, ist dieser in jedem Fall Ausdruck einer Phantasie, die die Zukunft des Kindes betrifft. Auch wenn sich ein Vorname in einen überlieferten Rahmen einpasst, drückt dies die Vorstellung der Namensgeber aus, das Kind möge Teil einer Gemeinschaft werden, nach bekannten Mustern von früher her. Was soll also der Hinweis auf die Phantasmen der Namensgeber, wenn diese einen Namen wählen, der das Kind vereinzelt? Tatsächlich besteht ein Unterschied: Das Phantasma der Eltern bildet dann nicht die Brücke zu anderen, zur Gemeinschaft, im Sinne von: »Unser Kind wird Teil einer Gemeinschaft sein«, sondern es trennt es von den anderen und bindet es damit an die Eltern als Namensgeber, die im Namen des Kindes seine Einmaligkeit zum Ausdruck bringen wollten. Allerdings wird dieser Sachverhalt dann dialektisch aufgehoben, wenn alle Eltern oder zumindest sehr viele dies tun: Die Vereinzelung, die die Kinder erfahren, wird dann zu einem gemeinsamen Schicksal.

Bisher war bloß von einem Vornamen die Rede, als ob es nicht üblich wäre, einem Neugeborenen mehrere Namen zu verleihen. In südlichen Ländern der westlichen Kultur wird dies schon lange in stärkerem Maß praktiziert als hierzulande, wo kaum je ein Kind mit mehr als mit drei Vornamen ausgestattet wird. Das ermöglicht übrigens ihren Trägern später eine gewisse Freiheit in der Wahl des Rufnamens, d.h. das Gesetz schreibt nicht vor, dass der erste Name, der dem Kind verliehen worden ist, zeit seines Lebens sein Rufname bleiben muss; es selbst kann dies ändern, z.B. wenn ihm sein erster Name nicht gefällt.

Damit sind wir bei einer Tendenz, die sich in unserer Gesellschaft abzeichnet: Die einzelnen Menschen wollen in zunehmendem Ausmaß selber über ihren Namen bestimmen. Dass der Name von Repräsentanten des Anderen, der Kultur kommt, wird vermehrt als Bevormundung aufgefasst; es gibt eine Tendenz, alles Vorgegebene in Frage zu stellen. Ist nicht das Internet ein Ort, wo man sich beliebige Namen aneignen kann – wie in Träumen?

Wo führt das hin? Zu prüfen wäre etwa, ob solche Beliebigkeiten nicht einer Psychotisierung der Gesellschaft Vorschub leisten würden. Wenn der Austausch von Namen nach eigener Wahl möglich wird, wenn der Eigenname sogar mehrmals gewechselt werden kann, besteht dann nicht die Gefahr des Zerfalls einer eigenen Geschichte? Sie wäre doch nur noch möglich, wenn die vorgängigen und dann abgestreiften Namen aufbewahrt blieben, in Verbindung zu den neuen Namen gesetzt würden, sonst drohte der Verlust an Kontinuität, was bisher als Merkmal von Subjektivität und Singularität galt.

Ein ernsthaftes Problem stellt die Namensgebung bei Transsexuellen dar. Was, wenn jemand merkt, dass seine physische nicht mit seiner psychischen Ausstattung übereinstimmt, wenn demzufolge eine Geschlechtsumwandlung ins Auge gefasst wird und der Körper nach Maßgabe der psychischen Befindlichkeit umgewandelt werden will? Falls dies gelingt, stellt sich das Problem seines Vornamens, denn Vornamen sind aufgeteilt in männliche und weibliche. In Schweden wurde dieses Problems wegen das Namensrecht verändert und Transsexuellen erlaubt, den Namen zu ändern. Damit wird an der Norm festgehalten, dass die Vornamen sexuiert sind, einer Norm, deren Ausnahmen (Dominique, Andrea u.a.) von jeher viel Aufmerksamkeit auf sich gezogen haben. Die Änderung des Namensrechts aufgrund der Nöte der Transsexuellen ist vielleicht nur ein erster Schritt zur Loslösung der Vornamen vom Geschlecht.

## DIE BEDEUTUNG DES FAMILIENNAMENS

Wie bereits erwähnt, unterscheidet sich der Familienname vom Vornamen dadurch, dass er nicht der freien Wahl der Eltern untersteht, sondern nach im Voraus festgesetzten Regeln tradiert wird. Diese können sich zwar ändern, wie die aktuelle Debatte um das Namensrecht zeigt, in der diskutiert wird, welche Vorschriften für die verheirateten Frauen gelten sollen, ob sie den Familiennamen ihres Mannes annehmen, ihren Geburtsnamen behalten oder sich für eine Kombination beider Namen aussprechen sollten. In ähnlicher Weise wird diskutiert, wie die Namensgebung bezüglich des Familiennamens beim Kind geregelt werden soll; die traditionelle Regelung, derzufolge der Name des Vaters maßgebend war, ist heute keine Selbstverständlichkeit mehr. Die Tendenz geht auch hier in die Richtung, das Vorverordnete in der Namensverleihung möglichst gering zu halten, was durch Wahlmöglichkeiten erreicht werden kann – ein Familienname oder deren zwei, mit Bindestrich oder ohne, mit vertauschbarer Reihenfolge oder im Voraus festgelegter Reihenfolge.

Diese nun schon seit einigen Jahrzehnten andauernden Debatten haben ihr Pendant in der veränderten gesellschaftlichen Stellung des Mannes, die von vielen im Vergleich zu früheren Zeiten als weniger dominant angesehen wird. Die Kehrseite davon ist der Aufstieg der Frau, die ihrer neuen Position dadurch Ausdruck verleihen will, dass sie nicht ihren ursprünglichen Familiennamen verlieren und denjenigen ihres Mannes annehmen möchte. Diese Veränderungen gehen einher mit solchen in der Familie, in der Vater und Mutter einem Funktionswandel unterworfen sind bzw. diesen zumeist auch anstreben.

Zunächst ist es überraschend, dass der Familienname auch Geschlechtsname genannt wird. Wir begegnen hier einem anderen Verständnis von Geschlecht, als es im Vornamen enthalten ist, wo es um die Zuordnung zu Weiblichkeit oder Männlichkeit geht. *Geschlecht* im Kontext des Nachnamens meint Herkunft und Zugehörigkeit zu einem Verband, der jedoch nicht gleichbedeutend mit einer Familie sein muss – Geschlecht kann auch mehr umfassen, man spricht vom Geschlecht der Wikinger und man kann sogar vom Menschengeschlecht sprechen. Schon im Prolog wurde darauf hingewiesen, dass *Geschlecht* von *Schlag* kommt; man kann nun ebenso gut ›Schlag‹ für das Typische eines Menschen, eines Verbandes oder gar der Menschheit verwenden. Wichtig ist hier der Unterschied zur Sexuierung, denn bei Geschlecht im Sinne von Schlag geht es gerade nicht um die Aufteilung der Menschen in zwei Geschlechter, sondern um eine *Gemeinsamkeit* diesseits der Sexuierung: Es wird eine Qualität anvisiert, meist eine positive wie z.B. Ausdauer, Fleiß, Intelligenz, Hartnäckigkeit. In der modernen Zeit wird dieser Ausdruck kaum noch verwendet. Das hängt weniger damit zusammen, dass es diese gemeinsamen Eigenschaften nicht mehr gibt, als vielmehr mit dem Funktionswandel der Familie, in der dieser Ausdruck verwendet wurde. In der Gegenwart, wo Familiennamen vor allem verwaltungstechnische Funktionen haben, lassen sie sich kaum mehr als Horte eines ›Schlags‹ auffassen; wird dieser Ausdruck dennoch verwendet, weist er wahrscheinlich auf den Überrest einer Tradition hin.

Sofern in alten Geschlechtsnamen noch ein Handwerk oder sonst ein Beruf ablesbar war und ist wie bei Müller, Schmid, Beck, Meier usw., verbindet sich die Bedeutung des Geschlechts mit der Hand. Als gestaltende Macht, die sich grundsätzlich von tierischen Organen wie Pfote, Tatze, Flosse, Flügel unterscheidet – die saloppe Bezeichnung der Hand als Pfote oder des Fußes als Flosse weist gerade darauf hin –, ist sie das Werkzeug des Menschengeschlechts, und dies im doppelten Sinn des Genitivs: Die Hand ist Ausdruck, Organ des Menschengeschlechts, sie wirkt andererseits bei der Aufrechterhaltung und Weiterentwicklung des Menschengeschlechts mit. Zum Handwerk im weiteren Sinne gehört auch die Schrift, ein Eigenname wie »Schreiber«

weist darauf hin. Auch im Bereich der Schrift hat sich das Handwerk zurückgebildet, ist von der Digitalisierung abgelöst worden, wobei der Bereich der Notariate seit jeher ein Spezialfall ist.

Immerhin ist die Bedeutung der Hand im Zeitalter der Elektronik nicht verschwunden, zum einen nicht, weil noch im Wort *Digitalisierung* die Hand enthalten ist, weist dieses Wort doch auf *Finger* hin; zum anderen nicht, weil die Hand – wie lange noch? – für Unterschriften erforderlich ist. Die handschriftliche Signatur firmiert für die Authentizität von Dokumenten, an deren Beglaubigung der Körper maßgeblich beteiligt ist. Da die Hand auch täuschen kann, wird auf andere Merkmale zurückgegriffen, auf Fingerabdrücke und in jüngster Zeit auf DNA-Analysen, bei denen die Hand keine Rolle mehr spielt. Andererseits gibt es starke Tendenzen, die handschriftliche Unterschrift durch Codes, die auf Kreditkarten aufgedruckt sind, oder durch Passwörter zu ersetzen. In dieser doppelten Bewegung – der Analyse einer Schrift im Realen und der Vergabe von Ziffern und Passwörtern, deren Besitz Zugänge zu Gütern ermöglicht – ist eine zunehmende Distanz zur Hand erkennbar und damit wohl auch eine Distanz zur Idee, der Hand als Organ des Subjekts, das sich im Symbolischen und im Realen ausdrückt, zu vertrauen, auf sie als gestaltende Macht zu bauen.

Mit diesen Veränderungen geht einher, dass die Identität von Berufsbezeichnung und Familienname nicht nur deshalb aufgebrochen wird, weil mit der freien Berufswahl die Nachkommen andere Tätigkeiten wählen als ihre Vorfahren, jedoch innerhalb der traditionellen Berufswelt verbleiben, sondern auch deshalb, weil einzelne Berufsbezeichnungen verschwinden und die jüngeren Generationen sich Tätigkeiten zuwenden, die es zuvor noch gar nie gegeben hatte. So gibt es im Druckereigewerbe viele Berufe mit einer langen Tradition nicht mehr, die elektronische Technik hat sie abgelöst, von Dienstleistungsberufen nicht zu reden. Damit fallen Familiennamen, die noch auf vergangene Berufe hinweisen, aus einem ursprünglich gegebenen Kontext einer handwerklich orientierten Berufswelt heraus; davon losgelöst tritt ihre verwaltungstechnische Funktion umso klarer in Erscheinung.

## WARUM NENNT MAN DIE ELTERN NICHT BEIM VORNAMEN?

Der Vorname ist nicht nur Rufname, sondern auch Zeichen einer Vertrautheit, jedenfalls wenn Erwachsene miteinander in Kontakt treten; Kinder duzen sich ohnehin. Wer sich gut kennt oder zu kennen glaubt, duzt sich, wobei in der Regel die Anciennität zum Vorschlagen des Du berechtigt. Auch Kinder werden geduzt, nicht nur von den Eltern, sondern von allen Erwachsenen. Ein delikates Problem entsteht, wenn die Kinder ins Erwachsenenalter kommen und die Frage entsteht, ob sie nun gesiezt werden oder ob am Du festgehalten wird. Entschließen sich die Erwachsenen für letzteres, riskieren sie, den Erwachsenenstatus der anderen nicht zu respektieren; dagegen kann die Einführung des Siezens eine Fremdheit mit sich bringen, die die Angesprochenen vielleicht gar nicht wollen. Jedenfalls gibt es eine Asymmetrie zwischen Eltern und Kindern, die meist unaufgelöst bleibt; sie besteht darin, dass die Kinder mit ihrem Rufnamen bzw. mit dem Pronomen Du angesprochen werden, während sie selber die Eltern mit ihrer Funktion ansprechen, mit Vater oder Mutter, wobei überwiegend eine zärtliche Form verwendet wird, Papa, Mama, Daddy, Mam. Papa und Mama werden im direkten Kontakt mit Du angesprochen; in früheren Zeiten war es dagegen üblich, die Eltern zu siezen, womit die Distanz zu ihnen betont wurde.

Man könnte sich leicht vorstellen, dass die Eltern ihre Kinder mit Sohn oder Tochter, wie auch, dass die Kinder ihre Eltern mit deren Vornamen ansprechen würden, was in einzelnen Familien auch tatsächlich geschieht; damit wären symmetrische Verhältnisse hergestellt. Die Frage ist, was die Gesellschaft dazu veranlasst, diese einseitige Distanz aufrechtzuerhalten. Zu vermuten ist, dass unterschiedliche Begehren im Spiel sind: Während der Auftrag der Eltern darin besteht, ihren Kindern zu Tauglichkeit im gesellschaftlichen Leben zu verhelfen, was Selbständigkeit, Wissen, Kompetenz, Übernahme einer sexuierten Position und vor allem Mut zu Subjektivität und Singularität umfasst, wird von den Kindern Gehorsam und Respekt erwartet.

Als Analytiker erfährt man oft, dass die objektiven Gegebenheiten zwischen Eltern und Kind nicht den subjektiven entsprechen. Kinder können von den Eltern unbewusst an den Platz ihrer eigenen Eltern gesetzt werden. Sie erschleichen sich dadurch nicht nur einen kindlichen Status zurück, sondern sie rauben den Kindern ihre Kindheit, machen sie zu Autoritäten, was nicht ohne Folgen für das Verhältnis der Generationen bleiben kann. In unserer Gesellschaft kommt es zudem häufig vor, dass sich die Eltern gegenseitig mit Mama und Papa ansprechen und nicht mit dem Vornamen. Das zeigt an, dass ein Elternteil sich zum Kind macht, was zugleich impliziert, dass die Tochter oder der Sohn plötzlich eine Schwester oder einen Bruder in Gestalt der eigenen Mutter oder des eigenen Vaters hat.

Trotz dieser Konstellationen ist es gerechtfertigt, nach den Gründen für die Asymmetrie zwischen Eltern und Kindern hinsichtlich der Art des Ansprechens zu fragen. Hört man Diskussionen zu diesem Thema zu, so wird die Frage, warum Eltern ihre Kinder nicht dazu bringen wollen, sie beim Vornamen anzusprechen, so beantwortet, dass dann etwas fehle, was mit Geborgenheit zu tun habe. Die Eltern als Mama und Papa anzusehen, sie so anzusprechen und nicht als Anna oder Karl, hat offenbar mit diesem Gefühl der Geborgenheit zu tun, das sowohl Eltern wie Kindern, aus unterschiedlichen Gründen, wichtig ist. Die Eltern sind in den Augen der Kinder zwar auch Träger eines Eigennamens – Kinder wissen dies schon im dritten oder vierten Lebensjahr –, das Begehren der Töchter und Söhne richtet sich jedoch nicht danach, die Eltern als singuläre Subjekte anzusprechen, sondern als Träger der mütterlichen bzw. väterlichen Funktion. Deren Akzeptanz seitens der Eltern verlangt ein Zurückstellen ihres je singulären Begehrens, sofern sich dieses nicht mit dem nach Ausübung der elterlichen Rolle deckt, was bedenklich wäre und nicht ohne Konsequenzen bleiben würde: Eltern, die nur Eltern sein wollten und darüber hinaus keine anderen Wünsche und Interessen hätten, gäben ihrer übertriebenen pädagogischen Bemühungen wegen ihren Kindern wohl eher Anlass, sich zu distanzieren.

Zum Argument der Geborgenheit kommt noch ein epistemologisches hinzu. Aus der Sicht der Eltern wäre es nur dann möglich, die Nachkommen Sohn und Tochter zu nennen, wenn ihre Zahl die Eins nicht überstiege. Bei mehreren Töchtern oder Söhnen müsste ein weiteres Kriterium dazukommen, wie die einzelnen Kinder anzusprechen wären. Dagegen haben die Kinder – abgesehen von Ausnahmen – nur eine Mutter und einen Vater. Die Ausnahmen ergeben sich durch Adoption, durch veränderte Konstellationen bei den Eltern, so dass Kinder nicht nur einen leiblichen Vater und eine leibliche Mutter haben können, sondern auch eine Stiefmutter oder einen Stiefvater. Abgesehen von diesen Ausnahmen kann man sagen, dass die Positionen von Vater und Mutter je einer Eins entsprechen, d.h. nur einmal vorkommen, während die Kinder zumindest der Möglichkeit nach mehrfach vorkommen.

Diese Eins erfährt mit fortschreitendem Verständnis der Kinder einen bedeutsamen Wandel, den man logisch als Übergang von einer Allheit in eine zählbare Einheit beschreiben könnte. Eines Tages bemerken die Kinder, dass ihre Mama, ihr Papa dies nicht für alle Kinder dieser Welt sind, sondern nur für sie. Das ist gleichbedeutend mit der Entdeckung, dass es andere Mamas, andere Papas gibt und dass andere Kinder außerhalb der Familie andere Mamas, andere Papas haben. Somit wandelt sich die Bedeutung der Eins. Glaubten die Kinder am Anfang ihres Erfahrungsweges, dass die Eltern dies für alle Kinder wären und dass dementsprechend alle Kinder Geschwister wären, so differenziert sich in einem nächsten Schritt die Wahrnehmung – das ist die Geburt der Wahrnehmung der Familie, d.h. der Zugehörigkeit zu einer Familie, die sich zusammensetzt aus Vater, Mutter, Kind oder Kindern. Die Eins wird damit eine andere als sie zuvor war, von einer allumfassenden wird wie zu einer zählbaren, von einer realen zu einer symbolischen. Diese Unterscheidung drückt sich darin aus, dass Kinder entdecken, dass das Kind im Haus nebenan auch eine Mutter und einen Vater hat, dass es zu ihnen auch Mama und Papa sagt und dass jene Mama, jener Papa doch nicht dieselben sind wie die eigene Mama, der eigene Papa. Dieselbe Bezeichnung und doch unterschiedliche Personen! Dieser Schritt weist auf einen anderen Diskurs hin, in dem die Regel, die besagt, dass ein Wort einer Sache entspricht, nicht mehr gilt. Entsprechende Erfahrungen macht jedes Kind auch mit den Personalpronomina. *Ich* und *Du* lassen sich nicht in unveränderlicher Weise bestimmten Personen zuordnen; ihre Verwendung richtet sich allein nach dem Sprachgebrauch; wer spricht, sagt *ich*, wer angesprochen wird, wird zum *Du*, wer besprochen wird, zum *sie* oder zum *er*.

Zu den Gründen, warum die Kinder zu den Eltern Papa und Mama sagen, während diese die Kinder mit deren Namen ansprechen, ist noch hinzuzufügen, dass es sehr wohl auch vorkommt, dass Eltern ihre Nachkommen als ›Sohn‹ oder ›Tochter‹ bezeichnen. Dies ist dann der Fall, wenn es um besondere Pflichten oder Rollen geht, die mit diesen Positionen verbunden sind. So kann ein Vater, der von seinem Sohn enttäuscht worden ist, ausrufen: Und das soll mein Sohn sein? Er kann jedoch auch, wenn er stolz darauf ist, sagen: »Das ist mein Sohn!« Entsprechendes gilt für die Tochter. ›Tochter‹ und ›Sohn‹ fungieren hier als Ideale, an denen die Taten der Nachkommen aus väterlicher oder mütterlicher Sicht gemessen werden. Das Pronomen *mein* bringt überdies den elterlichen Narzissmus ins Spiel; je nachdem, ob eine Tat bzw. ein Verhalten von den elterlichen Instanzen gelobt oder verurteilt wird, drückt es eine Zugehörigkeit oder eine Distanzierung aus; letztere wird als rhetorische Frage formuliert, oder das Urteil wird mit einem *nicht* versehen – »das ist nicht mein Sohn/meine Tochter« –, um den eigenen Narzissmus schadlos zu halten.

## TODESANZEIGEN

Der Eigenname bekommt eine ganz besondere Bedeutung nach dem Tod: Was von einem verstorbenen Subjekt bleibt, ist, nebst seiner materiellen Hinterlassenschaft und den Erinnerungen an es, sein Eigenname. In Todesanzeigen und auf Grabsteinen steht er im Zentrum. Das Aussprechen des Namens eines Verstorbenen durch Angehörige geht einher mit Empfindungen, die darauf hinweisen, dass der Eigenname mehr als nur ein Überbleibsel des Toten ist. Da er ihn sein Leben lang getragen hat und man ihn unter diesem Namen gekannt hat, mit ihm gesprochen hat, ist er ein Teil seiner selbst geworden. Obwohl nur aus Buchstaben bestehend, ist er zum Zeichen eines singulären Lebens geworden, ja, etwas vom Leben des Toten ist in den Namen eingeflossen, widersetzt sich dem Tod. So firmiert der Name des Verstorbenen zugleich als Zeichen seines Verschwindens wie auch als Zeichen seines Weiterlebens, wenn nicht in der sichtbaren Realität, so zumindest ideell, durchaus nicht nur in der Erinnerung der Angehörigen, sondern als Seele, deren Zeichen der Eigenname ist. Dabei bleibt der Sachverhalt unbeachtet, dass jeder Eigenname Leihgabe ist und dass der Tote ihn in gewissem Sinne zurückgegeben, ihn verlassen hat, wie er alles Irdische verlassen hat. Was dagegen spricht, ist das Leben, das sich mit seinem Namen verknüpft hat. Es kommt dazu, dass der Eigenname als Schrift dadurch, dass er in Dokumenten weiter anwesend bleibt, diesen Glauben an das Weiterleben stützt. Ist nicht der Wunsch eines Toten, z.B. in einem erbschaftlichen Dokument, über seinen Tod hinaus maßgebend? Sind die Wünsche der Toten nicht sogar stärker, verbindlicher als die Wünsche der Lebenden? Dem Eigennamen kommt dabei eine Schlüsselfunktion zu; er verhindert, dass die Grenze zwischen Leben und Tod scharf gezogen werden kann, und dies, obwohl er aus nichts anderem gemacht ist als aus Buchstaben, aus totem Material.

In vielen Gesellschaften, insbesondere in südeuropäischen, ist es Brauch, dass Todesanzeigen den Namen der Verstorbenen noch ihre Photos beigeben. Auf diese Weise zeigt das Bild, dass es mit dem Buchstäblichen des Namens seine überzeitliche Seite teilt. Auch beim Anblick des Bildes kommen Emotionen auf, die damit zusammenhängen, dass im Moment der Bildaufnahme der Verstorbene noch lebendig war. Das Portrait lässt sich so lesen, dass das Photo versucht, diesen Augenblick des Lebendigen festzuhalten, über die Zeit zu retten. Dass diese Fixierung etwas Tödliches hat, ist dabei zu unterscheiden vom Tod dessen, der nun im Grab liegt, denn jedes Photo enthält dieses Tödliche, Fixierende in sich, unabhängig davon, ob das abgebildete Subjekt noch lebt oder nicht. So weckt denn der Anblick des Bildes eines Verstorbenen die Illusion, es sei nicht der wirkliche Tod, der das Leben ausgelöscht habe, sondern der durch das technische Mittel der Photographie erzeugte, in Tat und Wahrheit illusionäre, durch die Technik bewirkte Tod durch die Fixierung eines Augenblicks, ein Tod, der dem Leben nicht widerspreche, sondern einen Ausschnitt davon zeige.

Der Eigenname, ob allein in buchstäblicher oder auch in bildlicher Form dargestellt, umfasst somit mehrere zeitliche Dimensionen, die im Abschnitt *Eigenname und Epistemologie*[1] eingehender thematisiert werden.

## EIN HITCHCOCKFILM, IN DEM EIN EIGENNAME EIGENTLICH GAR KEINEN TRÄGER HAT: *NORTH BY NORTHWEST/DER UNSICHTBARE DRITTE*

Es gibt einen Film von Alfred Hitchcock, in dem der Bezug zwischen Eigenname und Körper verfremdet, gleichsam auf den Kopf gestellt wird. Während es in vielen Filmen darum geht, dass der Protagonist seinen Namen, etwa eines Unfalls wegen, verloren hat und infolgedessen sein ganzes Bezugssystem, Zeit und Raum, erschüttert oder gar durcheinander gebracht sind, ist es in diesem Hitchcock-Film genau

1 S. 115–185.

umgekehrt: Am Anfang gibt es nur einen Namen ohne Körper: *George Kaplan*. Dieser Name wurde vom amerikanischen Geheimdienst ausgedacht, um die Gegenpartei, Spione im Dienste finsterer Mächte, zu täuschen, d.h. um sie glauben zu lassen, von einem George Kaplan beobachtet zu werden; auf diese Art sollte der wirkliche Spitzel, die attraktive Eve Kendall, geschützt, von ihr abgelenkt werden. So kam es, dass aus purem Zufall der Werbefachmann *Roger O. Thornhill*, der von all diesen Zusammenhängen keine Ahnung hatte, für George Kaplan gehalten wurde. Die Handlung des Films dreht sich darum, wie es dem Protagonisten über merkwürdige und überraschende Umwege gelingt, diese falsche, ihm aufgezwungene Hülle abzulegen und wieder zu Roger O. Thornhill zu werden – bezeichnenderweise gelingt ihm dies erst, nachdem er eingewilligt hat, den falschen Namen zu tragen.

Es gibt eine Szene, in der der Eigenname direkt thematisiert wird. Der flüchtige Protagonist begegnet im Zug ausgerechnet Eve Kendall, dem Spitzel des amerikanischen Geheimdienstes, von dem der fiktive George Kaplan ablenken sollte. Natürlich kann sich ihm die attraktive Eve Kendall nicht zu erkennen geben, weil sie von den Spionen beobachtet wird; er wiederum glaubt ebenfalls, seinen Namen verstecken zu müssen, da er ja polizeilich gesucht wurde. Nun sieht sie die drei Initialen R.O.T. auf dem Zündholzbrief ihres Gegenübers. Wissend, dass es sich bei ihm um den flüchtigen Roger Thornhill handelt, fragt sie ihn, was der Buchstabe O bedeute. »Nichts«, gibt ihr Gesprächspartner als Antwort und verweist auf seinen Beruf, Werbefachmann, für den sich diese Initialen gut machten.

In dieser Antwort liegt der Schlüssel für das Aufdecken der Funktionen der Namen in dieser Geschichte. Namen sind nicht das, was sie versprechen. Die täuschende Funktion geht einher mit der Spionage, mit dem Misstrauen, der Unsicherheit, Verwirrung, die sich durch den Film zieht, trotz seiner fast linearen, chronologischen Erzählweise. In der Tat: Bis zum Ende des Films kennen wir den ›wirklichen‹ Namen von Eve Kendall nicht. Auch der Chef des amerikanischen Geheimdienstes verrät seinen Namen niemals, er wird *Professor* genannt. Lautet Hitchcocks Botschaft deshalb, dass Eigennamen Schall und Rauch sind? Keineswegs! Die in den Eigennamen enthaltenen Täuschungen sind stets ein Indiz für die Wahrheit, deren Aufdecken ohne Täuschungen unmöglich wäre – ein schönes Beispiel der Dialektik, in der sich erweist, wie sehr Lüge und Wahrheit sich bedingen.

Der *Plot* von *North by Northwest* weist über die Alternative hinaus, ob die Eigennamen etwas bedeuten oder nicht. Nicht nur liegt in den Täuschungen der Namen eine Wahrheit beschlossen, sondern dem Protagonisten wird zeitweise übel mitgespielt, ohne dass er die Gründe dafür kennt. Er mag sich noch so sehr mit seinem Namen identifizieren, ihn zusätzlich ästhetisieren, er verliert dennoch seine Identität, wird als ein anderer behandelt, misshandelt, um schließlich gerade dann aus diesen Verstrickungen herauszufinden, als er den Namen George Kaplan, der bloß für einen Schein steht, akzeptiert hat. Als George Kaplan findet er wieder zurück zu seinem angestammten Namen. Es sind objektive Mächte, die hier in die alltäglichen Probleme einbrechen und die Subjekte konfus machen. Deutlichster Ausdruck dafür ist die Szene, in der ein Mister Kaplan in einem Hotel aufgerufen wird und allein dadurch, dass Roger Thornhill zufällig zu genau dieser Zeit ans Telefon geht, er für diesen gehalten wird, allen Beteuerungen zum Trotz. Solche Szenen sind Ausdruck von objektiven Konstellationen, in die ein Subjekt verwickelt werden kann; erst, wenn es die Zusammenhänge zu durchschauen vermag, hat es eine Chance, zu dem Zustand zurückzukehren, in dem es den Eindruck hat, seine Geschichte selber zu schreiben.

## EIN MERKWÜRDIGES ERGEBNIS AUS DER SOZIALPSYCHOLOGIE: PELHAM, *THE LETTER EFFECT*

Der amerikanische Sozialpsychologe Brett Pelham hat sich in seinen Untersuchungen der Frage angenommen, welche Bedeutung der Eigenname – oder auch nur Teile davon, Initialen, Buchstabenkonstellationen – für seinen Träger hat. Der Autor interessiert sich insbesondere für die Frage, welche Auswirkungen bestimmte Eigennamen auf bedeutsame Entscheidungen haben. Pelham fasst seine Ergebnisse, die er gerne für Werbezwecke fruchtbar machen möchte, mit dem Ausdruck *the letter effect* zusammen.[2] So behauptet er z.B., dass Leute mit den

2 S. dazu B.W. Pelham, M.C. Mirenberg, J.T. Jones: *Why Susie Sells Seashells by the Seashore: Implicit Egotism and Major Life Decisions*. In: Journal of Personality and Social Psychology, 82, S. 469–487; s. auch B. Uhl-

Initialen D.I.E. (was an den Tod denken lässt) statistisch gesehen eine um drei Jahre kürzere Lebenserwartung haben als andere. Oder er glaubt nachweisen zu können, dass Leute, deren Namen mit der Silbe Geo beginnt, eher den Staat Georgia als Wohnort gewählt haben als Leute mit Namen, in denen diese Silbe nicht vorkommt. In anderen Untersuchungen weist er nach, dass Menschen, deren Familienname mit dem Buchstaben B beginnt, im amerikanischen Präsidenten-Wahlkampf statistisch häufiger Bush gewählt haben, solche mit dem Buchstaben G dagegen eher für Gore waren. Sein Interesse an der Verwertung seiner Untersuchung im Bereich der Werbung wird dann deutlich, wenn er sagt, dass er Autohändlern, die Jeeps verkaufen wollten, geraten habe, die potenziellen Käufer bei den Leuten zu suchen, deren Eigenname mit J beginne.

Abgesehen von diesem naiven Pragmatismus und der fehlenden Reflexion über die Zusammenhänge zwischen Entscheidungen und dem Eigennamen, geben Pelhams Untersuchungen Anlass zu Überlegungen, die wir wieder aufgreifen, wenn es um Beiträge zu einer psychoanalytischen Epistemologie geht. Soviel sei vorweggesagt: Pelhams Untersuchungen, wenn man ihnen glauben kann, weisen auf einen Aspekt hin, den man nicht nur *letter effect* nennen könnte, sondern auch *Narzissmus des Eigennamens*, wobei der Narzissmus nicht nur den Namen als Ganzes betrifft, sondern auch Elemente wie Buchstaben und Silben. Der Eigenname scheint, so gesehen, eine strukturierende Funktion zu haben, ähnlich dem Spiegelbild, das den eigenen Körper im Außen zeigt und als Matrix der Realitätswahrnehmung dient.

---

mann: *Prägt der Name unser Schicksal?* In: Süddeutsche Zeitung v. 25.08.2008, s. unter: http://www.sueddeutsche.de/wissen/frage-der-woche-praegt-der-name-unser-schicksal-1.691365 [22.07.2010].

# Der Eigenname in der Geschichte

## Béatrice Fraenkels Untersuchungen über die Unterschrift

In der Einführung wurde bereits auf Veränderungen des Eigennamens in der Geschichte hingewiesen, vor allem auf die Aufteilung in Vor- und Familienname als Ausdruck einer sich wandelnden Gesellschaft. Damit ist nur eine von vielen Dimensionen angesprochen worden. Béatrice Fraenkel hat es in ihrem bedeutsamen Werk *La signature. Genèse d'un signe*,[1] unternommen, die Unterschrift zu fokussieren und anhand dieses Leitfadens nicht nur unterschiedliche Konzeptionen dessen, was als Unterschrift galt, darzustellen, sondern darüber hinaus auch geschichtliche und juristische Aspekte in verschiedenen Epochen und Gesellschaften zu thematisieren.

Eine wegleitende Fragestellung ihrer Arbeit lautet: Was ist überhaupt eine Unterschrift? Ihre Definition lässt sich nicht auf das handschriftliche Unterschreiben der Buchstaben des Eigennamens reduzieren, vielmehr gehören auch Siegel, Stempel, Familienwappen wie auch Bilder, Photos und Fingerabdrücke dazu. Je nach Zeitepoche, sozialer Zugehörigkeit des Unterzeichnenden und Bedeutung des zu unterzeichnenden Dokuments wurden die Signaturen kunstvoll ausgeschmückt. Die Autorin zeigt dabei Abbildungen von Dokumenten aus der Welt der Diplomatie. Zu den besonderen Ausgestaltungen der Unterschrift gehören auch Initialen, Monogramme, Formen von Rebus, Anleihen bei antiken Alphabeten usw. Die künstlerische Verarbeitung

1 Paris: Gallimard 1992.

kann so weit gehen, dass die Lesbarkeit einer Signatur in Frage gestellt wird oder eingeweihten Adressaten vorbehalten bleibt.

Glaubt man, dass die handschriftliche Signatur Stempel und Siegel abgelöst hat, so weist die Autorin auf das Beispiel Japans hin, wo tatsächlich für Dokumente, die in der westlichen Welt Unterschriften erfordern, heutzutage noch Stempel verwendet werden. Dabei seien die Stempel keineswegs als Garant der Individualität gedacht, da sie im Handel erhältlich seien. Das weist Fraenkel zufolge auf ein anderes Verständnis von Signatur, Schrift und Subjekt hin – ein Sachverhalt, der rückwirkend die vermeintliche Selbstverständlichkeit der Signatur in unserer Gesellschaft problematisiert.

Aus Fraenkels Ausführungen geht nicht nur der geschichtliche Aspekt des Eigennamens sehr deutlich hervor, sondern auch der juridische. Er verbindet sich mit Eigentum, Besitzverhältnissen, aber auch mit Verantwortung. Erst die Unterzeichnung eines Dokuments konstituiert – in den modernen westlichen Gesellschaften – seinen rechtlichen Status, macht aus ihm einen Vertrag, einen Erlass, eine Publikation. In diesem Zusammenhang kommt dem Notar eine besondere Bedeutung zu, gilt er doch als Garant der Echtheit, als Statthalter der Legalität, die in früheren Zeiten Domäne des Königs war. Dabei geht es nicht nur um Verträge, sondern auch um Zeugnisse, Bescheinigungen, Beglaubigungen, Verfügungen usw., die ohne Signatur niemandem gehören würden oder wertlos wären.

Zum juridischen Aspekt gehören auch Fragen der Legitimation – wer ist berechtigt zu unterschreiben? Das ist eine weitreichende Frage, die in verschiedenen geschichtlichen Epochen unterschiedlich beantwortet wurde. Fraenkel zieht hier Zeugnisse aus der Welt der Diplomatie heran, mit denen sie illustriert, welchem Wandel die Unterschrift vom Mittelalter bis heute unterworfen war, wer das Recht hatte, zu unterschreiben und in welchen Formen dies geschah. Die Frage der Legitimation stellt sich in einer zeitgenössischen demokratischen Gesellschaft, wo zwischen mündigen und unmündigen Bürgern unterschieden wird, anders dar als in feudalen, wo überdies die Fähigkeit des Schreibens wenigen Gelehrten vorbehalten war. Traditionellerweise galten Gott, der König und der Schreiber als Garanten der Macht der Schrift. Das heißt, dass diese nicht durch sich selbst schon Wahrheit beanspruchen konnte, vielmehr brauchte (und braucht) sie Instanzen, die dafür einstehen. Natürlich sind das ungleiche Garanten; da Gott nicht selber eingreift, braucht er Statthalter. Fraenkel zeigt, mit welchen Mitteln sich Könige auf Gott beriefen und wie die Schreiber in diesen Dienst gestellt wurden. Das bedeutete, dass eine Unterschrift nicht gleichbedeutend war mit der persönlichen Aneignung eines Dokuments. Für die Unterzeichnung von offiziellen Dokumenten waren nur wenige befugt. Auf diese Weise blieb die Kontrolle über die wesentlichen Dimensionen der Schrift in den Händen des Adels oder auch des Klerus. In Frankreich habe sich im Jahr 1554 eine entscheidende Veränderung vollzogen, sagt Fraenkel, denn von da an sei die Unterschrift unter die notariellen Akte obligatorisch geworden. Damit sei die Anerkennung der Singularität an die Stelle der Zugehörigkeit zu sozialen Verbänden getreten. Diesem Übergang, der sich zwischen dem 6. und dem 16. Jahrhundert vollzog, gilt Fraenkels Aufmerksamkeit in erster Linie.

Zu den juridischen Aspekten der Unterschrift gehören auch die Fragen und Probleme, die aus der Kriminologie hervorgehen. Handschriftliche Unterschriften sind fälschbar, erst recht die überlieferten Formen der Siegel und der Stempel. Fälschungs- und betrugssichere Zeichen des Individuums sind somit erforderlich. Wie man weiß, sind Fingerabdrücke, Photos, biometrische Daten und seit einigen Jahren DNA-Analysen ebenso unerlässliche Mittel der polizeilichen Ermittlungen wie Spuren der Täter, die nach einem Delikt zurückgeblieben sind. Es geht hier somit nicht um eine willentliche Signatur, sondern um unfreiwillige Signaturen, die von unterschiedlicher juridischer Bedeutung seien, wie die Autorin betont. Diese Differenz werde da relativiert, wo Fingerabdrücke im Falle von Analphabetismus die freiwillige Unterschrift ersetzen. Einen besonderen Stellenwert nehme die Graphologie ein, das sie einerseits nicht eine unfreiwillig gegebene Signatur voraussetze, andererseits aber doch als Instrument verwendet werde, mit dem über das Subjekt, das ein Dokument geschrieben oder zumindest unterzeichnet hat, verfügt werde. Wenn sich die Graphologie bloß auf eine Unterschrift stützen könne, habe sie es schwer, da sich diese durch eine ausgeprägte und zumeist eingeübte Singularität auszeichne, die oft an der Grenze der Lesbarkeit sei. Seit Unterschriften erforderlich seien, hätten diese einen besonderen Status – einerseits bildeten sie einen Teil eines schriftlichen Dokuments, andererseits seien sie Zeichen des unverwechselbaren Subjekts, das sich in möglichst unverwechselbarer Form repräsentiere. Dem Ausdruck *Zug* misst Fraenkel in diesem Zusammenhang eine besondere Bedeutung bei – wir werden ihm im psychoanalytischen Teil wiederbegegnen.

Ihre Untersuchungen umfassen nicht nur geschichtliche und juridische Aspekte der Signatur, sondern auch strukturelle und epistemologische. Zunächst ist es bemerkenswert, dass sie sich zur Erläuterung der verschiedenen Formen der Signaturen der Begrifflichkeit des Semiotikers Charles S. Peirce bedient. So sieht sie in der handschriftlichen Signatur ein *Symbol*, im Bild bzw. Photo ein *Icon* und im Fingerabdruck (*empreinte*) einen *Index*. Identitätskarten würden demzufolge Symbole (Eigennamen) und Icons (Portraits) enthalten, polizeiliche Dokumente zudem Indices (Fingerabdrücke). Man kann hinzufügen, dass die biometrischen Pässe ebenfalls Indices enthalten, nämlich Daten der Retina.

Besonders nahe an der Thematik des Eigennamens ist Fraenkel, wenn sie epistemologische Fragen wie diejenige nach der Validität der Identität thematisiert oder nach den Konsequenzen der persönlichen Signatur unter ein Dokument fragt, das sich mit dem Akt des Unterschreibens verwandelt, indem es einen rechtsgültigen Status bekommt. Ihre Ausführungen über Identität führen weit in philosophische und psychoanalytische Fragestellungen hinein und überkreuzen sich teilweise mit Aussagen Freuds, Derridas und Lacans. Sie sieht Identität als etwas Brüchiges an, was zur Frage führe, wie lange eine Signatur Gültigkeit beanspruchen könne. Für die Autorin ist Identität nichts Substanzielles, sondern etwas Hergestelltes, das gerade durch Schrift und Signatur konstruiert und aufrechterhalten werde. Etwas Fiktives liege darin, was jedoch nicht zum dem Schluss führen solle, auf dieses Konzept verzichten zu können.

Als Gegenbegriff zur Identität gilt für sie die Validierung. Diese verbinde ein Dokument mit dem Namen des Eigentümers oder Adressaten, während zugleich dessen Identität aufrechterhalten werde. Dieses antagonistische Begriffspaar von Identität und Validierung ist ihr zufolge eng verknüpft mit demjenigen von Individualität und Klassifizierung. Das eine Konzept betone die singuläre Seite, das andere die gesellschaftliche bzw. logische. In der Unterschrift würden sich beide Dimensionen treffen, was zugleich bedeute, dass eine Unterschrift eines Garanten bedürfe, dessen Funktion früher dem Adel oder dem Klerus vorbehalten gewesen sei, die sich ihrerseits auf Gott berufen hätten, während heute, jedenfalls bei wichtigen Dokumenten (Testamente, erbliche Erlasse, Kaufverträge u.a.), dem Notar als Repräsentant der gesetzlichen Ordnung einer Gesellschaft diese Funktion zukomme.

Die Autorin thematisiert auch den Akt des Unterzeichnens und erkennt darin das Zusammenfließen der Zeit- und Raumdimensionen des Gegenwärtigen und der Dauer, des Symbolischen und des Körpers. In der Signatur sieht sie einen Beweis dafür, dass das unterzeichnende Subjekt anwesend gewesen sei; der zeitliche Moment seiner Anwesenheit im Akt des Unterzeichnens verlängere sich dann in die Zukunft, möglicherweise über seine Lebensdauer hinaus. In diesem Sinne blieben die Spuren seines Körpers über dessen Tod hinaus anwesend und fungierten als Garanten der Authentizität eines Subjekts, das gar nicht mehr unter den Lebenden weile.

# Der Eigenname in der Bibel und in den Sprachwissenschaften

## Der Eigenname in der Bibel

Die Namensgebung in der Bibel, jedenfalls im Alten Testament, stellt sich anders dar, als man vielleicht gedacht hat. *Adam* ist zunächst nicht ein Name, sondern geht auf das hebräische Wort für den Menschen zurück: *der von der Erde Genommene*; Adam ist damit dem ursprünglichen Sinn nach ein Gattungswesen, das zunächst allein war. Da Gott sah, dass es nicht gut war, dass Adam allein war, erschuf er das Weib aus seiner Rippe; Adam nannte sie Eva, was aus dem Hebräischen *chawah* kommt und sich als *die Belebte* übersetzen lässt. Mit der Erschaffung beider Menschen sind somit logisch-klassifikatorische Veränderungen entstanden: Die Schöpfung Evas implizierte eine Erweiterung des Begriffs *Mensch*, der vor der Erschaffung Evas allein Adam galt. *Mensch* wurde nun aufgeteilt in Männlichkeit und Weiblichkeit, wobei dem Schöpfungsmythos zufolge deshalb keine Symmetrie entstand, weil Eva aus Adams Rippe entstand.

Wie steht es diesbezüglich mit Eva? Einerseits nennt Adam sie Eva, was auf eine Namensgebung schließen lässt,[1] andererseits lässt sich auch *Eva* auf eine Bedeutung zurückführen, nämlich auf eine Ordnung, in der *belebt* von *unbelebt* unterschieden wird. In der Bibel wird dies nicht so sehr auf Eva selbst bezogen als vielmehr darauf, »dass sie eine Mutter ist aller Lebendigen«.[2]

1 S. dazu »Adam hieß sein Weib Eva« (Lutherbibel, Moses 1,3).

2 Ibid.

Sind nun also Adam und Eva die ersten Menschen gewesen oder die ersten Namen der Gattung Mensch? Man erwartet Klarheit in der Fortsetzung der Genesis und glaubt, Kain und Abel wären die Namen ihrer Kinder gewesen. Die Lektüre ergibt jedoch ein anderes Bild:

»Und Adam erkannte sein Weib Eva, und sie ward schwanger und gebar den Kain und sprach: Ich habe einen Mann gewonnen mit dem HERRN. Und sie fuhr fort und gebar Abel, seinen Bruder.«[3]

Eva gebar den Kain, später den Abel. Kain und Abel erscheinen im Text nicht als Eigennamen, sondern als zum vornherein zum Sein dieser beiden Söhne gehörig. Auch hier ist die Etymologie des Namens aufschlussreich. Der Name *Kain* bedeutet einigen Quellen zufolge *Lanze*, während andere behaupten, er komme von *Besitz*, *Stärke*. Sie stimmen aber darin überein, dass Kraft und Besitz mit ihm in Verbindung gebracht werden, was ja auch zur Rolle des Erstgeborenen passt. Seine Mutter bezeichnet ihn schon gleich nach der Geburt als Mann. Der Name *Abel* dagegen ist gleichlautend mit dem Wort für *Hauch*, *Atem* oder *Nichtigkeit*. Das spätere Sein dieser Menschen wäre somit schon in gewissem Sinne in den Bezeichnungen *Kain* und *Abel* angelegt gewesen.

Aufschlussreich in diesem Zusammenhang ist, dass das dritte Kind von Adam und Eva, der oft vergessene Seth, mit der Namensgebung in Verbindung gebracht wird.

»Adam erkannte abermals sein Weib, und sie gebar einen Sohn, den hieß sie Seth; denn Gott hat mir, sprach sie, einen andern Samen gesetzt für Abel, den Kain erwürgt hat.«[4]

Und ebenso ein Kapitel später: »Und Adam war hundertunddreißig Jahre alt und zeugte einen Sohn, der seinem Bild ähnlich war, und hieß ihn Seth.«

Beide, Adam und Eva, *hießen* ihren Sohn Seth. Das ist eine andere Ausdrucksweise als zuvor, wo Kain und Abel quasi als Wesen, die Kain bzw. Abel *sind*, geboren wurden. Wenn man nun denkt, von da an würden die Namen vom Sein getrennt, geht man jedoch in die Irre,

3 Ibid., Moses 1,4.

4 Ibid.

denn auch an späteren Stellen werden Menschen so bezeichnet, als wäre ihnen der Name angeboren, als seien sie auf unmittelbarste Weise der Name selbst. Übrigens lässt sich auch der Name Seth auf eine Etymologie zurückführen, auf das hebräische Wort *schet*, was auf *Ersatz* hinweist. Da Seth erst nach der Ermordung Abels gezeugt wurde, war er gleichsam Abels Ersatz, Stellvertreter.

Die Namensgebung in der Bibel lässt den Schluss zu, dass die Namen keineswegs als eine beliebige Gabe nach dem Gusto der Eltern ausgewählt und zugeteilt wurden, sondern dass im Namen ein Schicksal, wenn nicht gerade vorherbestimmt, so doch angelegt war.

Bemerkenswert ist noch, dass der Name *Kain* in Deutschland verboten ist. Man sieht daran, dass der Name weit mehr ist als ein bloß äußeres Merkmal, das aus organisatorischen Gründen jedem Subjekt zugeschrieben wird. Der Glaube, dass der Name etwas mit dem Sein zu tun hat, ist tief verankert im kollektiven Glauben der Menschen, auch in unserer Gesellschaft. Wer möchte schon mit seinem Namen an den Brudermörder erinnern und damit selber in den Verdacht geraten, ein Mörder zu sein?

## Wandlungen von Eigennamen

Doch kehren wir zur Frage der Namen in der Bibel zurück. Es gibt eine interessante Studie der französischen Autorin Mary Balmary,[5] die den Wandlungen der Namen in der Bibel nachgegangen ist. So hat sie – unter Berufung auf den Kommentator Raschi – gezeigt, dass der Name von Abrahams Frau sich änderte, als sie ihren Sohn Isaak zur Welt brachte: Aus *Saraï* wurde *Sarah*; desgleichen veränderte sich der Name ihres Gatten von *Abram* zu *Abraham*. Dass dies mehr als bloße Namenskosmetik ist, zeigt sich daran, dass diese Veränderungen der Eigennamen einhergehen mit Veränderungen der Bedeutung. *Saraï* hieß *meine Prinzessin*, *Sarah* dagegen *Prinzessin* – eine Änderung, die anzeigte, dass aus einer Frau, die als Besitz betrachtet wurde und sich selbst in diese Rolle einfügte, eine eigenständige Frau wurde, die zugleich mit der Namensänderung ihre Sterilität verlor. Bekanntlich wurde Sarah Mutter in einem hohen Alter, in dem sie dies nicht mehr

5 S. dazu M. Balmary: *Le sacrifice interdit. Freud et la Bible*, Paris: Grasset 1995, S. 165–180.

für möglich gehalten hätte.[6] Auch die Erweiterung des Namens ihres Gatten in Abraham zeigt eine Bedeutungsverschiebung an; er wurde zum Stammvater, und als Zeichen des Paktes mit Gott wurde die Beschneidung eingeführt.

»Gott redete weiter mit ihm und sprach: Siehe, ich bin's und habe meinen Bund mit dir, und du sollst ein Vater vieler Völker werden. Darum sollst du nicht mehr Abram heißen, sondern Abraham soll dein Name sein; denn ich habe dich gemacht zum Vater vieler Völker.«[7]

Für ein psychoanalytisch angeleitetes Verständnis von Eigennamen ist diese Verknüpfung mit dem Sein von großer Bedeutung, wobei sich dieser Sachverhalt auf verschiedene Arten interpretieren lässt. Das mindeste, was damit ausgesagt wird, ist, dass der Eigenname nichts Beliebiges ist, sondern dass er etwas Schicksalhaftes anzeigt. Die Frage dabei ist, ob darin eine göttliche Vorbestimmung zum Ausdruck kommt, die sogar zu Veränderungen des Eigennamens führen kann, ob der Eigenname selber Urheber ist von Schicksalen, und falls ja, ob sich menschliche und göttliche Einflüsse unterscheiden ließen. Des Weiteren ist es bemerkenswert, wie in der zeitgenössischen westlichen Kultur die Eigennamen im Zuge der Säkularisierung entsubstanzialisiert werden, allenfalls auf Phantasmen der Eltern hinweisen, aber kaum als Zeichen göttlicher Fügungen gelesen werden. Es ist immerhin möglich, dass im Unbewussten solche Verknüpfungen zwischen einem vermuteten göttlichem Geschick und individueller Geschichte aufgrund einer Reflexion über den Eigennamen bestehen bleiben. Als artikulierte würden sie wohl dem Verdacht auf Aberglauben nicht entkommen.

6 S. dazu 1. Mose 17,15 (Lutherbibel), wo es heißt: »Und Gott sprach abermals zu Abraham: Du sollst dein Weib Sarai nicht mehr Sarai heißen, sondern Sara soll ihr Name sein.«

7 1. Mose 17,5 (Lutherbibel).

# DER EIGENNAME IN DEN SPRACHWISSENSCHAFTEN

Die Forschungen über Fragen der Eigennamen haben in den Sprachwissenschaften erst in den letzten drei, vier Jahrzehnten einen Aufschwung genommen. Das drückt sich schon in der Terminologie aus, die zwar griechisch klingt, jedoch auf Wissenschaftszweige verweist, die wohl den meisten unbekannt sind: *Onomastik*, *Anthroponymie*, *Anthroponomastik*. Innerhalb dieser Forschungsrichtungen wird strukturell und historisch gearbeitet.[8]

Das strukturelle Feld überschneidet sich teilweise mit Fragen, die wir auch in der Philosophie antreffen werden, was vor allem dann gilt, wenn es um logische und klassifikatorische Probleme geht. Dazu gehören auch Fragen der Abgrenzung zwischen *nomen proprium* und *nomen appellativum*,[9] also zwischen den eigentlichen Eigennamen und den Namen für gegenständliche Dinge. Auch sozialwissenschaftliche Untersuchungen sind oft nur schwer oder gar nicht von sprachwissenschaftlichen abzugrenzen. Am ehesten ist dann eine Fragestellung ausschließlich sprachwissenschaftlicher und struktureller Art, wenn es um Merkmale und Gliederungen von Eigennamen geht. So stellt z.B. Eva Lia Wyss eine Liste von Merkmalen der Eigennamen auf, derzufolge diese sogenannten *nomen propria* keine semantischen Felder, keine Konzepte, keine primäre Bedeutung, keine Synonyme und Antonyme, zudem eine eingeschränkte attributive Valenz haben, dass sie des Weiteren nicht mittels einer deskriptiven Charakterisierung auf Referenten bzw. auf einzigartige Objekte verweisen, dass sie – insofern jemand

---

8 S. dazu: K. Willems: *Eigennamen und Bedeutung*, Heidelberg, Universitätsverlag C. Winter 1996; W. Besch (Hg.): *Sprachgeschichte*, 4. Teilband, Berlin: de Gruyter 2. vollst. neu bearb. u. erw. Aufl. 2004; W. Seibicke: *Traditionen der Vornamengebung. Motivationen, Vorbilder, Moden: Germanisch.* In: E. Eichler, G. Hilty, H. Löffler et al. (Hg.): *Namenforschung. Name studies. Les noms propres. Ein internationales Handbuch zur Onomastik.* 1. Teilband 1995, 2. Teilband 1996, Berlin, New York: de Gruyter (Handbücher zur Sprach- und Kommunikationswissenschaft 11), S. 1207–1214; U. Wolf (Hg.): *Eigennamen. Dokumentation einer Kontroverse,* Frankfurt a.M.: Suhrkamp [2]1983.

9 S. dazu F. Debus: *Aspekte zum Verhältnis Name – Wort*, Groningen: J.B. Wolters 1966.

nicht mehr oder weniger einen Namen tragen kann – keine Vagheit in der Referenz zulassen und dass sie schließlich weitgehend ohne Artikel verwendet werden.[10]

Eine solche Liste ließe sich zweifellos durch die Unterteilung der Eigennamen in Vor- und Nachnamen erweitern; auch diejenige der Namen in Individual- und Kollektivnamen, in offizielle und inoffizielle Namen, in Rufnamen und Familiennamen wäre dem strukturellen Bereich zuzurechnen.

So plausibel diese Aufzählung von Merkmalen der *nomen propria* scheinen mag, bei näherer Betrachtung stimmen sie nicht in jedem Fall, es gibt viele Ausnahmen, die es offenbar unmöglich machen, allgemeingültige Aussagen zu treffen. So hat Sarah Leroy in ihrem Buch *Le nom propre en français*[11] nachgewiesen, dass Eigennamen sehr wohl mittels deskriptiver Charakterisierungen auf ihre Referenten verweisen oder dass sie semantische Felder haben können.[12] Wenn z.B. jemand einen Schriftsteller lobt und ihn einen zweiten Solschenizyn nennt, so dient dessen Name als Referent, der für die besondere Gabe des Erzählens steht. Selbst die Behauptung, jemand könne nicht mehr oder weniger einen Namen tragen, ließe sich widerlegen. Lacan sagt z.B. von Freud, dass er ihn dort kritisiere, wo er noch nicht ganz Freud sei. Nicht nur ist hier Semantik im Spiel, sondern auch eine ideelle Referenzialität, die allerdings nichts mit Vagheit zu tun hat, sondern mit einer Norm, die durch die Qualität der meisten Arbeiten Freuds gegeben wird. Ein bestimmter Name kann also weit mehr als nur ein Name sein, er kann Inbegriff von Qualität sein, ohne dass das argumentativ belegt werden muss. Ein Napoleon, ein Sokrates, ein Homer, ein Leonardo usw. sind in diesem Sinne mehr als nur inhaltslose Eigennamen.

Sehr oft wird die Bedeutung von Eigennamen untersucht, wobei dann die Unterscheidung zwischen struktureller und historisch ausgerichteter Forschung unscharf wird. Einerseits beabsichtigt man, allgemeine Aussagen über Eigennamen zu gewinnen, d.h. es werden Funktionen herausgearbeitet, die in jedem von ihnen aufgezeigt werden

---

10 S. dazu E.L. Wyss: *»What's in a name?« Zur soziokulturellen Bedeutung von Eigennamen.* In: Bulletin VALS/ASLA 80, S. 9f., s. unter: http://www.ds.uzh.ch/wyss/_d/publikationsliste.htm#Aufsaetze [23.06.2010].

11 S. Leroy: *Le nom propre en français*, Paris: Ophrys 2004.

12 S. dazu ibid., S. 13–24.

können, z.B. dass er als Rufname dient, dass er ästhetische Ansprüche befriedigen soll, dass er unterteilt wird in Vorname und Nachname usw. Andererseits lässt sich diese allgemeine Ebene konkretisieren, indem einzelne Namen auf ihre Herkunft, ihre Bedeutung, ihren ästhetischen Wert untersucht werden, was einen Beizug von etymologischen Kompetenzen erfordert. So lässt sich z.B. der Name *Theodor* auf seine griechischen Wurzeln zurückführen, die auf die Übersetzung *Geschenk Gottes* hinweisen. Da jeder Name auf seine Geschichte hin befragt werden kann, eröffnet sich hier für die Namenforschung ein sehr weites Feld.

Die Versuche, unabdingbare Eigenheiten von Eigennamen zu eruieren, erhalten durch den Einbezug des Sachverhalts, dass diese gewöhnlich in diskursiven Kontexten auftreten, eine bedeutsame Erschütterung. Die Einbettung von Eigennamen in Diskursen führt nämlich dazu, dass sie semantisch aufgeladen werden; als Folge davon lassen sie sich durch Pronomina ersetzen, wobei diese zu weit mehr als bloß grammatischen Indikatoren für Personen oder Namen werden. Wenn etwa bestimmte Figuren aus der Geschichte beschrieben werden und in der Folge allein mit ihrem Namen genannt werden, so werden diese zu Trägern von Konnotationen und Assoziationen – Sarah Leroy weist darauf hin.[13]

Für eine psychoanalytisch angeleitete Fragestellung kann diese Art von Namenforschung gewisse Grundlagen theoretischer Art liefern, die jedoch kaum je für einzelne Subjekte relevant werden. Anders ist es, wenn wir belletristische Zeugnisse befragen. Sie offenbaren eine wahre Fülle von Einsichten über Zusammenhänge von Erzählungen, Schicksalen und Eigennamen. Im Zwischenbereich zwischen objektivierend-quantifizierenden Methoden und subjektiven Perspektiven sind die Untersuchungen angesiedelt, die mittels Befragungen einzelner Subjekte die Bedeutung des eigenen Namens ergründen wollen. Ein Eigenname dient als Identifikationsmerkmal einer Person – der Genitiv lässt sich dabei doppelt lesen, als subjektiver wie als objektiver. Eine Person, ein Individuum, ein Subjekt oder wie immer man den Träger

---

13 Ibid., S. 117, wo es heißt: »On peut ainsi considérer que le nom propre a, au départ, peu ou pas de sens, son occurrence en discours en acquiert beaucoup.» Dt.: »Man kann somit in Betracht ziehen, dass der Eigenname zu Beginn wenig oder keinen Sinn hat; mit seinem Auftreten im Diskurs gewinnt er viel dazu.« (Übers. d. Verf.)

eines Namens bezeichnen will, identifiziert sich ebenso mit einem Namen wie er bzw. sie für andere damit identifizierbar ist. Zugleich bedeutet der Name etwas für ein Subjekt, wobei es *a priori* ungewiss ist, ob der Name mehr ist als ein Merkmal des Subjekts, mit dem es sich identifiziert und mit dem es von anderen identifiziert wird. Geht man solchen Fragen nach, kommen Phantasien und Vorstellungen zum Vorschein, die ästhetischen Kriterien entsprechen. Da sie schwer zu quantifizieren sind, tauchen sie in Untersuchungen, die einem objektiv-quantifizierenden Wissenschaftsverständnis verpflichtet sind, nicht auf. Eva Lia Wyss ist jedoch der Frage nachgegangen, wie solche Aspekte heutzutage in Internetforen diskutiert werden. Stellvertretend für viele Aussagen sei hier diejenige eines Mädchens erwähnt (die Orthographie wurde nicht korrigiert):

»*Veronika* [...]: Ich muss Dominic zustimmen. Es ist ja schön, wenn namen bedeutungen haben. aber man sollte es nicht übertreiben. Die Namen für meine Kinder werde ich bestimmt nicht nur nach der bedeutung aussuchen. Ich bin der meinung, man sollte etwas mit dem Namen verbinden. Meine söhne sollten später zB mal Kevin, Jonathan (engl) oder William heißen. Kevin heißt die Romanfigur aus meinem Lieblingsbus [Lieblingsbuch, Anm. d. Verf.]. Jonathan heißt mein lieblingsschauspieler und eine meiner Lieblinsfilmrollen. William ist einer der schönsten namen überhaupt.«[14]

Neben ästhetischen Aspekten kommen also noch assoziative in Betracht, wenn es darum geht, einen Namen zu geben oder zu beurteilen. Er wird z.B. danach geprüft, wer außerdem so heißt; besonders Berühmtheiten aus Politik, Film, Literatur, Wissenschaft, Sport werden als Vorbilder für die Einschätzung eines Namens genommen. Solche Untersuchungen sind geeignet, die Kluft zwischen quantifizierend-objektivierender Methode und subjektiver Perspektive dadurch zu überbrücken, dass ihre Zusammenstellung die Herausarbeitung von Typologien und Tendenzen erlaubt, was sich hinsichtlich Namensgebung in einer Gesellschaft verändert.

14 Ibid., S. 5.

# Der Eigenname in der Philosophie

## *NOMEN APPELLATIVA* UND *NOMEN PROPRIA*

In der Philosophie ist die Beschäftigung mit Eigennamen kein herausragendes Thema, mit Namen im weiteren Sinne dagegen schon. Oft bleiben die Besonderheiten des Eigennamens unbeachtet oder werden nur am Rande erwähnt, weil das Interesse allgemeinen Fragen gilt (etwa solchen epistemologischer Art), die die Verhältnisse zwischen Name, Begriff und Ding untersuchen, oder solchen, die danach fragen, ob Namen arbiträr seien oder das Wesen eines Dings ausdrückten.

Innerhalb des weiten Feldes von Namen, das sowohl Gattungen wie einzelne Dinge, Lebendiges wie Unbelebtes oder Totes umfasst, lassen sich zunächst Orts- und Flurnamen eingrenzen. Zu Recht kann man in diesem Zusammenhang von Eigennamen sprechen. Sie haben die Eigenheit, dass sie sich nicht übersetzen lassen, die Namen bezeichnen einen und nur diesen einen Ort, von dem man erwartet, dass ihn auch Fremdsprachige so verwenden wie die damit Vertrauten. Man denke z.B. an die Namen von Bergen; der *Monte Rosa* wird vielleicht noch französisch als *Mont Rose* ausgesprochen, wie ja die Franzosen die Eigenheit haben, alle fremden Bezeichnungen ihrer Sprache anzupassen, aber gleichwohl wird die Fremdsprachigkeit respektiert, man kann nicht von einer Übersetzung sprechen; niemand kommt auf die Idee, den *Mount Everest* als Ewigkeitsberg oder als *mont éternel* zu übersetzen.

Erst wenn man das Feld der Orts- und Flurnamen noch weiter eingrenzt, kommt man zu den Eigennamen, den *nomen propria.* Diese unterscheiden sich von den *nomen appellativa* dadurch, dass ihre Träger selber sprechen können, diskursive Wesen sind. Das ändert vieles, das ändert alles. Die mit dem Eigennamen Angesprochenen sind ebenfalls Subjekte, ausgestattet mit der Fähigkeit zur Reflexion, sich selber fraglich durch den Mangel an Sein und an Haben. Der Eigenname steht für diese Offenheit; er bezeichnet nicht eine Substanz, sondern ist eher Ausdruck des Nicht-Festgelegt-Seins des Subjekts, der Freiheit, um ein großes Wort zu verwenden.

Die Frage ist nun, wie der Eigenname, *nomen propria*, in der bisherigen Philosophie gedacht worden ist.

## DER EIGENNAME ALS MERKMAL SPRECHENDER WESEN – EINE KURSORISCHE LEKTÜRE

Die oben angesprochene Frage nach der Beziehung des Namens mit dem, was er bezeichnet, ist Gegenstand von Platons Dialog *Kratylos*. Dabei verstricken sich die Gesprächspartner in Aporien – sie gelten sowohl für Dinge wie für Namen von Personen – was dazu führt, dass die gestellten Fragen unbeantwortet bleiben.[1] Die Gründe dafür werden zum einen in der Unmöglichkeit geortet, die (lautliche) Namensgebung im Sinne eines Abbildes auf das Wesen der Dinge zu beziehen, wie das im Medium des Bildes möglich sei, zum anderen in der Unhintergehbarkeit der Sprache, die den Zugang zur Unmittelbarkeit der Dinge verbaue und kein Urteil darüber gestatte, ob ein Name einem Ding entspreche; entsprechend sei keine Aussage darüber möglich, ob Namen einer Konvention entsprächen oder im Medium des Akustischen das Wesen eines Dings wiedergäben.

Auch Kant, Fichte, Hegel, Marx, Mill, Frege, Russell und andere beschäftigen sich mit Fragen des Namens, teilweise ausdrücklich mit denjenigen des Eigennamens. Untersucht werden seine Merkmale und Funktionen wie auch seine Bedeutung für seinen Träger. So erkennt Kant, dass der Name einer Person auch nach dem Tode weiterbesteht; dagegen wendet Fichte sein Interesse der Herkunft der Familiennamen zu. Hegel sieht im Namen das Merkmal, das den Einzelnen von den anderen unterscheidet und das diese im Bewusstsein haben.[2] Marx be-

1 Platon: *Kratylos*. In: G.W. Bd. 3, Darmstadt: Wissenschaftliche Buchgesellschaft 1974, S. 395–574.

2 »[E]s ist allein der Name, worin der *Unterschied* des Einzelnen von allen anderen nicht *gemeint* ist, sondern von allen wirklich gemacht wird; in dem Namen *gilt* der Einzelne als rein Einzelner nicht mehr nur in seinem

tont die Unwichtigkeit eines Eigennamens; er sei der Person ganz äußerlich. Wenn er von jemandem wisse, dass er Jakobus heiße, wisse er nichts von diesem Menschen. Obwohl der Eigenname und seine Bedeutung bei den Klassikern der Philosophie nicht unbeachtet geblieben ist, verwundert es doch, wie wenig er thematisiert worden ist. In der neueren Philosophie sieht das anders aus. So beschäftigt sich etwa Ernst Mach mit dem Eigennamen bei fremden Völkern:

»Der Name der Person erscheint dem Wilden als ein Teil derselben; er wird vor dem Feind geheim gehalten, um diesem keine Macht über die Person, keinen Anknüpfungspunkt für Zaubereien zu geben. […] Der Name des Verstorbenen und Worte, die an denselben anklingen, dürfen nicht ausgesprochen werden; sie sind ›Tapu‹.«[3]

John Stuart Mill unterscheidet explizit allgemeine Namen wie z.B. Mensch von Eigennamen wie z.B. Johannes, Maria; dieser könne nur von einem Ding behauptet werden (wobei *Ding* nicht so verwendet wird, wie das in der Neuzeit üblich geworden ist, sondern im alten Sinne, der auch Immaterielles umfasst).[4] In der Folge argumentiert er

---

Bewußtsein, sondern im Bewußtsein Aller.« *Phänomenologie des Geistes*, Hamburg: F. Meiner, [6]1952, S. 365.

3 E. Mach: *Erkenntnis und Irrtum*. In: Digitale Bibliothek, Bd. 2: Philosophie, S. 51214f.

4 S. dazu J.S. Mill: *System der deduktiven und induktiven Logik*. In: Digitale Bibliothek, Bd. 2: Philosophie, S. 51959f. Dazu ein Zitat: »Ein *allgemeiner Name (Gemeinname)* wird gewöhnlich definiert als ein Name, welcher in demselben Sinne von jedem einer unbestimmten Anzahl von Dingen wahrheitsgemäss behauptet werden kann. Ein *individueller oder einzelner Name (Eigenname)* ist ein Name, welcher in demselben Sinne nur von einem Dinge wahrhaftig behauptet werden kann.
In solcher Weise kann Mensch wahrheitsgemäss von Johann, Peter, Georg, Marie, und ohne angebbare Grenze von anderen Personen behauptet werden, und wird von allen in demselben Sinne behauptet, denn das Wort Mensch drückt gewisse Eigenschaften aus, und wenn wir es von diesen Personen aussagen, so behaupten wir, dass alle diese Eigenschaften besitzen. Aber *Johann* kann, wenigstens in demselben Sinne, nur von einer einzelnen Person wahrheitsgemäss behauptet werden. Denn wenn es auch viele Personen giebt, welche diesen Namen führen, so wird er ihnen nicht gege-

ähnlich wie Marx, wenn er schreibt, dass mit dem Namen keine weitere Auskunft mitgeteilt werde als eben der Name selbst. Immerhin verwendet er in diesem Zusammenhang das Wort *Identifizierung*, um die Funktion des Namens zu bezeichnen, einer Person weitere Eigenschaften zuschreiben zu können. Der Name wird in dieser Sicht zu einem Etikett, auf dem Eigenschaften eines Menschen eingetragen werden können. Mill betont jedoch, dass es auch möglich sei, von einer Person viel zu wissen, ohne ihren Namen zu kennen.

Als erster betont Eduard Hartmann die Intimität des Eigennamens:

»Man gebe einmal einem Künstler oder Gelehrten die Gewissheit, dass nie Jemand seinen Namen zu seinen Werken erfährt, – obwohl hierdurch der Ehrgeiz noch keineswegs ganz beseitigt ist, da ja doch der Name des Menschen etwas Zufälliges und Gleichgültiges, zumal für die Zukunft, ist, – so wird dennoch dem Betreffenden mehr als die Hälfte der Lust zu seinen Leistungen benommen sein.«[5]

Hartmann sieht zwar die Zufälligkeit und Gleichgültigkeit des Eigennamens, aber er erkennt auch, dass es neben der logischen Ebene eine psychologische gibt, die im Eigennamen mehr sieht als ein Merkmal zur Identifizierung. Psychoanalytisch ausgedrückt könnte man von einer narzisstischen Dimension sprechen, die er hier anspricht. Damit wird auch impliziert, dass sich die Künstler – und wohl nicht nur sie – mit ihrem Eigennamen identifizieren, dass er ihnen etwas bedeutet, dass sie sich in ihm repräsentiert fühlen.

In der analytischen Philosophie wird wiederum die logische Dimension betont. Gilbert Ryle bringt es auf den Punkt, wenn er schreibt, dass man nicht frage, was Salvador Dalí bedeute, sondern wer Salvador Dalí sei.[6] Auch Gottlob Freges Argumentation bewegt sich innerhalb von Fragen logischer Zuordnung. Bemerkenswert ist seine Unter-

---

ben, um irgend Eigenschaften oder etwas anzuzeigen, was ihnen gemeinsam ist; man kann nicht sagen, dass er von ihnen in irgend einem *Sinne* überhaupt und folglich auch nicht, dass er in demselben Sinne behauptet wird.«

5 E. Hartmann: *Philosophie des Unbewussten*. In: Digitale Bibliothek, Bd. 2: Philosophie, S. 60168f.

6 Zit. nach F. von Kutschera: *Sprachphilosophie*, München: Wilhelm Fink ²1975, S. 49–51.

scheidung von Eigennamen und eigentlichem Eigennamen; letzterem ordnet er die Vornamen zu.[7] Bertrand Russells Position besagt aufs Knappste zusammengefasst, dass der Name eine deiktische, d.h. hinweisende Funktion habe, vergleichbar einem Demonstrativpronomen.[8] Saul Kripke erkennt in Eigennamen eine Beziehung zu individuellen Trägern, die jedoch nicht von einer Bedeutung im gewöhnlichen Sinne des Wortes getragen sei; Eigennamen hätten nur einen Bezug, der bei der Taufe gegründet werde. Dieser Bezug müsse auch von anderen respektiert und anerkannt werden. Eigennamen sind Kripke zufolge starre Designatoren, d.h. ihr Bezug steht nach der Namensverleihung ein für alle Mal fest.[9]

Von den Voraussetzungen und vom Stil her – er sieht den Menschen als in die göttliche Sprache entlassen, die das geistige Wesen des Menschen ausmacht – unterscheiden sich Walter Benjamins Beiträge zum Eigennamen von jeder Art von positivistischen Beiträgen. Zwar hat er ihn nicht in eigens dafür reservierten Abhandlungen thematisiert, aber er äußert sich an signifikanten Stellen dazu, vor allem im Essay *Über Sprache überhaupt und über die Sprache des Menschen*, im *Passagen-Werk* und im Aufsatz über Goethes *Wahlverwandtschaften*.[10] So fragt er im *Passagen-Werk*:

»Bin ich der, der W.B. heißt? oder heiße ich bloß einfach W.B.? Das ist in der Tat die Frage, die ins Geheimnis des Personennamens einführt und sie ist ganz richtig in einem nachgelassenen ›Fragment‹ von Hermann Ungar formuliert: ›Hängt der Name an uns oder hängen wir an einem Namen?‹«[11]

7 S. dazu G. Frege: *Über Sinn und Bedeutung*, Göttingen: Vandenhoeck & Ruprecht 1994, S. 27.

8 S. dazu B. Russell: *Über das Kennzeichnen [On Denoting]*. In: Ders.: Philosophische und politische Aufsätze, Stuttgart: Reclam 1971, S. 3–22.

9 S. dazu S. Kripke: *Name und Notwendigkeit. II. Vortrag*, Frankfurt a.M.: Suhrkamp 1981.

10 S. dazu W. Benjamin: *Über Sprache überhaupt und über die Sprache des Menschen*. In: Ders.: *Sprache und Geschichte. Philosophische Essays*, Stuttgart: Reclam 1992, S. 30–49; Ders.: *Das Passagen-Werk*, Frankfurt a.M.: Suhrkamp 1983; Ders.: *Goethes Wahlverwandtschaften. Essay nach Goethes Roman* Die Wahlverwandtschaften, Frankfurt a.M.: Insel 1981, S. 253–333.

11 *Das Passagen-Werk, Bd. II*, op. cit., S. 1036.

Zwei Seiten später beginnt er mit demselben Satz, um diesen dann aber anders fortzuführen:

»Bin ich der, der W.B. heißt? oder heiße ich bloß einfach W.B.? Das sind zwei Seiten einer Medaille, aber die zweite ist abgegriffen, die erste hat Stempelglanz. Diese erste Fassung macht es einsichtig, daß der Name Gegenstand einer Mimesis ist. Freilich ist es deren besondere Natur, sich nicht am Kommenden sondern immer nur am Gewesnen, dass will sagen: am Gelebten, zu zeigen. Der Habitus eines gelebten Lebens: das ist es, was der Name aufbewahrt aber auch vorzeichnet.«[12]

Benjamin betont hier das Geschichtliche des Eigennamens, seine Orientierung an der Vergangenheit; auch leitet er die Mimesis aus einer Auffassung ab, die im Eigennamen eine Seinsbestimmung sieht. Der Eigenname sei Ausdruck einer nicht vorstellbaren Essenz, die nicht gegenständlich zu fassen sei. Der Mensch teile sich Gott durch den Namen mit, den er der Natur und seinesgleichen im Eigennamen gebe.[13]

In seiner Arbeit über Goethes *Wahlverwandtschaften* arbeitet Benjamin diese Auffassung nicht weiter aus; zum Eigennamen sagt er lediglich, dass er den Menschen an die Sprache binde.[14] Nur kurz wird der Name Mittlers erwähnt – alle Namen, bis auf den des Mittler, seien bloße Taufnamen[15] –, aber das Buchstäbliche der Eigennamen der Protagonisten tritt angesichts der großen Themen Wahrheit, Mythos, Liebe, Schönheit und Schein zurück. Gleichwohl erkennt Bernd Stiegler einen Bezug zum Eigennamen, der zwischen Mythos und Bedeutungslosigkeit changiere:

»Die Eigennamen sind an den Mythos und an Figuren der Mythologie gebunden, da sie der Sprache angehören, die notwendigerweise ein mythisches Erbe miteinschließt, markieren aber dennoch im Sinne des frühen Sprachaufsatzes

12 Ibid., S. 1038.

13 S. dazu Ders.: *Sprache und Geschichte* …, op. cit., S. 157, sowie der erste Teil (*Elemente einer Philosophie des Eigennamens*) von B. Stieglers Buch: *Die Aufgabe des Namens. Untersuchungen zur Funktion des Eigennamens in der Literatur des 20. Jahrhunderts*, München: Fink 1994, der mit einem Kommentar zu Walter Benjamin beginnt (vgl. S. 19–82.).

14 *Goethes Wahlverwandtschaften*, op. cit., S. 265.

15 Ibid.

die Grenze zwischen der reinen Sprache (Gottes) und der Sprache des Menschen. Sie bewahren selbst in der derivierten Form der Repräsentation und der Abstraktion ein magisches Moment, das die rein semantische Bedeutung überschreitet, zeigen dieses aber nur in einer destruktiven Interpretation, die die Bedeutung aufbricht und sie gegen sich selbst wendet. Die Eigennamen führen uns zur Konzeption des Ausdruckslosen.«[16]

Aus den Zeugnissen der Philosophie geht somit hervor, dass die Frage der Eigennamen vorwiegend auf einer Ebene abgehandelt wird, in der ein *Betrachter* über ihre Merkmale, ihre Eigenheiten und Funktionen urteilt. Platons Dialog *Kratylos* stellt eine erste bedeutsame Ausnahme dar, denn der Name eines beteiligten Gesprächspartners wird auf seine Bedeutung hin befragt. Der Name *Hermenoges* wird mit dem Gott Hermes in Beziehung gesetzt, damit auch zu Hermeneutik, Verstehen. Eine andere Ausnahme in der Geschichte der Philosophie stellt Eduard Hartmanns *Philosophie des Unbewussten* dar; der Vorläufer Freuds erkennt klar die narzisstische Dimension des Eigennamens, der sich keineswegs auf Funktionen klassifikatorischer Art reduzieren lässt. Und schließlich kommt Walter Benjamin ein besonderer Platz zu – zum einen, weil er das Denken des Eigennamens weitestmöglichst fasst und in den Zusammenhang mit Sprache und ihrem Wesen stellt, zum anderen, weil er auch seinen eigenen Namen thematisiert und ihn sogar in seinen Aufsatz über die *Wahlverwandtschaften* einfließen lässt.[17]

Mit Jacques Derrida kulminiert das Denken des Eigennamens in der bisherigen Philosophie. Seine Beiträge zum Eigennamen sind mit den Aussagen Benjamins verwandt, vor allem, was das Denken der Transzendenz und der Zeitlichkeit betrifft, auch wenn darin bedeutsame Unterschiede auszumachen sind.[18] Er sieht im Namen den Aus-

16 *Die Aufgabe des Namens* ..., op. cit., S. 44.

17 S. dazu B. Stieglers Aussage: »Benjamin hieß mit vollständigem Namen Walter Benedix Schönflies Benjamin. Schönflies(s) ist hier der Name einer der Okeaniden, die in Entsprechung zu Ottilie bestimmt wird. Gershom Scholem hat die biographischen Parallelen dahingehend zu bestimmen versucht, daß er Jula Cohn, welcher der Text gewidmet ist, mit Ottilie identifizierte.« In: *Die Aufgabe des Namens* ..., op. cit., S. 43.

18 Zum Folgenden vgl. J. Derrida: *L'aphorisme à contre-temps*. In: Ders.: Psyche. Inventions de l'autre, Paris: Galilée 1998, S. 519–533; Ders.: *Signatur, Ereignis, Kontext*. In: Ders.: Randgänge der Philosophie, Wien:

gangspunkt für eine transzendente Erfahrung, weil er die Unsterblichkeit des Lebens symbolisiere, der die Sterblichkeit des individuellen Lebens gegenüberstehe. Der Name wird damit ebenso zum Zeichen der Zeitlosigkeit wie der Endlichkeit, der Unsterblichkeit wie der Sterblichkeit. Derridas Aussagen zum Eigennamen, die weit über die skizzierten Zusammenhänge hinausgehen, werden deshalb im folgenden Abschnitt ausführlicher dargestellt und kommentiert.

## JACQUES DERRIDAS BESCHÄFTIGUNG MIT DEM EIGENNAMEN

Der Eigenname stellt für Jacques Derrida ein vorzügliches Objekt seiner Methode, der Dekonstruktion, dar. Für ihn als engagierter Denker der Schrift ist es nicht verwunderlich, dass er sich mit der Unterschrift, der Signatur beschäftigt.

Daneben untersucht er auch das Wesen der Eigennamen, ihren Bezug zum Subjekt, zu den anderen und zur Zeit, insbesondere zum Tod. Seine Gedanken weisen eine Nähe zur Psychoanalyse auf, obwohl sie eher selten explizit Bezug darauf nehmen. Seine Nähe zu ihr ist indessen bekannt, sie drückt sich in vielen Arbeiten aus, die sich meines Erachtens nicht nur der Philosophie, sondern auch der *Metapsychologie* im Sinne Freuds zuordnen lassen.

### Das Unterschreiben

Gehen wir zunächst Derridas Aussagen über die *Signatur* nach. Welche Fragen sind es, die ihn beschäftigen? Er richtet seine Aufmerksamkeit zunächst auf das, was geschieht, wenn ein Subjekt seine Unterschrift unter ein Dokument setzt. Was ist dabei vorausgesetzt, was sind die

---

Passagen 1988, S. 291–314; Ders.: *Über den Namen. Drei Essays*, Wien: Passagen 2000; Ders.: *As if I were dead. An Interview with Jacques Derrida/Als ob ich tot wäre. Ein Interview mit Jacques Derrida*, Wien: Turia + Kant 2000; Ders.: *Glas*, München: Fink 2006; Ders.: *Babylonische Türme. Wege, Umwege, Abwege*. In: A. Hirsch (Hg.): Übersetzung und Dekonstruktion, Frankfurt a.M.: Suhrkamp 1997, S. 119–165.

Konsequenzen einer Unterschrift, wie sind die anderen davon betroffen? Sodann geht es ihm um Wahrheit, Authentizität einer Unterschrift. Wie ist sie verbürgt, wie lässt sie sich von Fälschungen unterscheiden? Derrida geht so weit, dass er nicht bloß nach Merkmalen oder Kriterien von Fälschungen fragt, sondern er visiert die Legitimation dessen an, der signiert.

Natürlich geht Derrida nicht so vor, dass er eine Frage nach der anderen erörtert. Wenn hier etwas mehr Systematik hineingebracht wird, so ist sie als ein Ergebnis der Reflexion der Lektüre seiner einschlägigen Texte zu verstehen, die zu einer Auflistung von Fragen kommt, die sich indessen kaum säuberlich voneinander abgrenzen lassen. Derrida richtet seine Aufmerksamkeit zunächst auf die Frage nach der Anwesenheit dessen, der ein Dokument signiert:

»Eine schriftliche Unterzeichnung impliziert per definitionem die gegenwärtige oder empirische Nicht-Anwesenheit des Unterzeichners. Aber, so wird man sagen, genauso kennzeichnet und wahrt sie auch sein Anwesend-gewesen-Sein in einem vergangenen Jetzt, das ein zukünftiges Jetzt bleiben wird, also in einem Jetzt im allgemeinen, in der transzendentalen Form der Jetztheit. Diese allgemeine Jetztheit wird in der jedesmal offensichtlichen und jedesmal einmaligen aktuellen Punktualität der Unterschriftsform gewissermaßen eingeschrieben, aufgespießt. Darin liegt die rätselhafte Originalität aller Namenszüge.«[19]

Derrida spricht von einem performativen Akt der Unterzeichnung. Ihr Zeitpunkt wird dann durch die Unterschrift fixiert, so dass die Unterschrift einerseits auf den abwesenden Unterzeichner verweist, ihn andererseits durch die Unterschrift, durch die Fixierung des Zeitpunkts der Unterschrift, anwesend sein lässt. Das Ereignis des Unterzeichnens wird somit festgehalten.

Damit ist es nur ein Schritt zur Einsicht, dass die Unterschrift auf den Tod verweist. Die Anwesenheit des Unterzeichners ist ja nicht erforderlich, damit ein Dokument Gültigkeit beanspruchen kann. Wenn Texte, Bücher, Dokumente gelesen werden, so ist es in der Regel so, dass die Autoren nicht anwesend sind. Sie könnten tot sein, das würde an der Gültigkeit eines Dokuments nichts ändern, es sei denn, es wäre darin vermerkt, dass mit dem Tod des Autors auch der Inhalt hinfällig würde, was jedoch eine Ausnahmesituation darstellt. Der Eigenname

19 *Signatur, Ereignis …*, op. cit., S. 312.

hat also essentiell mit dem Tod zu tun. Wenn ich ein Dokument unterschreibe, überantworte ich es der Zukunft, in der ich möglicherweise nicht mehr am Leben sein werde. Während der Eigenname sich der Vergänglichkeit widersetzt, ist dessen Träger sterblich. Diese Einsicht bestätigt sich, wenn man an die Vergangenheit denkt. Der Eigenname, der mir verliehen worden ist, war vor meiner leiblichen Anwesenheit da, er ist eine Gabe des Andern, die mich überleben wird. Der Name wird dadurch zum Träger des Wissens um den Tod, und Derrida geht so weit, dass er die Angst vor dem Namen, die sich im Namenstabu, im Verbot, den Namen auszusprechen, ausdrückt, damit in einen Zusammenhang bringt.

Einerseits verweist die Unsterblichkeit des Namens auf den Tod seines Trägers und hat damit eine eminente Bedeutung im Leben jedes Subjekts, andererseits existiert der Name nicht, ist volatil. Derrida schreibt dazu:

»[D]en Namen zu ehren meint hier nicht, einen Kult aus dem Namen zu machen oder dem Namen ergeben zu sein, sondern mit einem Namen zu unterschreiben, der noch nicht existiert. Er muss erst noch existieren, der Name ist immer in der Zukunft. Man bekommt einen alten Namen aus der Vergangenheit, aber ein Name als solcher, aus der Vergangenheit empfangen, bleibt ein zu- künftiger Name. Und der einzige Weg, mit einem zukünftigen Namen zu unterschreiben, ist oder sollte (das ist meine Hypothese) eine Gegenzeichnung sein, keine Unterschrift, sondern eine Gegenzeichnung, ein Gegenzeichnen mit dem eigenen Namen, jedoch gegenzuzeichnen mit dem Namen der anderen oder dem Namen des anderen treu sein.«[20]

20 *As if I were dead/Als ob ich tot wäre*, op. cit. Der engl. Text im Original lautet: »[S]igning with one's name which does not yet exist; it has yet to exist, the name is always in the future, you receive an old name from the past, but a name as such, as received from the past, remains a name-to-come; and the only way to sign with a name-to-some is, or should be (this is my hypothesis), a countersignature; not a signature but a countersignature, countersigning with your own name, but countersigning with the names of the others, or being true to the name of the other.« S. 30f. Vgl. zu dieser Passage auch den Beitrag von E. Porath: *Zwischen Lebenden und Toten, zwischen Assoziation und Vergessen. Das Subjekt und sein Name.* In: T. Petzer, S. Sasse, F. Thun-Hohenstein et al. (Hg.): Namen. Benennung – Verehrung – Wirkung, Berlin: Kadmos 2009, S. 243–260.

Ist das Zitat zu Beginn ohne weiteres verständlich, so stellt sein Ende Fragen. Was kann mit dem Gegenzeichnen gemeint sein, das dem Namen des anderen treu sein sollte? Die Antwort ergibt sich aus dem Kontext von Derridas Argumentation: Er geht von der Lektüre von Texten anderer Autoren aus; ihren Gedanken zu folgen, ihnen gerecht zu werden, heißt, dem Namen der anderen treu zu sein.[21] Derrida spricht in diesem Zusammenhang vom Pflichtgefühl gegenüber dem anderen, von Treue, die er der Falschheit gegenüberstellt.

Gleichwohl beschäftigt ihn die Frage nach der Echtheit einer Unterschrift ebenfalls. Zuvor war vom Festhalten der Jetztzeit des Unterzeichnens die Rede, vom Festhalten dieses einmaligen Aktes. Nun erfordert aber die Unterschrift die Wiederholbarkeit dieser einmaligen Jetztzeit. Dazu Derrida:

»Die Auswirkungen des Unterzeichnens sind die gewöhnlichste Sache der Welt. Aber die Bedingung der Möglichkeit dieser Auswirkungen ist gleichzeitig, noch einmal, die Bedingung ihrer Unmöglichkeit, der Unmöglichkeit ihrer strengen Reinheit. Um zu funktionieren, das heißt um lesbar zu sein, muss eine Unterzeichnung eine wiederholbare, iterierbare, nachahmbare Form haben; sie muss sich von der gegenwärtigen und einmaligen Intention ihrer Produktion lösen können. Ihre Gleichheit ist es, die, indem sie die Identität und Einmaligkeit verfälscht, das Siegel spaltet.«[22]

Derrida fokussiert hier eine alltägliche Erfahrung, bringt das Eigenartige daran auf den Punkt. Wenn ich ein Dokument unterschreibe, so verwende ich meine gewohnten Schriftzüge, die gleichsam das Merkmal meiner Singularität sind. Aber jedes Mal verändert sich etwas im Schriftzug. Was wäre, wenn ich diese Veränderungen forcieren würde, wenn ich zwar die Buchstaben meines Namens schriebe, jedoch so, dass sie sich zunehmend von früheren Unterschriften unterschieden? Ich muss ja bei einer Rechnung nicht einer anspruchsvollen Lektüre gerecht werden, wie dies beim Lesen eines Textes eines als schwierig geltenden Autors erforderlich wäre, beim Unterschreiben einer Rechnung ist allein der Schriftzug meines Namens, seine Buchstaben und seine Form, Zeichen meiner Singularität. Wie prekär diese unterstellte Identität ist, zeigt sich umgekehrt darin, dass man sich bemüht, die

21 Ibid.

22 J. Derrida: *Signatur, Ereignis ...*, op. cit., S. 349.

Schriftzüge nicht nur originell zu gestalten, sondern möglichst auch wiederholbar zu machen. Derridas Hinweis auf die Unreinheit dieses Unterfangens ist damit nicht entkräftet, ganz im Gegenteil.

## *Romeo und Julia*: Der Eigenname als Aphorismus

Auch da, wo Derrida nicht direkt die Schrift im Kontext seiner Beschäftigung mit Eigennamen fokussiert, spielt diese eine Rolle. In seiner Arbeit *L'aphorisme à contretemps*[23] untersucht er die Bedeutung der Eigennamen in Shakespeares Theaterstück *Romeo und Julia*. Die Stelle der berühmten Sentenz, von Julia auf dem Balkon gesprochen, ohne dass sie Romeo sehen kann, lautet:

»'Tis but thy name that is my enemy; […] What's in a name? that which we call a rose By any other name would smell as sweet; So Romeo would, were he not Romeo call'd, Retain that dear perfection which he owes Without that title. Romeo, doff thy name, And for that name which is no part of thee Take all myself.«[24]

Diese Sätze sind zunächst ganz von der mündlichen Sprache, der Stimme getragen. Aber der Konflikt liegt im Bezug des Namens zur Schrift. Es ist die Feindschaft der beiden Familien Capulet und Montaigue, die sich im Namen fixiert. Die Zugehörigkeit von Romeo und Julia zu diesen beiden Namen ist es schließlich, die die Liebe, die sich darüber hinwegsetzen will, tödlich enden lässt. Derrida fasst das wie folgt zusammen:

»Romeo und Julia lieben sich durch ihren Namen hindurch, trotz ihres Namens, sie sterben wegen ihres Namens, sie überleben in ihrem Namen.«[25]

---

23 Ders.: *L'aphorisme à contre-temps*, op. cit., S. 131–144.

24 W. Shakespeare: *Romeo und Julia*. II. Akt, 2. Szene (Capulets Obstgarten).

25 *L'aphorisme à contre-temps*, op. cit., S. 136 (Übersetzung d. Verf.). Der franz. Text lautet im Original: »Roméo et Juliette s'aiment à travers leur nom, malgré leur nom, ils meurent à cause de leur nom, ils survivront dans leur nom.«

Diese Aussage fasst die Einsichten Derridas in der kürzesten Form zusammen: Der Eigenname ist Schrift, auch wenn er mündlich verwendet wird; er ist eine Hülle des Subjekts und ist doch unverrückbar; er macht das Subjekt unsterblich und konfrontiert es doch mit seinem Tod.

Dass der Name Schrift ist, manifestiert sich auch in Derridas gleich zu Beginn der Arbeit *L'aphorisme à contre-temps* aufgestellter These, der Eigenname sei Aphorismus.[26] Er gibt selber einen Hinweis, wie sie aufzufassen sei, indem er auf die Etymologie dieses Wortes hinweist, das aus dem Präfix *apo* und dem Verb *orizô* bestehe. Jenes markiere die Dissoziation, dieses die Begrenzung. In Derridas Worten: »Er [der Aphorismus] trennt, um zu beenden – und zu definieren.«[27]

In einem nächsten Schritt geht Derrida der Frage nach der Änderbarkeit des Eigennamens nach. Der Kontext ist immer noch Shakespeares Theaterstück. Er macht darauf aufmerksam, dass Julia ihren Geliebten nicht fragt: Warum *ist Dein Name* Romeo, sondern: Warum *bist* Du Romeo?

»Sie weiß es: So ablösbar und so unabtrennbar, so aphoristisch er auch ist, sein Name ist sein Wesen. Untrennbar von seinem Sein. Indem sie ihn bittet, sich von seinem Namen zu trennen, bittet sie ihn zweifellos, schließlich zu leben und seine Liebe zu leben [...], aber sie bittet ihn *ebenso* zu sterben, denn sein Leben *ist* sein Name.«[28]

Derrida spitzt den Gegensatz, der im Eigennamen liegt, aufs Äußerste zu, wenn er andererseits Julias Worte zitiert, denen zufolge der Name nichts über die Person, die ihn trägt, sagt, dass er nicht einmal einen Körperteil bezeichnet, weder die Hand, noch den Fuß, noch das Ge-

26 S. Ibid., S. 131.

27 Ibid. (Übers. d. Verf.). Das Originalzitat lautet: »Il met fin en séparant, il sépare pour finir – et définir.«

28 Ibid., S. 139 (Übers. d. Verf.). Der franz. Text lautet im Original: »Elle le sait: si détachable et si dissociable, si aphoristique soit-il, son nom est son essence. Inséparable de son être. Et en lui demandant de se départir de son nom, elle lui demande sans doute de vivre enfin, et de vivre son amour [...] mais elle lui demande *aussi bien* de mourir, car sa vie *est* son nom.«

sicht. In diesem Zusammenhang spricht Derrida von der Inhumanität des Namens, da ein Name nichts Menschliches bezeichne.[29]

Derridas Text zeigt, welche Gegensätze, ja Widersprüche im Eigennamen liegen: Leben und Tod, Performanz und Dauer, Vergangenheit und Zukunft, Äußerlichkeit und Innerlichkeit, Schein und Sein, Identität und Nicht-Identität, Stimme und Schrift, Lüge und Wahrheit verknüpfen sich in ihm untrennbar – der Eigenname ist es, der sie zusammenhält und in ihrer Konstitution eine entscheidende Rolle spielt.

## Der Eigenname als Seinsbestimmung

Auch in seinem umstrittenen Werk *Glas*, in dem Derrida Hegel, den Philosophen des objektiven Idealismus, Genet, dem Autor, Dieb und Deserteur Genet, gegenüberstellt, um Hegels System mit all dem zu konfrontieren, was in dessen System keinen Platz hat – Kontingentes, Sexuelles – spielt der Eigenname eine tragende Rolle. So lässt er Genet sagen:

»Ich wurde im Morvan von Bauern großgezogen. Wenn ich auf der Heide – und ganz besonders in der Dämmerung, bei der Rückkehr von meinem Besuch der Ruinen von Tiffauges, in denen Gilles de Rais lebte – auf Ginsterblüten *(fleurs de genêt)* treffe, empfinde ich für sie eine tiefe Sympathie. Ich betrachte sie ernst, mit Zärtlichkeit. Meine Erregung scheint von der ganzen Natur verfügt zu sein. Ich bin allein auf der Welt, und ich bin nicht sicher, ob ich nicht der König – vielleicht die Fee – dieser Blüten bin. Im Vorbeigehen erweisen sie mir die Ehre, neigen sich, ohne sich zu verneigen, doch sie erkennen mich. Sie wissen, ich bin ihr lebendiger, mobiler, agiler Repräsentant, der den Wind besiegt. Sie sind mein natürliches Emblem, aber durch sie habe ich meine Wurzeln in diesem Boden Frankreichs, der genährt ist vom Knochenstaub der Kinder, der Jünglinge, die von Gilles de Rais vergewaltigt, massakriert, verbrannt worden waren.«[30]

Genet, Sohn einer Prostituierten und eines ihm unbekannten Vaters, wurde von seiner Mutter wenige Monate nach seiner Geburt der Öffentlichen Fürsorge übergeben, die ihn dann auf einen Bauernhof

29 Vgl. ibid., S. 140.

30 J. Derrida: *Glas*, op. cit., S. 203.

brachte, wo er während seiner Kindheit und Jugend blieb. Aufgrund seiner Geburtsurkunde erfuhr er, dass seine Mutter Gabrielle Genet hieß. Diesen Namen versucht er sich im eben erwähnten Zitat vertraut zu machen; das geschieht durch die Verknüpfung mit der Ginsterpflanze, die im Französischen *genêt* heißt. Genet liefert damit ein wunderbares Beispiel für die Behauptung, der Eigenname sei ein symbolisches Körperbild. Für den 1910 geborenen Autor erfüllte sein Familienname diese Funktion gerade nicht, denn die Repräsentanten seines ihm überlieferten Namens waren für ihn nicht anwesend, weshalb er ihm fremd blieb. Genet behalf sich damit, dass er seinen Familiennamen in der Natur, im Pflanzenreich verankerte, was er übrigens schon bei seinem ersten Theaterstück tat, *Notre-Dame-des-Fleurs*.

Im Zitat wird übrigens zweimal Gilles de Rais erwähnt, also jener zeitweilige Gefährte von Jeanne d'Arc, der schließlich hingerichtet wurde, nachdem man ihm die Morde und Vergewaltigungen an 140 Kindern nachweisen konnte. Der Kontrast zur Blumenwelt, die Genet hier schildert, könnte größer nicht sein, und jedem Leser wird dieser Kontrast zu denken geben, zumal Genet ja in seinen Theaterstücken Grausamkeiten inszeniert hat, die ihn berühmt gemacht haben, wobei sein Ruhm zweifellos auch andere Quellen hat.

# Zeugnisse aus der Belletristik

Die Namenforschung braucht sich nicht auf lebende Personen oder Dokumente, in denen die Eigennamen offiziell festgehalten sind, zu beschränken; ein interessantes Feld eröffnet sich ihr, wenn sie literarische Zeugnisse wie Romane, Theaterstücke, Novellen danach befragt, welche Namen dort vorkommen und was das für die jeweiligen Geschichten bedeutet. Solche Forschungen, die den Namen von Personen in literarischen Zeugnissen thematisieren, können sich auf das Wissen der Autoren stützen – die Verleihung von Namen ist für einen Autor kaum je etwas Zufälliges oder Beiläufiges, wobei damit nicht gesagt ist, dass ihm alle Zusammenhänge bei einer Namensgebung bewusst sein müssen.

Die Fragestellung eines Literaturwissenschaftlers kann dann etwa lauten: Was heißt es, wenn ein Mann den Namen Otto trägt und mit einer Frau zusammenlebt, die Charlotte heißt? Man wird es bemerkt haben: Das ist eine Anspielung auf Goethes *Wahlverwandtschaften*, in der sich tatsächlich das tragische Geschehen um den Namen *Otto* dreht, der in allen vier Protagonisten irgendwie eine Rolle spielt, sei es als Eigenname, als Teil des Eigennamens (Charlotte; Ottilie) oder als verdeckter Eigenname (Eduard hieß früher Otto) – darüber hinaus stecken in diesem Vornamen die Buchstaben des Todes in adjektivischer Form.

Eine psychoanalytisch angeleitete Untersuchung über die Eigennamen findet in der Belletristik reichhaltiges Material, wie sie umgekehrt auch von ihr profitiert. Die Eigennamen sind nicht nur für die Protagonisten der Erzählungen und Theaterstücke von Bedeutung, sie verweisen letztlich auf den Autor, der sie ›erfindet‹ und sich darin irgendwie repräsentiert, wobei sogleich gesagt werden muss, dass Autoren nicht nur erfinden, sondern von ihren Figuren auch erfunden werden.

So sehr das Feld der Belletristik durch die Darstellung der subjektiven Perspektive der Psychoanalyse nahekommt, so notwendig ist es, auf Unterschiede hinzuweisen. Die Figuren der belletristischen Zeugnisse sind nicht lebendige Subjekte, die frei assoziieren, ungeplant ihre Gedanken von sich geben, sondern es sind artifizielle Gebilde. Was ihnen ihr Eigenname bedeutet, geht letztlich aus der dichterischen Arbeit des Autors hervor. In diese kann er jedoch seine Phantasien und Erfahrungen einfließen lassen, die auch den Umgang mit dem Eigennamen betreffen. Das ist es, was die Psychoanalyse interessiert und woraus sie Einsichten gewinnen kann, die ihr sogar im Hören und Deuten dessen, was in den analytischen Kuren gesprochen wird, zugute kommen.

Geben wir ein paar Beispiele, die zeigen, von welcher Tragweite die Eigennamen in Romanen, Novellen, Theaterstücken sind: Wenn wir chronologisch vorgehen, dann muss man zunächst wohl an Grimmelshausens *Simplicius Simplicissimus* denken.[1] Im VIII. Kapitel des ersten Buches schildert der Autor, wie der Protagonist wegen des Krieges sein Zuhause flieht und bei einem Einsiedler im Wald Unterschlupf findet. Bis es so weit ist, entspinnt sich ein hinsichtlich des Eigennamens aufschlussreicher Dialog zwischen dem Mönch und dem jugendlichen Flüchtling. Als dieser nämlich gefragt wird, wie er denn heiße, kennt er seinen Namen nicht, und auf fortgesetztes Befragen hin gibt er kund, man habe ihn Bub, »auch Schelm, langöhriger Esel, ungehobelter Rülp, ungeschickter Dölpel und Galgenvogel«[2] gerufen. Auf die Belehrung durch den Mönch, dass dies keine Eigennamen seien, kommt dem Flüchtling kein Name in den Sinn. Das nimmt der Einsiedler, dessen Namen übrigens nie genannt wird, zum Anlass, ihn gleichsam mit eben diesem Namen, Simplex, zu taufen. Der Eigenname zeigt hier eine seiner Funktionen, nämlich dem Menschen eine Würde zu verleihen, eine Würde, die auch den Wolfskindern oder Kaspar Hauser fehlte, bevor man ihnen doch noch einen Namen gab.

Ein eindrückliches Beispiel von der Tragweite des Namens gibt auch Shakespeare im bereits im Kontext von Derridas Ausführungen

1 H.J.Ch. von Grimmelshausen: *Abenteuerlicher Simplicius Simplicissimus*, München: dtv 1975.

2 Ibid., S. 23.

über den Eigennamen erwähnten Theaterstück *Romeo und Julia*. Die dort nur abgekürzt wiedergegebene zweite Szene des zweiten Aktes, worin sich der berühmte Dialog zwischen Julia auf dem Balkon und Romeo im Garten der Capulets abspielt, sei hier vollständig zitiert:[3]

»JULIA
O Romeo! Warum denn Romeo?
Verleugne deinen Vater, deinen Namen!
Willst du das nicht, schwör dich zu meinem Liebsten,
Und ich bin länger keine Capulet!

ROMEO
*(für sich.)*
Hör ich noch länger, oder soll ich reden?

JULIA
Dein Nam ist nur mein Feind. Du bliebst du selbst,
Und wärst du auch kein Montague. Was ist
Denn Montague? Es ist nicht Hand, nicht Fuß,
Nicht Arm noch Antlitz, noch ein andrer Teil
Von einem Menschen. Sei ein andrer Name!
Was ist ein Name? Was uns Rose heißt,
Wie es auch hieße, würde lieblich duften;
So Romeo, wenn er auch anders hieße,
Er würde doch den köstlichen Gehalt
Bewahren, welcher sein ist ohne Titel.
O Romeo, leg' deinen Namen ab,
Und für den Namen, der dein Selbst nicht ist,
Nimm meines ganz!

ROMEO
*(indem er näher hinzutritt.)*
Ich nehme dich beim Wort.
Nenn' Liebster mich, so bin ich neu getauft
Und will hinfort nicht Romeo mehr sein.

---

3 Nach der Übers. v. A. Schlegel, s. unter: http://de.wikisource.org/wiki/Romeo_und_Julia [22.06.2010].

JULIA
Wer bist du, der du, von der Nacht beschirmt,
Dich drängst in meines Herzens Rat?

ROMEO
Mit Namen
Weiß ich dir nicht zu sagen, wer ich bin.
Mein eigner Name, teure Heil'ge, wird,
Weil er dein Feind ist, von mir selbst gehaßt;
Hätt' ich ihn schriftlich, so zerriss' ich ihn.«

Ganz anders als vorhin bei Grimmelshausen zeigt der Eigenname hier seine einschränkende Funktion – so sehen es jedenfalls die beiden Liebenden. Sie glauben, wenn sie anders heißen würden, wäre der Weg für die Liebe frei, als ob der Name die Ursache der Schranke wäre und nicht der Streit der beiden Familien Capulet und Montague. Wie auch immer, im Zuge dieses Glaubens, dass es die Familiennamen sind, die verhindern, dass die Liebenden zusammenkommen, tauschen sie bemerkenswerte Einsichten in das Wesen von Eigennamen aus, allen voran die Verknüpfung von Name und Sein, die sie bestreiten. Romeo wäre immer noch Romeo, auch wenn er kein Montague mehr wäre, sagt Julia, ja sogar dann, wenn er nicht mehr Romeo hieße, und Romeo stimmt ihr zu, fordert sie auf, ihn Liebster zu nennen.

Goethes *Wahlverwandtschaften* wurde bereits genannt; dieser Roman ist wohl das prägnanteste Beispiel für die Kraft des Namens. Wie bereits angedeutet, dreht es sich um die Buchstaben O und T, die in den Namen aller vier Protagonisten enthalten sind: Eduard, ein reicher Baron, hieß früher Otto, seine Gemahlin trägt den Namen Charlotte. Die beiden laden Eduards alten Jugendfreund Otto, auch Hauptmann genannt, und Charlottes Nichte Ottilie auf ihr Landgut ein. In der Folge verliebt sich Eduard in Ottilie und Charlotte in Otto. In dieser Phase der Verwirrung zeugen Eduard und Charlotte ein Kind; angesichts dieser schwierigen Situation zieht dieser in den Krieg. Als er zurückkommt, erklärt er Ottilie seine Liebe und seinen Plan, sie zu heiraten, wenn er Charlottes Einverständnis habe. Da geschieht ein Unglück: Ottilie hat das Kind von Eduard und Charlotte bei sich im Boot; dieses gerät durch ihre Unachtsamkeit ins Schwanken und das Kind ertrinkt – für Eduard ein Wink des Schicksals, die Verbindung mit Charlotte vollends zu lösen. Diese gibt sich die Schuld am Tod des Kindes und verzichtet auf die Ehe mit Eduard. Ottilie verweigert jedoch die Nahrung, spricht nicht mehr und stirbt. Wenig später stirbt auch Eduard.

Aus diesem Drama geht hervor, dass die beiden Buchstaben nicht nur die Verbindung der vier Protagonisten untereinander ausdrücken, sondern auch diejenige zum Tod. Darüber hinaus erkennt man, dass die beiden Buchstaben O und T auch in Goethes Namen enthalten sind. Bei Goethe würde man selbstverständlich auch bei Wilhelm Meister fündig, trägt er doch seine Bestimmung für alle erkennbar in seinem Namen.

Nochmals anders präsentiert sich der Eigenname bei Kleist, z.B. in *Amphitryon*. Jupiter und sein Diener Hermes setzen sich an die Stelle Amphitryons bzw. seines Dieners Sosias. Ursache dieser Substitution ist Jupiters Begehren, das Amphitryons Gemahlin Alkmene gilt. Sie erhält nächtlichen Besuch des Gottes in Gestalt ihres Gemahls. Als sie auf die Täuschung aufmerksam gemacht wird, sagt sie zu ihrer Dienerin Charis:

> »O Charis! – Eh will ich irren in mir selbst!
> Eh will ich dieses innerste Gefühl,
> Das ich am Mutterbusen eingesogen,
> Und das mir sagt, daß ich Alkmene bin,
> Für einen Partner oder Perser halten.
> Ist diese Hand mein? Diese Brust hier mein?
> Gehört das Bild mir, das der Spiegel strahlt?
> Er wäre fremder mir, als ich! Nimm mir
> Das Aug, so hör ich ihn; das Ohr, ich fühl ihn;
> Mir das Gefühl hinweg, ich atm ihn noch;
> Nimm Aug und Ohr, Gefühl mir und Geruch,
> Mir alle Sinn und gönne mir das Herz:
> So läßt du mir die Glocke, die ich brauche,
> Aus einer Welt noch find ich ihn heraus.«[4]

Alkmene spricht vom »innersten Gefühl, das sie am Mutterbusen eingesogen«, das ihr sagt, dass sie Alkmene sei. Dieses innerste, mit ihrer Seinsgewissheit verknüpfte Gefühl wird jedoch durch die Versicherung subvertiert, dass es etwas noch Gewisseres gebe, nämlich die

4 H. von Kleist: *Amphitryon*. In: Sämtliche Werke und Briefe, Bd. 1, München: dtv 1975, II/4, v. 1156–1167.

Wahrnehmung ihres Gatten Amphitryon. Ihre eigene Seinsgewissheit aus sich selbst heraus stellt sie zur Disposition, hängt sie an die Gewissheit der Zeugnisse ihrer gegenwärtigen Sinne, die mit jeder Faser an Amphitryon hängen, von dem sie sagt, dass er ihr noch vertrauter ist als sie dies von sich selbst glaubt. Ihre Beschwörung der Nicht-Täuschung besteht nicht darin, die Gewissheit des eigenen Seins bei sich selbst zu suchen, sondern darin, dass ihre Sinne sie in Bezug auf die Wahrnehmung ihres Gatten nicht täuschen. Es liegt hier kein cartesianisches Vorgehen vor, das besagen würde, dass sie Alkmene bleibe, auch wenn sie vom anderen getäuscht würde – vielmehr stellt Kleist ein solches gerade dadurch in Frage, dass er Alkmene sagen lässt: Wenn er nicht Amphitryon ist, bin ich auch nicht Alkmene. Sie glaubt, dass ihr Eigenstes im anderen verkörpert ist. Sein und Haben, Innensicht und Außensicht verschränken sich hier auf großartige Weise in dieser Passage, die mit entsprechenden Aussagen des Dieners Sosias, der durch seinen Doppelgänger Hermes Ähnliches erleidet, angereichert werden könnte.

In den Werken Kleists würden wir noch viele Beispiele für die Bedeutung des Eigennamens finden, etwa im *Findling*, in dem sich eine zentrale Stelle um die beiden Namen Colino und Nicolo dreht, die die selben Buchstaben enthalten, mithin Antonyme sind.[5] Wie sehr sich Kleist mit den Eigennamen beschäftigte, zeigt auch seine Biographie, in der nachgewiesen worden ist, dass er sich selbst mit dem Namen Klingstedt an der Universität Leipzig immatrikuliert hat – mit einem

5 D. Brüggemann geht sogar so weit, dass er im Namen Piachi eine Erfindung von Kleist sieht, die dazu dient, Piachi als Christus darzustellen. Wenn man den ersten Buchstaben dieses Namen griechisch schreibe, sei er ein griechisches Rho (r); wenn man umgekehrt das Ende des Namens (chi) als griechisches Lautbild höre, sei sein entsprechendes Schriftbild ein X – zusammen ergebe das das Zeichen für Christus. »Kleist hat dem Namen *Piachi* beide griechischen Zeichen mitgegeben, aber in jeweils umgekehrter Ableitung. Im *P* hat er das Schriftzeichen geschrieben, aber das Lautzeichen *Rho* gemeint; im *Chi* hat er das Lautzeichen geschrieben, aber das Schriftzeichen *X* gemeint. Das ist sozusagen eine Ableitung der beiden Zeichen übers Kreuz [...] Was Kleist hier gemeint hat, ist dieses: Chi und Rho, ausgeschrieben als X und P, bilden das Christus-Monogramm [...].« In: *Kleist. Die Magie*, Würzburg: Königshausen & Neumann 2004, S. 19.

klingenden Namen also, der die Buchstaben seines wirklichen Namens enthält.[6]

Auch bei Gottfried Keller spielt der Eigenname eine große Rolle. In der Novelle *Der Schmied seines Glücks*[7] dreht sich die Geschichte des Protagonisten, der ursprünglich Johannes Kabis hieß und sich dann John Kabys nennt, um Reichtum und Glück, die aufs Engste mit dem Eigennamen verknüpft sind. Keller spielt vor allem mit dem darin enthaltenen Mangel, der den Protagonisten dazu führt, seinen Vornamen zu anglifizieren, den Familiennamen mit einem y zu veredeln, in einem weiteren Schritt zu heiraten, um sich auf dem Firmenschild als Kabys-Oliva zu präsentieren und mehr Erfolg haben zu können. Gelingt die Änderung des eigenen Namens, so missrät die Zulegung eines zweiten Namens gründlich, denn es stellt sich heraus, dass Fräulein Oliva unehelich geboren ist und eigentlich Häuptle heißt, worauf John Kabys nicht für den Spott sorgen muss, tönt es ihm doch von überall her entgegen: Hans Kohlköpfle! Auch die weiteren Bemühungen um Reichtum und Glück, getragen von Kabys' Überzeugung, dass jeder seines Glückes Schmied sei, enden im Desaster: In Augsburg begegnet er einem reichen Mann, der ihn um den Preis des Verlusts seines Namens – Kabys hätte fortan mittels einer Geschichtsfälschung Litumlei geheißen – in die Rechte eines Erben einsetzen will. Der unglückliche Protagonist zeugt jedoch mit dessen Gattin einen Sohn, so dass er sich selbst enterbt und genauso arm wie er von Seldwyla ausgezogen war wieder dorthin zurückkehrt, worauf ihm seine Mitbürger eine Schmiede überlassen, in der er nun doch noch zum Schmied seines Glücks wird.

Von Kafka ist bekannt, dass sein Eigenname oft im Zentrum steht. Als Leser wird man zunächst damit konfrontiert, dass Kafka als Schriftsteller seinen Namen substanzialistisch zu verwenden scheint, was unter anderem dadurch geschieht, dass er seinen Geschlechtsnamen auf das tschechische Wort für *Dohle* zurückführt; ausgehend davon variiert Kafka diesen Vogel durch den Gebrauch ähnlicher Vogelarten wie Krähe oder Amsel, Rabe usw. Auch sein Vorname wird zum Gegenstand von Abwandlungen, inhaltlich und formal, d.h. Kafka

6 S. dazu E. Zeeb: *Die Unlesbarkeit der Welt und die Lesbarkeit der Texte*, Würzburg: Königshausen & Neumann, S. 80ff.

7 G. Keller: *Der Schmied seines Glücks*. In: Ders.: Die Leute von Seldwyla. In: S.W., München: Hanser [4]1979, S. 297–323.

spielt mit Wörtern, die gleich viele Buchstaben haben wie sein Vorname Franz. Werner Hamacher schreibt dazu:

»Man weiß seit der Publikation seiner Tagebücher und Briefe von der fast obsessiven Aufmerksamkeit, mit der Kafka dem Sinn seines Namens nachgegangen ist. Sinn des Namens – das heißt hier designative Funktion. Und dieser Sinn wurde nicht im Deutschen augenfällig, in dem Kafka seine Geschichten schrieb – hier weckt der Name Kafka kaum andere als onomatopoetische Assoziationen –, sondern im Tschechischen, der Sprache, die Kafka fast sein Leben lang im Alltags- und Geschäftsverkehr gebrauchte. Im Tschechischen heißt ›kavka‹ Dohle, und eine Dohle figurierte als Firmenemblem auf den Briefköpfen von Kafkas Vater [...].
[...]
Wenn ›Franz‹ zum Beispiel durch Paronomasie in ›Franse‹ und diese weiter in ›Faden‹, wenn ›Kafka‹ in ›Dohle‹ übersetzt und diese Übersetzung dann durch innersprachliche Transformationen in ›Rabe‹, ›Krähe‹, ›Amsel‹, ›Geier‹, ›Storch‹ etc. erweitert wird [...], so wird man in der Verbindung von ›Faden‹ und ›Krähe‹ den Namen ›Franz Kafka‹ ebensowenig wiedererkennen wie in dem Epitheton ›der Schöne der Luft‹ Baudelaire.«[8]

Es scheint also, dass der Eigenname, sowohl der Vor- wie der Geschlechtsname, das strukturierende Prinzip von Kafkas Realität ist. Hamacher gibt jedoch zu bedenken, dass in allen Metonymien und Metaphern stets ein Entzug, ein Verlust am Werk ist, letztlich sei die Bedeutung eines Namens nicht einholbar. Die *Dohlen*, der *Käfer*, der *Affe* oder *Gracchus* würden dieser Argumentation zufolge nicht etwa eigentlich *Kafka* heißen, sondern seien Embleme, in denen die Transformation seines Namens in ein anderes Emblem gleichsam auf halbem Wege aussetze. Sie würden deshalb nur in einem entfernten Sinne Kafka heißen.[9] Hamacher behauptet, dass es sich letztlich mit jedem Namen so verhalte, nicht nur mit demjenigen Kafkas, *weil der Eigenname nicht zum System der Sprache gehöre*, die etwas mitteile, son-

8 W. Hamacher: *Die Geste im Namen. Benjamin und Kafka.* In: Ders.: *Entferntes Verstehen*, Frankfurt a.M.: Suhrkamp, S. 296f. Der Name *Baudelaire* lässt sich wie folgt übersetzen: *beau*/*schön*, *de*/der, *l'air*/*die Luft*.

9 Ibid., S. 304.

dern zu jenen Markierungen in ihm, die die Mitteilbarkeit selber sichern würden.[10]

In Thomas Manns Werk finden sich ebenfalls Beispiele für herausragende Bedeutungen von Eigennamen, etwa in *Tonio Kröger* wie auch im *Joseph-Roman*. Der Name Tonio Kröger vereinigt in sich südliche und nördliche Charakterzüge, die die Gestalt des Protagonisten kennzeichnen. Im Joseph-Roman spielt Mann mit den Namen; so heißt Joseph nach seiner Errettung aus dem Brunnen, in den ihn die Brüder geworfen hatten, Osarsiph, das beinahe ein Anagramm zu Josef ist und zugleich markiert, dass für diesen ein neuer Lebensabschnitt begonnen hat.

Eine ganz besondere Rolle spielen die Eigennamen bei Fernando Pessoa, mit dem wir diese Reihe beschließen. Hier geht es weniger um die Bedeutsamkeit von Eigennamen von Protagonisten im Werk dieses Schriftstellers als vielmehr um dessen Namen selbst und seine Heteronyme. Pessoa verfasste nämlich seine Werke hauptsächlich unter den drei Heteronymen Alberto Caeiro, Ricardo Reis, Álvaro de Campos und dem Halb-Heteronym Bernardo Soares. Im Unterschied zu gewöhnlichen Pseudonymen sind Heteronyme nicht bloß andere Namen für denselben Autor; hinter ihnen stehen fiktive Personen mit eigenen Biographien, Schreibstilen, Themen. In einer bibliographischen Übersicht schrieb Pessoa selbst dazu:

> »Die heteronymen Werke Fernando Pessoas sind bis jetzt von drei Leuten verfaßt – Alberto Caeiro, Ricardo Reis und Álvaro de Campos. Diese Individualitäten müssen als von der ihres Autors verschieden betrachtet werden. Jede bildet eine Art von Drama; und sie alle zusammen bilden ein weiteres Drama. […] Es ist ein Drama in Leuten statt in Akten.«[11]

Pessoa schreibt, es sei seine angeborene Neigung zur Entpersönlichung und Verstellung sowie seine Veranlagung zur Hysterie. Er wisse nicht, wer er sei, welche Seele er habe. Bei alledem komme es ihm so vor, als sei er selbst, der Urheber von alledem, dabei am wenigsten beteiligt gewesen.

---

10 Ibid., S. 300.

11 F. Pessoa: *Dokumente zur Person und ausgewählte Briefe*, Zürich: Ammann 1988.

Was man hinzufügen muss: Der Name Pessoa bedeutet im Portugiesischen Niemand, Jemand, Maske. Dieser lange unentdeckt gebliebene Schriftsteller, der seine Existenz als bescheidener Buchhalter/Rechnungsprüfer in seinem Hauptwerk *Das Buch der Unruhe* beschreibt, hat somit seinen Eigennamen zum Anlass genommen, dennoch jemand zu sein, auch wenn er teilweise seine Existenz in seinen heteronymen Figuren darstellte und als ein Niemand schrieb.

# Der Eigenname
# in der Psychoanalyse

# Das Interesse für das Subjektive

## Fallbeispiele

Die Fragestellungen der Psychoanalyse knüpfen an die Überlegungen des vorangegangenen Abschnitts, der sich mit literarischen Zeugnissen auseinandersetzt, an. Nicht dass ihr die logischen, klassifikatorischen, linguistischen und geschichtlichen Dimensionen des Eigennamens gleichgültig wären, aber sie hat darin Dimensionen entdeckt, die in der Philosophie und zu einem Teil auch in den Sprachwissenschaften weitgehend unbeachtet geblieben ist: das Subjektive, Singuläre. Die Psychoanalyse teilt das Interesse daran mit den Autoren von Romanen, Novellen und Theaterstücken und mit den Literaturwissenschaftlern, die untersuchen, welche Bedeutungen Eigennamen für ihre Träger in solchen literarischen Zeugnissen haben. Bloß geht es der Psychoanalyse nicht um literarische Texte, sondern um lebendige Personen und insbesondere um den Nachweis, wie sehr das Unbewusste mit dem Eigennamen verknüpft ist.

Nicht vergessen werden darf eine andere Dimension des Eigennamens: Die Psychoanalyse ist von Sigmund Freud begründet worden, sie trägt seinen Namen. Diese Tatsache kann man auf zwei Arten interpretieren. Die erste greift die Besonderheit des Namens Freud auf, sieht darin Zusammenhänge mit der Sexualität, dem Lustprinzip, bezieht vielleicht auch den Namen seiner Opponenten – Jung und Adler – mit ein und gerät damit flugs in Gefahr, die Redensart *nomen est omen* zu strapazieren und in Gefilde zu geraten, die an Astrologie gemahnen. Die andere sieht im Namen des Begründers der Psychoanalyse weniger die lautliche Besonderheit oder die damit anklingende semantische Dimension, sondern vielmehr den Sachverhalt, dass die Psychoanalyse untrennbar mit einem Namen verbunden ist, heiße der nun Freud oder anders. Diese zweite Sicht ist eine wissenschaftstheoretische; sie besagt, dass ein Gebäude, wie es die Psychoanalyse ist, nicht ohne Architekten errichtet werden kann, wie auch immer er heiße. Er ist es, der Zusammenhänge aufdeckt, Behauptungen aufstellt, eine spezifische Ethik in seine Arbeit einführt. In diesem Sinn kann die Psychoanalyse niemals eine bloße Ansammlung von Einsichten und Zusammenhängen sein, da stets die Ausrichtung ihres Begründers maßgebend ist.

Gleichwohl braucht die erste Fragestellung nicht umstandslos verabschiedet zu werden; Freud selbst gibt Anlass dazu, dem Eigennamen Beachtung zu schenken. Man kann mit Fug und Recht sagen, dass die Psychoanalyse mit der Bedeutung des Eigennamens groß geworden ist, auch wenn vor Kurzschlüssen zu warnen ist, die dann entstehen, wenn der Name einer Person unmittelbar auf ihr angebliches Wesen bezogen wird. Um solche Irrwege zu vermeiden, empfiehlt sich vor allem ein Weg, der allerdings nur für die Praxis der analytischen Behandlung möglich ist: Der Träger eines Namens soll sich selber dazu äußern, was es heißt, diesen oder jenen Namen zu tragen. Ist diese Bedingung nicht gegeben, ist man auf schriftliche Zeugnisse der Betroffenen angewiesen. Das ist nun der Fall bei Freuds *Psychopathologie des Alltagslebens*. Dieses häufig unterschätzte Werk beginnt nämlich mit einem berühmten Beispiel, in dem die Namensgebung eine tragende Rolle spielt; nicht nur ›vergaß‹ Freud den Namen des Malers Signorelli, sondern seine Untersuchung dieser Fehlleistung führte ihn bis zu den Buchstaben und Silben seines Eigennamens, bis zu *Sig* und dem verschlossenen Mund. Auch in andern Beispielen der *Psychopathologie* spielen Eigennamen eine bedeutsame Rolle – sie eignen sich offenbar besonders gut dazu vergessen, d.h. verdrängt zu werden. In der *Traumdeutung* spukt der Eigenname ebenfalls in vielen Träumen herum, wobei er, mehr noch als in der *Psychopathologie*, entstellt, in Elemente zerlegt wird, denen eine strukturierende Funktion zukommt. Etwas schwieriger ist es, Spuren und Wirkungen des Eigennamens in Fallgeschichten zu entdecken. Das liegt jedoch keineswegs daran, dass er eine geringere Rolle als in der *Psychopathologie*, im Buch über den Witz, in der *Traumdeutung* spielen würde, vielmehr war es eine stete Sorge Freuds, den Eigennamen eines Patienten nicht der Öffentlichkeit preiszugeben. Dies hatte zur Folge, dass die Bedeutung des Namens erst aus großer zeitlicher Distanz ergründet werden kann, wenn überhaupt.

In der Nachfolge Freuds waren es vor allem Wilhelm Stekel und Karl Abraham, die dem Eigennamen eine große Bedeutung zumaßen. Die Titel ihrer Arbeiten *Die Verpflichtung des Namens*[1] und *Über die determinierende Kraft des Namens*[2] weisen darauf hin, dass beide die Fragen des Eigennamens von der entgegengesetzten Seite anpackten, als dies die Logiker taten.

In der lacanianischen Psychoanalyse wird dem Eigennamen ebenfalls Beachtung geschenkt. Es gibt dazu bedeutsame Ausführungen Lacans, etwa in den *Seminaren IX* (*L'Identification*) und *XII* (*Problèmes cruciaux de la psychanalyse*), wo im Ausgang von einer von Serge Leclaire vorgetragenen Traumerzählung über viele Sitzungen hinweg über den Eigennamen und seine Verwandlungen gesprochen wurde.

Lacan hat zur Frage des Namens in der Psychoanalyse noch einen anderen Beitrag geleistet: das Konzept des *Namens-des-Vaters*. Damit ist nicht der Eigenname des Vaters gemeint, sondern eine Instanz, deren Funktion darin besteht, das Subjekt in die Ordnung der Kultur, in die symbolische Ordnung zu führen, die eine andere ist als die Ordnung der Natur. Die Sprache ist es, die einen Abstand zur Unmittelbarkeit des Seins schafft – kann sie nicht bewohnt werden, so resultiert daraus eine Psychose, deren Merkmal die Verwerfung ist, ein Ausdruck, den Lacan schon in Freuds frühen Schriften vorgefunden hat. Für eine Untersuchung des Eigennamens aus der Perspektive der Psychoanalyse ist die Frage, in welchem Verhältnis Lacans Konzept des Namens-des-Vaters zum Eigennamen des Subjekts steht, von großem Interesse.

## BEISPIELE VON FREUD

Zunächst werden einzelne Fallgeschichten dargestellt, ohne sie ausführlich zu diskutieren – dies erfolgt später. Die erste hat es gleich in sich: Sie gilt nicht so sehr dem Eigennamen ihres Erzählers als viel-

---

1 W. Stekel: *Die Verpflichtung des Namens*. In: Zeitschrift für Psychotherapie und medizinische Psychologie, Bd. 3, 1911, S. 110–115.

2 K. Abraham: *Über die determinierende Kraft des Namens*. In: Ders.: Psychoanalytische Studien zur Charakterbildung und andere Schriften, Frankfurt a.M.: S. Fischer (Conditio humana), S. 39–40.

mehr demjenigen eines anderen, des Malers *Signorelli*. Diese Begebenheit wird aufgeführt als Paradebeispiel des Namenvergessens und findet sich dementsprechend am Anfang von Freuds *Psychopathologie des Alltagslebens*. Da es dabei jedoch nicht bloß um den Namen des Malers geht, sondern auch um denjenigen Freuds, sei dieses Beispiel gleichwohl erwähnt. Sie wird uns auch Stoff für spätere Deutungsversuche liefern.

## *Signorelli*

Auf einer Bahnfahrt in Dalmatien kam Freud mit einem ihm fremden Mitreisenden, einem Juristen aus Berlin, ins Gespräch. Dabei wollte er den Namen des Malers der berühmten Fresken in Orvieto erwähnen, der ihm jedoch entfiel. Stattdessen tauchten Ersatznamen auf, die er zwar als unrichtig erkannte, die sich gleichwohl seinem Bewusstsein aufdrängten: Botticelli, Boltraffio, Herzegowina. Er schreibt dazu:

»›Das Namenvergessen erklärt sich erst, wenn ich mich an das in jener Unterhaltung unmittelbar vorhergehende Thema erinnere, und gibt sich als eine *Störung des neu auftauchenden Themas durch das vorhergehende* zu erkennen. Kurz, ehe ich an meinen Reisegefährten die Frage stellte, ob er schon in Orvieto gewesen, hatten wir uns über die Sitten der in *Bosnien* und in der *Herzegowina* lebenden Türken unterhalten. Ich hatte erzählt, was ich von einem unter diesen Leuten praktizierenden Kollegen gehört hatte, dass sie sich voll Vertrauen in den Arzt und voll Ergebung in das Schicksal zu zeigen pflegen. Wenn man ihnen ankündigen muss, dass es für den Kranken keine Hilfe gibt, so antworten sie: ›*Herr*, was ist da zu sagen? Ich weiß, wenn er zu retten wäre, hättest du ihn gerettet.‹ -- Erst in diesen Sätzen finden sich die Worte und Namen: *Bosnien, Herzegowina, Herr* vor, welche sich in eine Assoziationsreihe zwischen *Signorelli* und *Botticelli -- Boltraffio* einschalten lassen.
Diese Türken schätzen den Sexualgenuss über alles und verfallen bei sexuellen Störungen in eine Verzweiflung, welche seltsam gegen ihre Resignation bei Todesgefahr absticht. Einer der Patienten meines Kollegen hatte ihm einmal gesagt: ›Du weißt ja, *Herr*, wenn das nicht mehr geht, dann hat das Leben keinen Wert.‹ Ich unterdrückte die Mitteilung dieses charakteristischen Zuges, weil ich das heikle Thema nicht im Gespräch mit einem Fremden berühren wollte. Ich tat aber noch mehr; ich lenkte meine Aufmerksamkeit auch von der Fortsetzung der Gedanken ab, die sich bei mir an das Thema ›Tod und Sexuali-

tät‹ hätten knüpfen können. Ich stand damals unter der Nachwirkung einer Nachricht, die ich wenige Wochen vorher während eines kurzen Aufenthaltes in *Trafoi* erhalten hatte. Ein Patient, mit dem ich mir viele Mühe gegeben, hatte wegen einer unheilbaren sexuellen Störung seinem Leben ein Ende gemacht.«[3]

Bemerkenswert ist, dass sich Freud anstelle des verdrängten Namens, *Signorelli*, dessen Bild in Gestalt eines Selbstportraits aufdrängte, das der Maler am Rande einer der Fresken angebracht hatte.

In diesem schon sehr oft kommentierten Beispiel geht es nicht nur um den vergessenen Namen des Malers Signorelli, was zu Ersatzbildungen (Botticelli, Boltraffio, Herzegowina) führte, sondern auch um den Namen, genauer: um den Vornamen Freuds, der in der ersten Silbe von *Signorelli* enthalten ist, was Freud selber nicht erwähnt. Vorgreifend auf die Lacan'sche Terminologie kann man ausrufen: Was für ein Sig-nifikant! Wenn man imaginären Versuchen nachgibt und die Silbe etwas dehnt, verwandelt sich das *Sig* in *Sieg* – *Sieg-mund* ist sogar die alte Schreibweise von Freuds Vornamen.

Aber was hat es mit dem Sieg des Mundes auf sich, wo doch Freuds Sprechen versagt? Tatsächlich, Freud stockt in seinem Sprechen, will dem fremden Kollegen nicht vom Patienten sprechen, der sich wegen einer sexuellen Störung umgebracht hatte. In diesem Zusammenhang verwendet Freud den Ausdruck *Unterdrückung*, in klarer Unterscheidung von Verdrängung. Freud produziert mangels Vertrauen in den fremden Gesprächspartner eine negative Übertragung, lenkt das Gespräch auf andere Bahnen, auf die Fresken von Orvieto, und als er den Namen ihres Malers aussprechen will, wird aus der vorherigen Unterdrückung eine Verdrängung; statt des Namens kommen Ersatznamen und das Portrait des Malers, aber das Sprechen versagt an einer signifikanten Stelle. Freuds Schilderung dieser Ereignisse in der *Psychopathologie des Alltagslebens* sind ein Versuch, das Unterdrückte doch noch mitzuteilen – jedoch nicht mündlich und spontan, sondern schriftlich, mittels der Niederschrift dieses Werks.[4]

---

3 *Zur Psychopathologie des Alltagslebens (über vergessen, versprechen, vergreifen, Aberglaube und Irrtum)*, Frankfurt a.M.: S. Fischer 1954, S. 14f.

4 Freud hat dreimal über diese Signorelli-Episode gesprochen: zunächst in einem Brief an Wilhelm Fließ v. 22. Sept. 1898 (S. Freud: *Briefe an Wilhelm Fließ, 1887–1904*, Frankfurt a.M.: S. Fischer 1986, S. 357 [Brief 177]), aus dem man auch den Namen seines Gesprächspartners im Zug

Damit sind die Zusammenhänge zwischen Freuds Vornamen und dem Nachnamen des Malers noch lange nicht aufgedeckt. Ist das Vorkommen der Silbe *Sig* im Nachnamen des Malers und im Vornamen Freuds nicht ein Zufall und zeigt sich das nicht darin, dass weder der Name *Freud* noch der Vorname *Luca* eine Rolle spielt? Dazu ist zu sagen, dass der Name *Freud* sehr wohl erkennbar ist in Ersatznamen, wie etwa *Trafoi*, *Boltraffio*, sogar *Orvieto* – man muss dabei weniger an das Schriftbild denken als vielmehr an die Art und Weise, wie der Name *Freud* oft ausgesprochen wird (*Froid*, was Franzosen wiederum zu einem Wortspiel verleitet, das dann aufkommt, wenn sie die Aufschrift auf den Wasserhähnen lesen: *chaud* und *froid*). Dagegen scheint tatsächlich der Vorname des Malers nicht in diesen Wortgebilden, die Freuds Unbewusstes hervorgebracht hat, enthalten zu sein; bekannt ist, dass Freud den Vornamen des Malers gekannt hat, er sei ihm sofort in den Sinn gekommen, nachdem ihm der verdrängte Name des Malers mitgeteilt worden sei. Das heißt also, dass der Vorname ebenfalls verdrängt war. Vielleicht hat Freud ihn mit *luce*/Licht in einen Zusammenhang gebracht, was eine Verbindung zu *Luzifer* und dem Antichrist *herstellen* könnte, der ja ein Thema der Fresken von Signorelli ist? Dass solche Zusammenhänge nicht einfach einer wilden Phantasie entspringen müssen, zeigt Freuds Motto der *Traumdeutung*: *Flectere si nequeo superos, Acheronta movebo.*

Bleiben wir jedoch bei der Silbe *Sig*, die sowohl in Freuds Vornamen wie im Namen des Malers vorkommt. Bedeutet diese Gemeinsamkeit mehr als eine linguistische Übereinstimmung? Um dafür eine Antwort zu finden, ist es notwendig, nochmals auf Freuds Text zu rekurrieren. Freud wollte also das, wie er sagt, »heikle Thema« der Sexualität bzw. der sexuellen Störungen dem fremden Kollegen gegenüber nicht ansprechen. Er tat aber noch mehr:

»[I]ch lenkte meine Aufmerksamkeit auch von der Fortsetzung der Gedanken ab, die sich bei mir an das Thema ›Tod und Sexualität‹ hätten knüpfen können.«

---

entnehmen kann (Freyhan), dann in *Zum psychischen Mechanismus der Vergesslichkeit* (In: G.W. I, S. 517–527) und zuletzt in der *Psychopathologie des Alltagslebens*.

Es war angeblich die Erinnerung an einen Patienten, der sich wegen einer unheilbaren sexuellen Störung das Leben genommen hatte, die Freud nicht mitteilen wollte und deshalb unterdrückte. Das lässt sich auch anders lesen, nämlich als Niederlage, als Unvermögen, dem Krankheitsverlauf eine andere Richtung zu geben. Freud war bei der Behandlung dieses Patienten an eine Grenze gestoßen, an eine Grenze seiner Macht, die wohl mit seiner psychoanalytischen Methode in einem Zusammenhang steht. Eine andere Macht hatte seine Anstrengung zunichte gemacht, ausgerechnet in einem Bereich, dessen ungeheure Bedeutung Freud zwar nicht entdeckt hatte – das hatten andere vor ihm getan –, deren Artikulierbarkeit und mögliche Analysierbarkeit er jedoch erkannt hatte. Umso mehr musste ihn der Verlust eines Patienten mit einer Sexualstörung geschmerzt haben.

Freud wollte den Fremden nicht ins Vertrauen ziehen, nicht über die Empfindung seiner Niederlage sprechen, den anderen nicht in die Rolle des Anderen setzen, keine positive Übertragung riskieren. Die spontane Artikulation kam ins Stocken. Warum kristallisierte sich die Fortsetzung rund um den Namen Signorelli? Die Frage nach dem Herrn stellt einen zentralen Punkt dar, um das sich das Geschehen dieser Unterhaltung samt ihren assoziativen Verknüpfungen drehte: Freuds Wille zur Herrschaft des Sprechens, das im entscheidenden Moment versagt und ein Bild hervorbringt, das er nicht zu benennen vermag, ebenso wie seine Macht über die Störung seines Patienten in dessen Suizid seine Grenze findet; Signorellis Fresken, die die Frage nach dem Schicksal der Welt stellen, indem sie ebenso den Triumph des Antichrist, den Weltuntergang, wie den Sieg des Guten zeigen, die Verdammnis in der Hölle wie die Aufnahme in den Himmel. Sowohl auf der umfassenden Ebene des Weltgeschehens wie auf derjenigen des Sprechens tauchen Mächte auf, die die Macht des Herrn bestreiten: die Mächte des Bösen, des Untergangs dort, die Macht des Bildes, gepaart mit Misstrauen, negativer Übertragung, die die Macht der Sprache, des Sprechens blamiert. Für Freud hieß das, dass sich die Verknüpfung von Herrschaft und Sprechen auflöste und der Herr nur noch als namenloses Bild Signorellis erschien. Offensichtlich vollzog Freud eine topische Regression; statt des Namens des Malers hatte er Bilder vor sich, Fresken und eben dieses Selbstportrait. Das lautliche Material war ins Unbewusste gerutscht, zugedeckt vom Bildlichen. Zugleich blieb sein Mund stumm, Freud wurde dem in seinem Vornamen enthaltenen Ideal nicht gerecht.

In Freuds Vornamen ist sein ganzes Programm angelegt, er will dem Unsichtbaren, der Macht des Mundes zum Durchbruch verhelfen, wider alle Theorien und statischen Bilder. In diesem Sinne ist es nicht gleichgültig, wie der Begründer der Psychoanalyse hieß. Man kann zwar mit Recht sagen, dass die Psychoanalyse nicht ohne einen Begründer entstehen und bestehen kann, wie auch immer er mit Namen heißt, aber das Beispiel des verdrängten Namens des Malers Signorelli zeigt, dass die Psychoanalyse nicht nur an den Namen ihres Begründers gebunden ist, sondern dass es ebenso sehr bedeutsam ist, welches sein Eigenname ist. Der Vorname Sig-mund erhält in diesem Beispiel darum mehr Relevanz als sein Geschlechtsname, weil es gerade nicht um Freude, Lust und Lustprinzip geht, sondern um ihre Sublimierung im Sprechen, um die Artikulation des Unbewussten, der Sexualität, um ihre Aufnahme, Anerkennung und damit Transformation in die vom Sprechen getragene Kultur.

Zur Signorelli-Episode noch eine kritische Nachbemerkung: Neuere Forschungen bezweifeln, ob Freud alles, was an dieser Episode wesentlich war und was zu dieser Fehlleistung geführt hatte, erzählt hat; überdies stellen sie in Frage, ob er in Trafoi die Nachricht vom Tode eines Patienten empfangen haben konnte. Selbst wenn man diesen Teil von Freuds Erzählung für wahr hält, geht daraus nicht plausibel hervor, dass Freud wegen des Suizids eines Patienten an die Fresken von Orvieto dachte und ihm der Name des Malers Signorelli entfiel. Für Franz Maciejewski,[5] der sich von den von feindseligen Interessen geleiteten Studien von Peter Swales distanziert, besteht kein Zweifel daran, dass es Freuds sexuelles Verhältnis zu seiner Schwägerin Minna war, das unerwähnt blieb; mit ihr sei er während einer früheren Reise in Trafoi gewesen. Tatsächlich ist es leicht vorstellbar, dass das Auftauchen der Erinnerungen an die Fresken von Orvieto mit ihren drastischen Darstellungen der Höllenstrafen eine Folge dieses verschwiegenen Verhältnisses mit seiner Schwägerin gewesen sein könnte. Auch wäre es nur zu verständlich, dass Freud einem Fremden gegenüber solche Phantasien nicht erwähnt hätte. Ob dieses Verschweigen, das manche Verächter der Psychoanalyse hämisch kommentieren, etwas an Freuds Ansehen ändern würde, bleibe dahingestellt; mit Bestimmtheit ändert es nichts an seinen großartigen Einsichten in das Un-

5 F. Maciejewski: *Der Moses des Sigmund Freud. Ein unheimlicher Bruder*, Göttingen: Vandenhoeck & Ruprecht 2006.

bewusste und an der Bedeutung der Übertragung, von der noch zu sprechen sein wird.

## Der eigene Name im Spiegel des anderen

In *Zur Psychopathologie des Alltagslebens* findet sich ein anderer Fall von Vergessen des Eigennamens, bei dem ein kurzes Verweilen sich lohnt.

»Ein unterdrückter Gedanke über die eigene Person oder die eigene Familie wird häufig zum Motiv des Namenvergessens, als ob man beständig Vergleiche zwischen sich selbst und den Fremden anstellte. Das seltsamste Beispiel dieser Art hat mir als eigenes Erlebnis ein Herr *Lederer* berichtet.
Er traf auf seiner Hochzeitsreise in Venedig mit einem ihm oberflächlich bekannten Herrn zusammen, den er seiner jungen Frau vorstellen musste. Da er aber den Namen des Fremden vergessen hatte, half er sich das erste Mal mit einem unverständlichen Gemurmel. Als er dann dem Herrn, wie in Venedig unausweichlich, ein zweites Mal begegnete, nahm er ihn beiseite und bat ihn, ihm doch aus der Verlegenheit zu helfen, indem er ihm seinen Namen sage, den er leider vergessen habe. Die Antwort des Fremden zeugte von überlegener Menschenkenntnis: Ich glaube es gerne, dass Sie sich meinen Namen nicht gemerkt haben. Ich heiße wie Sie: *Lederer*! -- Man kann sich einer leicht unangenehmen Empfindung nicht erwehren, wenn man seinen eigenen Namen bei einem Fremden wiederfindet. Ich verspürte sie unlängst recht deutlich, als sich mir in der ärztlichen Sprechstunde ein Herr *S. Freud* vorstellte.«[6]

Das Beispiel ist so amüsant, weil das Entfallen des Namens einer anderen Person letztlich den eigenen Namen des vergesslichen bzw. verdrängenden Subjekts betrifft. Wie kann so etwas passieren? Stellen wir uns das frisch vermählte Ehepaar Lederer vor, das seine Flitterwochen in Venedig verbringt. Ausgerechnet in dieser Zeit trifft Herr Lederer einen Bekannten, und dies gleich zweimal. Beide Male passiert ihm dasselbe, der Name des anderen entfällt ihm. Beim zweiten Mal erreicht die Peinlichkeit ihren Höhepunkt, als es unvermeidlich wird, den anderen nach seinem Namen zu fragen, und erst recht, als dieser ihm sagt, er trage denselben Namen. Was kann der Grund für eine sol-

6 *Zur Psychopathologie …*, op. cit., S. 31.

che Fehlleistung sein? Eine Möglichkeit wäre, dass der frischvermählte und verliebte Herr Lederer allein diesen Namen tragen möchte und in seiner Situation nicht akzeptiert, dass es noch andere Menschen mit demselben Namen gibt. Das Akzeptieren dessen, dass andere Subjekte denselben Namen tragen, den seinigen, hätte vielleicht zur Folge, dass er dann auch denken müsste, dass ein anderer Lederer die selben Rechte bei seiner Frau hätte wie er selber. Kurzum: Er möchte der einzige Lederer sein, und jeder andere mit demselben Namen würde durch das ›Vergessen‹ des Namens zurückgestellt.

Ein anderer, ähnlicher Grund könnte darin liegen, dass der frischvermählte Ehemann schon seine Zweifel hat, ob die Ehe hält, ob die Beziehung von Dauer ist. Der Mann mit demselben Namen könnte deshalb ein antizipierter Rivale sein, z.B. ein Bruder, der seine Frau begehrt, sei es aus Eifersucht oder weil er sie tatsächlich liebt bzw. weil der frischvermählte Herr Lederer im Rivalen seine eigene Wahrheit liest, die lautet, dass ein anderer seine Frau vielleicht mehr liebt als er. Eine solche Konstellation führt leicht zu einem ödipalen Szenario, bei dem man die Altersunterschiede vernachlässigen muss, um ihm etwas abzugewinnen: Es könnte sein, dass der frischvermählte Herr Lederer im anderen Herrn Lederer seinen Vater sieht, der ihm seine Frau nicht gönnt. Die Missgunst ließe sich wiederum als Hinweis darauf auffassen, dass Herrn Lederers Frau Züge seiner Mutter hat, was das unbewusste Phantasma, dass er im fremden Herrn Lederer seinen Vater sieht, der ihm als einer erscheinen würde, der Rechte auf seine Frau geltend machte, verständlich erscheinen ließe.

Als Grund für das Vergessen kommt auch in Frage, dass Herr Lederer nicht zufrieden sein könnte mit seinem Namen und ihn deshalb nicht gerne erwähnen würde, was in der trauten Zweisamkeit ja ohne weiteres möglich wäre. Taucht nun ein Fremder auf, der denselben Namen trägt, so wäre ihm dies nicht primär wegen einer möglichen Störung der Zweisamkeit ärgerlich, sondern weil sein Name ins Spiel käme, an den er nicht gerne erinnert würde.

Freuds Bemerkung: »Man kann sich einer leicht unangenehmen Empfindung nicht erwehren, wenn man seinen eigenen Namen bei einem Fremden wiederfindet. Ich verspürte sie unlängst recht deutlich, als sich mir in der ärztlichen Sprechstunde ein Herr *S. Freud* vorstellte.«, scheint zunächst nicht zur Erhellung der Fehlleistung beizutragen, erstens darum nicht, weil es bei seinem Beispiel um keine Verdrängung geht, und zweitens darum nicht, weil die Situation ja auch eine andere ist, keine Dreiersituation, sondern eine duale. Gleichwohl könnte der Sachverhalt, dass ein anderer Mensch denselben Namen trägt, ein Grund für eine nachfolgende Verdrängung sein, besonders wenn der eigene Name ein seltener ist. Das auftretende merkwürdige Gefühl ist dasjenige einer Enteignung, die zwar keine tatsächliche ist, aber eine gefühlte, als solche empfundene. Wenn ein Subjekt gewohnt ist, Träger eines nicht häufigen Namens zu sein, so wird es in dem Moment, wenn sich ein anderes Subjekt gleichen Namens vorstellt, überrascht. Möglicherweise steigt in solchen Momenten eine Aggression auf, ein Impuls, den anderen seines Namens zu berauben und die gestörte Ordnung wiederherzustellen, derzufolge nur einer den eigenen Namen trägt.

## Die Giraffe des *Kleinen Hans*

Die Geschichte des *Kleinen Hans* ist wohl zu bekannt, als dass sie hier nochmals erzählt werden müsste. Fokussiert seien lediglich zwei Details, in denen der Eigenname von Bedeutung ist. Das erste gilt der Giraffe, die der Kleine Hans im Verlauf seiner Analyse von seinem Vater zeichnen ließ. Man kann über dieses Tier gewiss viele Mutmaßungen anstellen, seines langen Halses wegen, seiner Übersicht, die es deswegen haben muss, seiner Scheu, aber man darf darob nicht vergessen, dass im Namen dieses Tieres der Eigenname des Kleinen Hans steckte: *Graf*. Der Geschlechtsname, der Name des Vaters, der auch der Name der Mutter war, gab wohl eher Anlass zur Darstellung der großen und der kleinen Giraffe als die Eigenheiten dieses Tieres.

Im zweiten Beispiel ging es um den Namen Freud, der sich unschwer im Symptom der Pferdephobie des Kleinen Hans erkennen lässt. Es sind nicht alle Buchstaben von Freuds Namen in *Pferd** enthalten, aber es ist doch auffallend, dass die Buchstaben *f*, *e*, *r* und *d* beiden Namen gemeinsam sind, während *p* nur bei Pferd und *u* nur bei Freud vorkommt. Ebenso plausibel ist es, *Pferd* nicht nur auf *Freud* zu beziehen, sondern auf *Professor Freud* bzw. *Prof. Freud* – der Buchstabe *p*, der nicht im Namen Freuds enthalten ist, taucht nun in seinem Titel auf. Diese Zusammenhänge sind darum nicht an den Haaren herbeigezogen, weil es bekannt ist, dass die Eltern des Kleinen Hans ihm gegenüber vom Professor sprachen, wenn es darum ging, dessen Deutungen und Ratschläge umzusetzen.

## Ein Traum aus der *Traumdeutung*

Eine ganz andere Funktion hat der Eigenname im folgenden Beispiel; er dient lediglich der Tarnung eines Leidens, das auszusprechen peinlich ist:

»Frau D. träumt, sie sehe den alten B l a s e l (einen 80jährigen Wiener Schauspieler) in v o l l e r R ü s t u n g auf dem Diwan liegen. Dann springt er über Tische und Stühle, zieht seinen Degen, sieht sich dabei im Spiegel und fuchtelt mit dem Degen in der Luft herum, als kämpfe er gegen einen eingebildeten Feind.
Deutung: Die Träumerin hat ein altes Blasenleiden. Sie liegt bei der Analyse auf dem Diwan, und wenn sie sich im Spiegel sieht, dann kommt sie sich insgeheim trotz ihrer Jahre und ihrer Krankheit noch sehr rüstig vor.«[7]

Die Darstellung des betagten Wiener Schauspielers, der in voller Rüstung auf dem Diwan liegt und dann über Tische und Stühle springt, mit dem Degen fuchtelt, ist offensichtlich unsinnig, wenn man den manifesten Traum betrachtet. Anders sieht es aus, wenn man von Freuds Deutung ausgeht. Dann wird die Traumarbeit deutlich: Das Traumgeschehen ist buchstäblich zu nehmen. Das heißt, dass es nicht um den alten Herrn Blasel geht, sondern um ein altes Blasenleiden. Das Unbewusste bedient sich somit der Buchstaben, die es dem Eigennamen Blasel entnimmt und entstellt sie dadurch, dass es den Herrn Blasel ins Bild setzt. Analoges geschieht mit der Darstellung der vollen Rüstung, in der Herr Blasel auf dem Diwan liegt. Sie dient dazu, die andauernde Rüstigkeit der Träumerin darzustellen.

Damit wird auch die Wunscherfüllung deutlich: Vom Blasenleiden ist nicht die Rede, es gibt jedoch einen Herrn Blasel; vom Alter der Träumerin ist nicht die Rede, es ist Herr Blasel, der betagt ist; und, so möchte man anfügen: Von Weiblichkeit ist nicht die Rede, es ist ein Mann, der sich merkwürdig benimmt; dieser ist immerhin noch rüstig. An dieser Stelle weist die Tendenz, von sich auf einen anderen abzulenken, ihm die negativen Eigenschaften zuzuschreiben, einen Bruch auf, denn das Rüstig-Sein gehört durchaus zu den eigenen Wünschen der Träumerin, wenn nicht sogar zu einem Merkmal, das sie sich zuspricht. Muss sie also auf diese Einschätzung des eigenen Rüstig-Seins

---

7 *Die Traumdeutung*. StA , Bd. II (Conditio humana), S. 401.

verzichten, um das Blasenleiden verstecken zu können, indem es in entstellter Form Herrn Blasel zugeordnet wird? Möglich wäre auch, dass sie sich mit ihm identifiziert, allerdings auf eine ambivalente Art: Hinter der offensichtlichen Lächerlichkeit könnte ein sexuelles Begehren stecken, zu dem sie nicht zu stehen wagt und das sie ebenfalls auf Herrn Blasel mit seinem phallischen Gehabe verlagert.

Freud wusste jedenfalls sehr gut, dass der Name in Fehlleistungen und Träumen eine große Rolle spielt.

»Daß solche Namenspielerei Kinderunart ist, darf man ohne Widerspruch behaupten; wenn ich mich in ihr ergehe, ist es aber ein Akt der Vergeltung, denn mein eigener Name ist unzählige Male solchen schwachsinnigen Witzeleien zum Opfer gefallen. Goethe bemerkt einmal, wie empfindlich man für seinen Namen ist, mit dem man sich verwachsen fühlt wie mit seiner *Haut*, als Herder auf seinen Namen dichtete:

›Der du von *Göttern* abstammst, von Gothen oder vom Kote‹ –
›So seid ihr *Götterbilder* auch zu Staub.‹«[8]

## Die Wespe des *Wolfsmanns*

Vielleicht das schönste Beispiel, das uns Freud hinterlassen hat, ist in der Fallgeschichte des *Wolfsmanns* enthalten:

»Er sagte: Ich habe geträumt, ein Mann reißt einer Espe die Flügel aus. Espe? mußte ich fragen, was meinen Sie damit? – Nun, das lnsekt mit den gelben Streifen am Leib, das stechen kann. Es muß eine Anspielung an die Gruscha, die gelbgestreifte Birne, sein. – Wespe, meinen Sie also, konnte ich korrigieren. – Heißt es Wespe? lch habe wirklich geglaubt, es heißt Espe. (Er bediente sich wie so viele andere seiner Fremdsprachigkeit zur Deckung von Symptomhandlungen.) Aber Espe, das bin ja ich, S. P. (die lnitialen seines Namens). Die Espe ist natürlich eine verstümmelte Wespe. Der Traum sagt klar, er räche sich an der Gruscha für ihre Kastrationsandrohung.«[9]

8 Ibid., S. 217.

9 *Aus der Geschichte einer infantilen Neurose*. In: G.W. XII, S. 128.

Freud spielt hier auf eine Szene an, in welcher die Gruscha, d.h. das Kindermädchen des Wolfsmanns, dessen Name bekanntlich Sergei Pankejew war, den Boden vor ihm wischte, als er noch ein kleiner Junge war. Dabei muss ihn die Stellung des Mädchens auf dem Boden sexuell erregt haben, so dass er ins Zimmer urinierte, worauf sie scherzhaft eine Kastrationsdrohung aussprach. Wie kam Freud darauf, dass die Wespe mit der Gruscha im Unbewussten des Wolfsmanns in einem Zusammenhang stand? Die Verbindung lieferte eine andere Assoziation des Patienten, der an eine gestreifte gelbe Birne dachte – Birne heißt in der Muttersprache dieses russischen Patienten *Gruscha*. Dieses Kindermädchen erinnerte ihn an die Mutter, d.h. an eine sexuelle Szene, die er Freuds Überzeugung zufolge in einem sehr frühen Alter von seinem Kinderbett aus beobachtet hatte. An der erotischen Szene zwischen dem Jungen und dem Kindermädchen ist kaum zu zweifeln, wobei das Entscheidende nicht in der Erinnerung an die libidinöse Besetzung liegt, sondern in den Begleitumständen, in der aufkommenden Angst und der Wut. Er verwandelt also die Gruscha im Traum in eine Wespe, stellt sich als Mann dar, der ihr die Flügel ausreißt. Dies geschieht in zwei Registern, einmal bildlich, das andere Mal lautlich – aus der Wespe wird die Espe, die verstümmelt wird. Aber wie das so ist bei libidinösen Besetzungen: Sie wirken zurück auf den Träumer, der selber feststellt, dass die Espe aus den Initialen seines Namens, *Sergei Pankejew*, gebaut ist. Mit der Grausamkeit an der Wespe tut er sich selber ein Leid an; er ist mit der verstümmelten Wespe identifiziert.

## BEISPIELE VON WILHELM STEKEL UND KARL ABRAHAM[10]

Von den frühen Analytikern, die zu Freuds Kreis zählten, waren es vor allem Wilhelm Stekel und Karl Abraham, die sich mit der Thematik des Eigennamens beschäftigten. Insbesondere Ersterer schrieb einen Beitrag, der sehr viele Beispiele enthält und von der Überzeugung getragen wird, dass Neurotiker einen besonderen Umgang mit ihrem Eigennamen haben. Die einen leiten eine Verpflichtung daraus ab, andere spielen damit, wieder andere lehnen ihren Namen ab und versuchen,

10 S. dazu S. 89, Anm. 1 u. 2.

ihm zu entkommen, was in einzelnen Fällen dazu führt, dass die Abhängigkeit vom Eigennamen noch verstärkt wird. Außerdem zeigt Stekel, dass der Eigenname in der Liebeswahl sehr oft von entscheidender Bedeutung ist. So entdeckt er z.B. bei einem Mann, der an die Mutter gebunden ist, die *Mama* im Namen seiner Geliebten, die Sel*ma Ma*ssenet hieß; der Analytiker behauptet, dieser Mann habe selber auf diesen Zusammenhang hingewiesen. Schließlich fragt Stekel auch nach den Motiven für den Hass auf den Eigennamen. Wiederum anhand von Beispielen, die er stets parat hat, zeigt er, dass dieser in einer Verschiebung von einem Namensträger auf den Namen, also z.B. vom Vater auf dessen Namen, begründet wird. Als weiteres Motiv führt er das Verbergen-Wollen von jüdischen Namen an und schließlich die unliebsamen Assoziationen, die ein Name erwecken kann. Stekel weiß auch um den Reiz, den schöne Namen auf Frauen ausüben, zudem behauptet er, dass Männer oft weiblich klingende Pseudonyme wählen würden. Man könnte seine Position dahingehend zusammenfassen, dass er an die Redensart *nomen est omen* glaubt, jedenfalls hinsichtlich des Bezugs der Neurotiker zum Namen, aber wohl auch darüber hinaus, da er behauptet, dass es kein Zufall sei, dass der Begründer der Psychoanalyse Freud heiße, denn im Namen stecke bereits die Absicht, zu untersuchen, was es mit der Lust auf sich habe.

Karl Abraham stimmt in einer sehr kurzen Arbeit Stekels Behauptungen in dessen Arbeit *Verpflichtung des Namens* zu, nur ganz am Ende fügt er hinzu, dieser Ausdruck sei zu schwach und sollte besser ersetzt werden durch »determinierende Kraft des Namens«. Er diskutiert diesen weit über Stekels hinausgehenden Vorschlag jedoch nicht. Er würde beinhalten, dass nicht nur die Neurotiker einen eigentümlichen Umgang mit Eigennamen haben, sondern – der determinierenden Kraft wegen – jeder Mensch.

## BEISPIELE VON LACAN UND DER LACAN-SCHULE

### Lacans Kommentar zu Freuds *Signorelli*-Beispiel

Wie der Begründer der Psychoanalyse, Freud, hat sich auch Lacan mit dem Eigennamen beschäftigt. Vor allem in den *Seminaren IX* (*L'identification*), *XI* (*Die vier Grundbegriffe der Psychoanalyse*) und *XII* (*Problèmes cruciaux de la psychanalyse*) setzt er sich mit den vorherrschenden Theorien auseinander. Er kritisiert drei Auffassungen: jene von Bertrand Russell, Allen Gardiner und Claude Lévi-Strauss. Dabei stellt er keine eigenen Fallgeschichten vor. In den *Seminaren XI* und *XII* kommt er jedoch auf Freuds Signorelli-Erzählung zu sprechen, die natürlich ein Paradebeispiel für die Aktivität des Unbewussten ist, die sich in Metaphern und Metonymien kundgibt.

Im *Seminar XI* dreht sich seine Interpretation der Signorelli-Episode um den Tod als absoluten Herrn. Freuds Verdrängung des Namens des Malers (*Signorelli*) bedeute deshalb das Begehren nach dem Verschwinden des Todes, was wiederum ein Schutz gegen die Drohung der Kastration sei, womit Lacan – in Anspielung auf die tragische Geschichte von Freuds Patient mit der unheilbaren sexuellen Störung sowie auf die Türken, die den Unwert des Lebens beklagen, wenn es nicht mehr geht mit der Sexualität – die Endlichkeit des Lebens, vor allem aber das Ende der sexuellen Potenz meint. Lacans Interpretation dreht sich dabei um die Aussage »Gott ist tot.«, die auch eine von Nietzsche sei; er bezweifelt – auf der Ebene des Mythos – die Gültigkeit dieser Behauptung mit dem Argument, dass gerade der tote Gott eine ungeheure Macht über die Menschen habe. Lacan denkt dabei an die Sprache, die er seiner Lesart von Freuds *Totem und Tabu* zufolge als toten Vater auffasst. Die Ermordung des Urvaters, wie ihn Freud darstelle, führe nicht zur Befreiung der Menschen, zum Zustand, in dem alles erlaubt sei, sondern ganz im Gegenteil zur Sprache als regulierender Instanz des Begehrens. Wer ›hinter‹ der Sprache stecke, sei nicht eruierbar, weshalb Lacan sagt, Gott sei *unbewusst*. Das mythologische Denken, das das Unerklärbare vorstellbar zu machen versuche, müsse jedoch von demjenigen der Rationalität unterschieden werden. Für Lacan ist es nur im Mythos möglich, die Herkunft der Sprache darzustellen, die Rationalität kommt hier an ihre Grenzen, kann nicht hinter die Sprache zurückgehen. Jeder Erklärungsversuch, woher die Sprache kommt, setzt sie immer schon voraus, verfällt dem offensichtlichen Zirkelschluss. Darin liegt Lacan zufolge ein Moment des menschlichen Unvermögens, das mit der *symbolischen Kastration* zu tun habe.

Freuds Fehlleistung, das Verdrängen von *Signor*, lässt sich nun anhand von Lacans Ausführungen im *Seminar XI*[11] zwischen diesen bei-

11 S. dazu *Seminar XI (1964). Die vier Grundbegriffe der Psychoanalyse*, Olten u. Freiburg i.Br.: Walter u. Quadriga 1978, S. 33.

den Auslegungen situieren, der mythologischen und derjenigen, die das Denken an eine Grenze bringt, der es mythologisch zu begegnen sucht. Freud, der seinem Gesprächspartner gegenüber sein Unvermögen, nämlich die Heilung des Patienten zustande zu bringen, nicht eingestehen will – hätte er es eingestanden, wäre er Herr des Sprechens geblieben[12] –, macht sich nun selbst zum Herrn über das Sprechen, indem er gewisse Dinge, die den Tod und die Sexualität betreffen, nicht sagen will. Diese verschwinden aus seinem manifesten Diskurs, der in seiner Fortsetzung das Namenvergessen hervorbringt. Stattdessen taucht das Bild des Malers auf, das ihn anblickt. Dies führt zur zweiten Interpretation Lacans, die ein Jahr später erfolgt.

In dieser betont er, dass nicht *Signor/der Herr* verdrängt worden sei, sondern bloß die Silbe *Sig*, die Lacan über den Umweg des *signans*, das verloren gegangen sei, mit Freuds Vornamen Sigmund in Verbindung bringt. Damit kann Lacan zeigen, dass der Verlust des *signans* auch zur Störung der symbolischen Ordnung, der *signa,* geführt habe, was sich in der topischen Regression, also im aufdringlichen Auftauchen von Signorellis Selbstportrait vor Freuds Auge, gezeigt habe.[13]

Lacan weist auch auf die Übertragungssituation zwischen Freud und seinem Gesprächspartner hin. Das fehlende Vertrauen Freuds habe zu einer Störung der Identifizierung mit dem Repräsentanten des Anderen, dem Berliner Juristen, geführt, so dass Freud sein ›Double‹, seinen Schatten verloren habe. Infolgedessen habe er, Freud, auch den Ort verloren, von wo aus er zuvor angeblickt worden sei. Lacan wendet hier seine Theorie des Blicks an, die er ein Jahr zuvor im *Seminar XI* ausgearbeitet hatte und die besagt, dass es für jedes Subjekt nicht nur wichtig sei, zu sehen, sondern ebenso sehr, dass es angeblickt werde – der Blick sei dabei die Manifestation des anderen. In unserem Signorelli-Beispiel ist es ja die Gestalt Signorellis, die Freud anblickt;

---

12 Erinnern wir daran, dass der Diskurs des Herrn, wie ihn Lacan später formalisiert hat, (S1/$ ----> S2/a) nicht in einer Herrschaft über das Sprechen besteht, sondern ganz im Gegenteil in einer Unterwerfung des Subjekts unter das Sprechen. Versucht das Subjekt, sich als Agent zu positionieren, gerät es in den hysterischen Diskurs. Genau das passierte Freud anlässlich seiner Fehlleistung.

13 S. dazu *Le Séminaire XII (1964–1965). Problèmes cruciaux de la psychanalyse*, Sitzung v. 6. Januar 1965.

was zuvor auf der Ebene des Sprechens zwischen Freud und seinem Gesprächspartner abgelaufen ist, verschiebt sich nun auf den bildhaften Bezug Freuds zu Signorelli, dessen Namen Freud vergeblich sucht.

Man sieht an dieser Interpretation Lacans nicht nur das Spiel der Register, also das Kippen des Symbolischen ins Imaginäre, sondern auch den Bezug des Anderen zum Ich-Ideal. Der Blick, der das Subjekt angeht (*regarde*), ist eine Verkörperung des Ich-Ideals, wie Freud diese Instanz genannt hat; das Ich-Ideal ist der Ort, von dem her das Subjekt sich zu sehen versucht. Es ist einerseits vom Subjekt narzissisiert, sonst wäre es nicht sein Ideal, andererseits entzieht sich dieses durch seine Andersheit, durch die Positionierung am Ort des Anderen, der Vereinnahmung durch den Narzissmus. Wenn der symbolische Bezug gestört wird, wie im Falle des Signorelli-Beispiels infolge der Übertragungsstörung geschehen, wird die Narzissisierung aufdringlich, Sigmund und Signorelli nähern sich an, vermischen sich, wie das in der gemeinsamen Silbe *Sig* deutlich wird; das Ich-Ideal verliert seine Andersheit und wird gleichsam aufgesogen von der imaginären Instanz, dem Ideal-Ich.

Hinzuzufügen ist noch, dass Lacan das Signorelli-Beispiel mit einer topologischen Figur zusammenbringt, nämlich mit der *Klein'schen Flasche.*

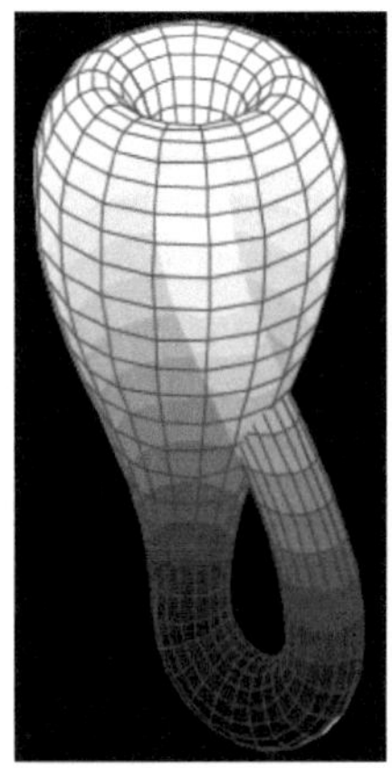

*Klein'sche Flasche*[14]

14 S. unter: http://de.wikipedia.org/wiki/Kleinsche_Flasche [22.07.2010].

Diese merkwürdige Figur wurde vom Mathematiker Felix Klein erfunden; eigentlich wurde sie *Klein'sche Fläche* genannt. Offenbar durch einen Übersetzungsfehler ist daraus die *Klein'sche Flasche* geworden. Sie ist dadurch charakterisiert, dass sie nur aus einer Fläche besteht. Wenn man sich eine Ameise vorstellt, die in der Längsrichtung auf ihrer Oberfläche läuft, dann gerät sie von außen nach innen. In diesem Sinne ist diese topologische Figur ähnlich wie das Möbiusband strukturiert, einem anderen von Lacan bevorzugten Modell, mit dem er versucht, psychische Gegebenheiten, die sich der Innen-Außen-Trennung nicht fügen, darzustellen. Solche Gegebenheiten sind z.B. Projektionen; etwas Inneres wird nach außen gestülpt. In diesem Zusammenhang sprach Freud einmal vom »inneren Ausland«, was zeigt, dass die Vorstellung, derzufolge das Unbewusste unten ist, in der Tiefe, keineswegs die allein Gültige ist – das Innere kann auch außen verortet werden. Lacan hat dafür einen entsprechenden Begriff geprägt: *Extimität.*

Zurück zur Klein'schen Flasche. Sie ist ebenfalls dadurch gekennzeichnet, dass ihr Ausgang zugleich der Eingang ist. Lacan denkt dabei an den Mund, der zugleich der Nahrungsaufnahme wie dem Sprechen diene. Mit dieser Figur wie auch mit dem Möbiusband (und dem *Cross-Cap*) kann er zeigen, dass das Psychische nicht im Sinne eines getrennten Innen-Außen-Verhältnisses der Umwelt gegenübersteht. Schon das Spiegelstadium macht ja darauf aufmerksam, dass das Eigene zunächst im Außen, im Spiegel, wahrgenommen wird. Auch die Anthropomorphisierung der Realität, die Sonne mit einem Gesicht, der Berg mit Rücken und Nase, die Dampflokomotive mit einem Geschlechtsorgan usw. weisen darauf hin, dass sich das Innere in der Realität darstellt, dass entsprechende Modelle notwendig sind, um diese Gegebenheiten zu veranschaulichen, wobei die Verdrehungen der Figuren schnell an die Grenzen der Anschaulichkeit führen.

Welches ist nun der Bezug der Klein'schen Flasche zum Eigennamen? Lacan spricht davon, dass der Eigenname ihre Öffnung stopft:

> »Er ist dazu gemacht, um die Löcher zu stopfen, um ihm seine Abdichtung zu geben, um ihm seine Verschließung zu geben, um ihm seinen falschen Anschein der Vernähung zu geben.«[15]

---

15 Ibid., Sitzung v. 6. Januar 1965 (Übers. d. Verf.). Der Text lautet im franz. Original: »Il est fait pour combler les trous, pour lui donner son obturation,

Bei einer Fehlleistung wie derjenigen des Namenvergessens – ein Beispiel dafür ist dasjenige Freuds, dem der Name Signorelli entfiel – wird die Öffnung frei und an ihre Stelle tritt Freuds eigener Name, dessen Buchstaben sich mit dem gesuchten Namen des Malers vermischen.

Lacans Beiträge zum Eigennamen sind trotz des Fehlens eigener Beispiele von herausragender Bedeutung, so dass wir sie in einem späteren Zusammenhang nochmals aufgreifen werden. Einstweilen geht es darum, anhand weiterer Beispiele von ihm nahestehenden Analytikern zu zeigen, wie sehr auch in der Schule Lacans der Eigenname eine tragende Rolle spielt.

## Serge Leclaires Fall *Pôor (d) j'e – li*

In seinem Buch *Der psychoanalytische Prozeß*[16] gibt der Pariser Psychoanalytiker eine Falldarstellung eines Analysanten wieder, in der der Eigenname eine bedeutsame Rolle spielt. Den Mittelpunkt dieser Schilderung bilden zwei Träume eines Analysanten, der Philipp heißt. Der eine Traum handelt von einem *Einhorn* (*licorne*), der zweite von einer *Hippe* (*serpe*/*Gartenmesser*). Nehmen wir den ersten wörtlich wieder auf:

»Der Platz in der Mitte einer Kleinstadt, er ist menschenleer. Ich finde das leicht befremdlich. Ich suche etwas. Es erscheint, bloßfüßig, Liliane, ich kenne sie nicht, sie sagt zu mir: Es ist schon lange her, daß ich so feinen Sand gesehen habe. Wir sind im Wald, die Bäume erscheinen seltsam gefärbt, in einfachen und lebendigen Farben. Ich denke, in diesem Wald hat es bestimmt viele Tiere; als ich es aussprechen will, läuft uns ein Einhorn über den Weg. Zu dritt gehen wir auf eine Lichtung zu, die weiter unten liegen muß.«[17]

---

pour lui donner sa fermeture, pour lui donner une fausse apparence de suture.«

16 S. Leclaire: *Der psychoanalytische Prozeß. Ein Versuch über das Unbewußte und den Aufbau einer buchstäblichen Ordnung*, Olten u. Freiburg i.Br.: Walter-Verlag 1971.

17 Ibid., S. 89.

In diesem Traum sah Leclaire eine unbewusste Signifikantenkette am Werk: Lili – Strand – Durst – Sand – Haut – Fuß – Horn, deren radikaler Zusammenzug das *Einhorn* ergibt.[18] Aufgrund von Kritiken griff Leclaire diese Arbeit aus dem Jahre 1960 in Lacans *Seminar XII*, worin der Eigenname thematisiert wurde, fünf Jahre später nochmals auf. Es war ein Seminar, das einer geschlossenen Zuhörerschaft vorbehalten war, weshalb Leclaire sich entschloss, den Namen des Analysanten preiszugeben, nicht jedoch ohne doch noch eine geringfügige Änderung anzubringen. Leclaire nannte den Namen – Georges Philippe Elhyani –, weil er überzeugt war, dass dieser etwas zu tun hatte mit Philipps unbewusstem und ursprünglichem Phantasma. Dieses stellte er in einer lautmalerischen Formel dar:

Pôor (d) j'e – li

Welches waren nun die Beziehungen zwischen dem Eigennamen des Analysanten und dem Phantasma? Vor dem Versuch einer Antwort sei zunächst der andere Traum aufgeführt:

»Jemand [ein Knabe von zwölf Jahren etwa, wie es scheint] ist mit einem Bein in ein Loch eingebrochen. Er liegt auf der Seite und schreit laut, anscheinend schwer verletzt. Man [ich] läuft hinzu und sieht nach der Verletzung, aber es zeigt sich nichts, weder am Knie noch sonstwo. Lediglich an der Ferse ist ein kleiner Einriß zu sehen, rot und sichelförmig, der aber nicht blutet. Der Knabe

---

18 Da das Einhorn (*licorne*) sich nur aus den französischsprachigen Wörtern herauslesen lässt, gebe ich hier Leclaires Originaltext dieses Traumes wieder: »La place déserte d'une petite ville : c'est insolite; je cherche quelque chose. Apparaît, pieds nus, Liliane – que je ne connais pas – qui me dit : il y a longtemps que j'ai vu un sable aussi fin. Nous sommes en forêt et les arbres paraissent curieusement colorés de teintes vives et simples. Je pense qu'il y a beaucoup d'animaux dans cette forêt et, comme je m'apprête à le dire, une licorne croise notre chemin; nous marchons tous les trois vers une clairière (Lichtung) que l'on devine, en contrebas.« S. Leclaire: *Psychanalyser. Un essai sur l'ordre de l'inconscient et la pratique de la lettre*, Paris: Ed. Seuil 1968, S. 99.

muß sich also an einem verborgenen Gegenstand verwundet haben, ich denke an einen rostigen Nagel, finde aber eine Hippe [*une serpe*].«[19]

Leclaire erkannte in diesen beiden Träumen die Triftigkeit des Eigennamens, Georges Philippe Elhyani im Zusammenhang mit dem, was er als Grundphantasma auffasste. Die Verbuchstäblichung der Spuren dieses ›Phantasmas‹ in der Formel *Pôor (d) j'e – li* wies auf eine dem Träumer eigene Grammatik hin, deren Material dem Eigennamen, auch dem Eigennamen des Analytikers und demjenigen von Angehörigen, entnommen worden sind. So erkannte Leclaire, dass sein träumender Analysant den Laut *J'e* auf seinen Bruder Jacques, das *Li* am Ende der Formel auf Lilis Körper, Lilis Busen sowie auf das *li* von *licorne* (Einhorn) bezog, während *Pôor* rätselhaft blieb, obwohl Leclaire Anklänge beim *or* des Einhorns, beim Anrufen des Körpers (*corps*), beim *or* im Herzen von Georges' Namen, und beim Symptom des Sandkorns in der Haut (*peau*) vermutete.

Leclaires Präsentation dieser Fallgeschichte führte zu vielen Kommentaren, von denen wir einen für unseren Kontext bedeutsamen Ausschnitt seines Kollegen René Major im letzten Teil, wenn es um die Beziehungen des Eigennamens zur Übertragung geht, wiedergeben.

19 Ibid., S. 94. Der Originaltext lautet: »Quelqu'un (un garçon d'une douzaine d'années semble-t-il) vient de glisser avec une seule jambe dans un trou. Il est couché sur le côté et crie très fort comme s'il était gravement blessé. On […] se précipite pour regarder où est la blessure; mais rien ne paraît, ni au genou ni au jambe; on trouve seulement au pied sur le côté du talon, une éraflure visible en forme de fin croissant rouge mais qui ne saigne pas. Il se serait donc blessé contre un objet caché dans le trou : ce qu'on cherche pensant à un clou rouillé, mais on trouve une serpe.« Ibid., S. 104.

## Eine Falldarstellung von Philippe Julien[20]

Wie bei Serge Leclaire dreht sich auch die Falldarstellung von Philippe Julien um Träume. Der erste lautet: »Ich sah in einem Käfig einen Löwen, der eine Schlange anblickte, die zwischen den Gitterstäben entfloh.«

Philippe Julien sagt zu diesem Traum lediglich, dass sein Sinn so offensichtlich sei, dass gerade darin das Rätsel bestehe; es sei unmöglich, dazu zu assoziieren. Er gibt dann sogleich einen zweiten Traum wieder: »Ich sehe, wie ein Chamäleon eine Schlange beißt.« Sofort stellt der Analytiker eine Homophonie zwischen *Chamäleon* und dem Vornamen des Vaters des Träumers fest, *Camille*. Julien lässt sich also überhaupt nicht darauf ein, wie dies etwa Jungianer tun würden, der Bedeutung nachzugehen, sondern die Traumerzählung wird sofort vom Buchstäblichen und vom Lautlichen her angegangen. Das Aussprechen von *Chamäleon* (im Französischen) führt zu *Camille* und zu *Lion* (*Löwe*) und stellt auf diese Art einen Bezug zum ersten Traum her. Nun erkennt Julien eine Differenz zwischen dem Buchstaben und dem Laut: »Aber der Buchstabe ist nicht nur das, was durch die Lektüre gehört werden kann, sondern auch das, was beim Schreiben eine Spur hinterlässt.«[21] Anders gesagt, es gibt Julien zufolge einen Überschuss im Buchstaben, der sich dem Verständnis entzieht und der auf das Reale als etwas Unmögliches verweist. Auf diese Art berücksichtigt er die Tatsache, dass in der Traumerzählung, in der Transformation der Traumbilder in die Traumerzählung, etwas verloren geht, das sich dem Hören und Verstehen widersetzt.

Der Eigenname, hier derjenige des Vaters des Träumenden, gehört zur Ordnung des Lautlichen, dargestellt wird er jedoch durch die beiden Traumbilder des *Chamäleons* (*caméléon*) und des *Löwen* (*lion*), die zu dem gehören, was in der lacanianischen Psychoanalyse *la lettre/ der Buchstabe* genannt wird, der im Bildlichen seinen Ursprung hat. Diese Verknüpfung von Bild und Buchstabe bedarf noch der Erläute-

---

20 Zu den folgenden Ausführungen s. P. Julien: *Le retour à Freud de Jacques Lacan*, Toulouse: Ed. Erès, S. 152ff. Der erste Traum lautet im franz. Original: »Je voyais dans une cage un lion regardant un serpent qui s'enfuyait entre les barreaux.« Der zweite: »Je vois un caméléon mordre un serpent.«

21 »Mais la lettre n'est pas seulement ce qui est à entendre-en-lisant, mais ce qui trace-en-s'écrivant.« Ibid., S. 153.

rung, die später erfolgen wird. Einstweilen folgen wir Juliens Fortsetzung seiner Darstellung. Er sagt, dank dieser Differenz zwischen Laut und Buchstabe könne das Phantasma des Träumers zum Vorschein kommen, was im zweiten Traum geschehe. In diesem Traum mit dem Chamäleon erfülle sich die Bewegung des oralen Triebs: in diesem Fall weniger beißen oder gebissen werden, als vielmehr *sich beißen lassen* (*se faire mordre*). Diese Figur des Sich-Beißen-Lassens interpretiert Julien zugleich als Antwort auf das Begehren des Anderen. Das Phantasma des Träumers bestehe darin, sich vom Anderen beißen zu lassen, um ihm zu gefallen, um sein Phallus zu sein. Julien sieht in der gebissenen Schlange, die in diesem zweiten Traum nicht flieht, die Darstellung des Objekts *a*, im beißenden Mund des Chamäleons das Begehren des Anderen und im Chamäleon das väterliche Subjekt, das auf der Ebene des Anderen, der Phoneme, auf Camille verweise, auf den Namen des Vaters. Das Phantasma, vom Vater gebissen werden zu wollen, habe mit dem Genießen zu tun: Der Träumer wolle das Begehren des Andern erfüllen, ihm gefallen, um ihn auf diese Art zu vervollständigen. In diesem Sinne sei die Schlange eine Darstellung des väterlichen Phallus, in dem sich das träumende Subjekt inkarniere, während der Vater zugleich im Lautlichen (*Camille*) wie im Bildlichen (*caméléon*) vorkomme.

Julien fügt dann noch einen dritten Traum an, in dem das Wort *chalumeau*/Strohhalm, Schilfrohr, Schalmei eine zentrale Rolle spielt. Er erkennt wiederum die Elemente des Namens *Camille* in diesem Wort, das also, wie Freud sagen würde, nicht nach seinem Bilderwert, sondern nach seinem Zeichenwert gelesen werden müsse. Das Subjekt erscheine somit als gespalten zwischen der Ebene der Laute und der Ebene des Buchstäblichen, zwischen dem Anderen und der Schrift, die durchaus nicht zurückführbar sei auf den Andern. Julien sieht im Eigennamen, mit dem sich das Subjekt identifiziert, eine Ausprägung dessen, was Lacan im Anschluss an die Lektüre von Freuds *Massenpsychologie und Ich-Analyse* den *einzigen Zug* nenne, der auch das Ich-Ideal konstituiere.

Da die Schrift dem einzigen Zug und damit dem Eigennamen inhärent ist, insofern der Eigenname sich nicht übersetzen lässt, in allen Sprachen gleich bleibt, taucht an dieser Stelle wiederum die Frage nach der Verknüpfung von Eigennamen und Schrift auf. Mit Lacan wendet sich Julien gegen evolutive Auffassungen, die die Schrift ausgehend von Abbildern verstehen wollen, die sich zu Ideogrammen transformierten, um schließlich zu Notationen der Laute zu werden. Vielmehr müsse die Schrift gegenüber den Phonemen als eigenständig angesehen werden. Sie entstehe nicht nur aus der Negation der Laute, sondern auch aus der Negation der Abbildlichkeit. Der einzige Zug markiere die Einzigkeit, Einheit (*unicité*) des Objekts; um dazu zu gelangen, sei zunächst ein Ausstreichen des Objekts erforderlich. Schrift werde so zu etwas Unterschiedenem im Vergleich zu den Phonemen, sie lasse sich nicht als ihre Magd definieren. Schrift existiere für sich selbst, obwohl ihre Lektüre Signifikanten voraussetze. Diese Verknüpfung von Laut und Bild zeige sich nirgends deutlicher als im Traum – Freud habe in der *Traumdeutung* gezeigt, dass die Bilder des Traumes in der Regel nicht nach ihrem Bilderwert, sondern nach ihrem Zeichenwert aufzufassen seien.

Auf den ersten Blick scheint Juliens Argumentation von dem nun folgenden Beispiel, das von der Pariser Kinderanalytikerin Françoise Dolto stammt, in Frage gestellt zu werden. Die Diskussion darüber erfolgt in einem späteren Abschnitt, wenn der Eigenname als Schrift und das Buchstäbliche im Eigennamen thematisiert werden. So viel sei aber an dieser Stelle schon gesagt, dass das Einverständnis mit Juliens Behauptung, die Schrift lasse sich nicht aus der Evolution ableiten, da sie etwas Eigenständiges sei, nicht ausschließt, dass jedes Subjekt etappenweise – auf dem gewundenen Weg von Irrtümern – die strukturellen Gegebenheiten der Schrift entdeckt, und dass diese Etappen auch dann noch Spuren hinterlassen können, wenn das Subjekt sich längst mit den Anforderungen der Schrift vertraut gemacht hat.

## Der Fall *Frédéric* von Françoise Dolto

Ein weiteres Beispiel stammt von Françoise Dolto, die in ihrem Buch *Das unbewußte Bild des Körpers*[22] schildert, welche Probleme ein siebenjähriges Kind in der Schule hatte, das mit elf Monaten adoptiert worden war.

»Mit sieben Jahren sehe ich Frédéric in Konsultation wegen Symptomen psychotischer Erscheinungen. Der Beginn der psychoanalytischen Behandlung

22 F. Dolto: *Das unbewußte Bild des Körpers*, Weinheim u. Berlin: Quadriga 1984.

deckt auf, daß er unter vermindertem Hörvermögen leidet. Man stattet ihn mit einem Apparat aus und mit Hilfe der psychotherapeutischen Arbeit erwacht seine Intelligenz und ein Nichtbeherrschen seiner Sphinkterfunktionen löst sich auf. Er gleicht sich ganz seiner Altersklasse an, in der Schule weigert er sich aber zu lesen und ist unfähig zu schreiben. Ich beobachte jedoch, daß er sich der Buchstaben und besonders des Buchstabens A bedient, die er überall ein bißchen verteilt und auf alle Arten geschrieben in seinen Zeichnungen schreibt. ›Ist das ein A?‹ Er macht ein bejahendes Zeichen. Ich wiederhole die Frage: ›Und das da?‹ (ein A auf dem Kopf). Er antwortet mit ›Ja‹, unter Einatmen, während er sonst immer unter dem Laut des Ausatmens spricht.«[23]

Der Analytikerin gelang es, diese rätselhaften Zeichen zu entschlüsseln. Sie fand heraus, dass die Adoptiveltern dem Jungen einen neuen Namen gegeben hatten, der sehr anders klang als derjenige seiner leiblichen Eltern. Die überall verstreuten Buchstaben waren identisch mit dem ersten Buchstaben seines früheren Namens Armand. Sie teilte dem Kind dies mit, in der Annahme, es habe unter diesem Wechsel seines Namens gelitten; zu ihrer Überraschung blieb aber die Wirkung aus. Erst nach einiger Zeit kam ihr die Idee, dass es vielleicht nicht darum gehe, dass sie ihn mit dem ursprünglichen Namen konfrontierte, sondern dass dieser auf eine allgemeingültige Art, für jedermann gültig, eingeführt werden müsste:

»[W]ährend das Kind mit Zeichnen oder Modellieren und ich mit Nachdenken beschäftigt sind, kommt mir die Idee, nach ihm zu rufen, d.h. so als ob ich ›aus einer Kulisse‹ herausrufen würde, ohne das Kind anzusehen, indem ich mich nicht an seine durch seinen Körper vor mir anwesende Person wende, sondern mit hoher Stimme, deren Klang von verschiedener Stärke ist, meinen Kopf in die Richtungen aller wichtigen Punkte, zur Decke, unter den Tisch drehe, als riefe ich jemandem im Raum, von dem ich nicht wüsste, wo er sich befindet: ›Armand …! Armand …! Armand …!‹ Die bei meiner Konsultation von Trousseau anwesenden Zeugen sehen das Kind horchen, indem es sein Ohr gegen alle Ecken des Zimmers dreht. Ohne mich anzusehen, ebensowenig wie ich es ansehe. Ich mime diese Suche nach einem ›Armand‹, und es kommt ein Augenblick, wo die Augen des Kindes meinem Blick begegnen, und ich zu ihm sage: ›Armand war dein Vorname als du adoptiert worden bist.‹ Da habe ich in seinem Blick eine außerordentliche Intensität wahrgenommen. Das Subjekt

23 Ibid., S. 42.

Armand, dessen Name man genommen hatte, hatte sein Körperbild mit demjenigen von Frédéric wieder verknüpfen können, das gleiche Subjekt, das mit elf Monaten so hieß.«[24]

Dolto betont, dass es wichtig wurde, dass der Vorname nicht von einer normalen Stimme ausgesprochen war, sondern von einer Stimme, deren Herkunft sie mit dem *Off* in der Filmsprache vergleicht, die aus dem Hintergrund kam, abgelöst war von den raum-zeitlichen Umständen der Situation. Anders gesagt: Diese verfremdete Stimme repräsentierte die Stimme von Jedermann, von Pflegerinnen, die ihn Armand genannt hatten, von Leuten aus der Kinderkrippe und von seiner leiblichen Mutter. Aufgrund dieser Einführung seines eigentlichen Namens konnten die Schreib- und Lesestörungen rasch überwunden werden.

Fügen wir hinzu, dass Dolto diese Darstellung mit dem Körperbild in einen engen Zusammenhang bringt. Sie eröffnet damit eine Dimension, der wir nachgehen möchten: Es stellt sich die Frage nach den Zusammenhängen zwischen dem Eigennamen und dem Körperbild.

Das Beispiel weist nicht nur auf die Bedeutung des Rufnamens hin, sondern auch auf seine *Verknüpfung mit der Schrift*. Die vom Subjekt gezeichneten A-s ermöglichen ihr erst, auf die Spur des Rätsels zu kommen. Bemerkenswert ist auch, dass Armand selbst keine Ahnung von dem hatte, was ihn bewegte, d.h. die A-s wurden zwar bewusst gekritzelt, aber die Gründe für diese Zeichnungen blieben ihm solange verborgen, wie die Analytikerin ihren Sinn nicht entziffern konnte.

Wie verhält sich der Rufname zur Schrift – schließen sich das Mündliche, Gesprochene und das Schriftliche, Buchstäbliche nicht aus? Im Gegenteil! Das Aufgerufen-Werden durch einen Namen hat zur Folge, dass er sich im Gedächtnis sedimentiert, einer Schrift gleich. Freud hat ja im berühmten Brief vom 6. Dezember 1896[25] sowie in der Arbeit *Notiz über den »Wunderblock«*[26] gezeigt, dass das Gedächtnis als eine Inschrift verstanden werden kann, er hat sogar von mehreren Inschriften gesprochen. Man muss zu dieser Analogie zwischen einem Wunderblock und dem Gedächtnis noch hinzufügen, dass die darin festgehaltene Schrift nicht passiv bleibt, sondern wiederum externalisiert wird, so, als ob es ein unbewusstes Subjekt der Schrift

---

24 Ibid., S. 43.

25 S. dazu Sigmund Freud: *Briefe an Wilhelm Fließ* ..., op. cit., S. 217–226.

26 S. dazu G.W. XIV, S. 3–8.

gäbe, das Zeichen nach außen projizierte. Armand ist für diese Auffassung ein treffendes Beispiel, gerade deshalb, weil ihm die Gründe für seine Kritzeleien nicht bewusst waren.

Zwischen Rufnamen und Schrift besteht somit ein inniger Zusammenhang. Ein Subjekt beim Namen zu nennen, heißt nicht nur, sich lautlich an jemanden zu wenden, womöglich mit zugewandtem Gesicht, sondern es heißt auch, den im Gedächtnis gehorteten Namen samt seiner Geschichte zu wecken und dem Subjekt damit den Eindruck zu geben, als aufgerufenes in seiner Singularität gemeint zu sein. Umgekehrt lässt sich das Verlauten des eigenen Namens nicht auf einen Akt bloßer Lautgebung reduzieren, sondern mit dem Bekanntgeben seines eigenen Namens wird virtuell die ganze eigene Geschichte aufgerufen, samt den vermuteten Resonanzen, die sie beim anderen erwecken könnte.

# Eigenname und Epistemologie

## VORBEMERKUNG

In den folgenden Abschnitten geht es darum, den Eigennamen unter verschiedenen Fragestellungen und Aspekten zu beleuchten. Wegleitend ist in erster Linie das Konzept des Körperbildes, wie ich es vor allem in den *Metamorphosen des Signifikanten*[1] ausgearbeitet habe; es wird nun um den Eigennamen erweitert, der ihm erst seine wahre Bedeutung als strukturierende Instanz des Subjekts und seiner Realität verleiht. Der im Kontext des so verstandenen Körperbildes situierte Eigenname wird mit der Schrift und dem ihr inhärenten Buchstäblichen in einen engen Zusammenhang gebracht. Damit wird der Boden bereitet für eine Reflexion der zeitlichen Dimensionen des Eigennamens und seiner Position innerhalb der Diskurse, wie Lacan sie ausgearbeitet hat.

Die Orientierung an der Lacan'schen Lehre beginnt somit nicht erst da, wo seine Beschäftigung mit dem Eigennamen am Ende dieser Abschnitte eigens thematisiert wird, und auch nicht da, wo seine Diskursmatheme aufgegriffen werden, sondern mit dem Konzept des Körperbildes ist sie bereits von Anfang an gegeben. Auch wenn Lacan nicht alles daran ausgearbeitet hat, so hat er, wie auch Freud, entscheidende Wegmarken des zu absolvierenden Weges gesteckt.

Das Konzept des Körperbildes erlaubt, eine Unterscheidung zu treffen zwischen dem innerweltlichen Bereich und dem Bereich des Transzendenten, auf den wir nach den folgenden Abschnitten zu spre-

1 P. Widmer: *Metamorphosen de Signifikanten. Zur Bedeutung des Körperbilds für die Realität des Subjekts*, Bielefeld: transcript 2006.

chen kommen werden. Körperbild und Eigenname strukturieren auf mannigfaltige Weise die Realität des Subjekts mit, einschließlich seines Selbstbezugs. Gewiss spielt dabei auch das Objektive, das Nicht-Subjektive, ebenfalls eine Rolle, aber diese Bereiche undialektisch gegeneinander auszuspielen, wird der Sache nicht gerecht: Auch das, was zunächst außerhalb des Subjektiven liegt, wird von ihm angeeignet, benannt, verwendet, gebraucht, so dass sich das Objektive und das Subjektive amalgamieren – eben darauf zielt Freud mit dem Begriff *Realitätsprinzip* ab. In seinem Zentrum wirkt der Eigenname als gestaltender Faktor, der es übersteigt und seine Einflüsse bis in das Lustprinzip und das Genießen geltend macht. Obwohl er sich dem Bewusstsein keineswegs verschließt, geschieht vieles von seiner strukturierenden Tätigkeit unbewusst.

## EIGENNAME UND KÖRPERBILD

Doltos Beispiel hat uns auf die Bedeutung des Körperbildes aufmerksam gemacht. Frédérics Körperbild war gestört, beinahe psychotisch, weil dieser Junge einen Bruch in seiner frühen Lebensgeschichte erfahren musste, der nicht nur mit der Adoption zu tun hatte, sondern mit dem Wechsel seines Eigennamens. Die Schwierigkeiten der Integration drückten sich im Buchstaben A aus, den er an allen passenden und unpassenden Orten hinkritzelte.

Was ist mit Körperbild gemeint? Der Ausdruck ist mehrdeutig. Folgende Bedeutungen lassen sich eruieren:

– Das Körperbild kann der reale Körper sein, wie er für andere oder für mich erscheint; die Erscheinung ist dafür entscheidend, dass aus dem Körper ein Körperbild wird. In diesem Sinne ist auch die Photographie eines Menschen ein Körperbild.

– Mit ›Körperbild‹ kann auch der Abdruck einer Einwirkung durch einen Körper, d.h. eine Punkt-für-Punkt-Entsprechung gemeint sein. Das Körperhafte beschränkt sich jedoch keineswegs auf eine widerständige Masse, die ein physisch messbares Gewicht hat; auch Klänge können einen Körper bilden, Klangkörper genannt, eine Gesetzessammlung wird *corpus juris* genannt.

- Schließlich kann auch die Verbildlichung von Undarstellbarem Körperbild genannt werden, z.B. ein Pferd als Körperbild eines Triebs; der Sensenmann als Darstellung des Todes, der Endlichkeit, der Zeit usw.

Im Kontext der Lacan'schen Psychoanalyse denkt man am ehesten an das Spiegelstadium, in Anlehnung an eine frühe Arbeit Lacans *Das Spiegelstadium als Bildner der Ichfunktion.*[2] Darin wird gezeigt, dass sich das Körperbild ausgehend vom Spiegelstadium konstituiert. Dieses lässt sich einerseits als Phase, andererseits als Struktur auffassen; das französische Wort *le stade* enthält beide Bedeutungen. Genetisch ist das Kind nach etwa sechs Monaten imstande, sein Spiegelbild als eine Ganzheit wahrzunehmen und so die anfängliche Inkohärenz der visuellen Körperfragmentierung zu überwinden. Dieser bedeutsame Schritt geschieht noch vor dem Hintergrund der Verwechslung des Bildes mit einem lebendigen anderen, auch vor dem Bemerken des Unterschieds zwischen abgebildetem Körper und Abbild im Spiegel. Entscheidend ist eine Faszination für das Spiegelbild, dessen Erkennen abhängig ist vom Wort des Dritten, der auf das Spiegelbild hinweist und es benennt. Es ist immer wieder ergreifend zu sehen, wenn ein kleines Kind, das noch nicht imstande ist zu gehen, sich kriechend dem Spiegelbild nähert, um es zu berühren, zu umarmen oder sogar zu küssen. Es ist eine tiefe Enttäuschung, dass das, was das Subjekt sieht, kalt ist, kein eigenes Leben hat.

Zahlreiche Forschungen haben gezeigt, dass das Spiegelstadium etwas spezifisch Menschliches ist. Ein Hund, der sein Spiegelbild anbellt, gelangt niemals dazu, dieses als sein Abbild aufzufassen. Vom Schimpansen wird gesagt, dass er hinter den Spiegel greife; auf diese Art zeigt er, dass er den virtuellen Raum im Spiegel für einen realen hält.

Das Spiegelstadium konstituiert die raum-zeitliche Struktur der menschlichen Wahrnehmung als eine narzisstische. Das Gegenüber ist nicht einfach äußere Realität, die nun schrittweise benannt wird, sondern ist ichhaft, konstituiert sich ausgehend von diesem narzisstischen Feld, das sich zwischen dem Körper, dem das sprechende und wahrnehmende Ich (*je*) innewohnt, und dem Spiegelbild (*moi*) konstituiert.

---

2 S. dazu J. Lacan: *Das Spiegelstadium als Bildner der Ichfunktion*. In: Schriften I, Olten u. Freiburg i.Br.: Walter und Quadriga, S. 61–70.

Einerseits identifiziert sich das Subjekt mit dem als kohärent wahrgenommenen Spiegelbild, andererseits konstituiert dieses eine Matrix für die Wahrnehmung der äußeren Realität. Sie erscheint somit als eine anthropomorphe: Die Sonne wird mit einem Gesicht gezeichnet, und der kleine Hans in Freuds berühmter Fallgeschichte fragt seinen Papa beim Anblick einer zischenden, Dampf ablassenden Lokomotive, ob sie auch ein Geschlecht (einen ›Wiwimacher‹) habe.[3] In der Konfrontation mit äußeren Objekten differenzieren sich die Wahrnehmungskriterien; was nicht darin Platz hat, wartet auf die Narzissisierung durch Berühren, Betasten, Benennen Begreifen, Beriechen und Beschmecken – die Realität wird in einem Bewandtniszusammenhang mit dem Subjekt aufgefasst, man kann auch sagen: als eine symbolische. Bei jeder Filmbetrachtung ist das so evident, dass es nicht mehr weiter ausgeführt zu werden braucht.

Auch wenn das Subjekt entdeckt, dass das, was es im Spiegel sieht, bloß ein Abbild seines Körpers ist, und wenn es spürt, dass es unsichtbare Dimensionen hat, die nicht im Spiegel erscheinen, verschwindet die Faszination für das Äußere, Sichtbare nicht ganz. Das zeigt sich darin, dass es versucht, seine inneren, unsichtbaren Seiten sichtbar, äußerlich zu machen. Damit entstehen Körperbilder höherer Art: Das Gedachte, Gefühlte, Phantasierte, Innere wird metaphorisiert, imaginiert, kommt zur Darstellung. Selbst im Bereich von Klängen spricht man wie gesagt von Klangkörpern, die die Stimmungen repräsentieren. Ebenso lässt sich ein Satz als ein gegliederter Körper auffassen. Damit lässt sich zeigen, dass das als kohärent wahrgenommene Körperbild stets die Matrix für die Darstellungen der unsichtbaren Seiten des Subjekts bildet. Man kann daher ermessen, was der Ausfall des Körperbildes für ein Subjekt bedeutet.

Mit der Entdeckung seiner unsichtbaren Seiten holt das kindliche Subjekt das ein, was seinem Bewusstsein und seiner visuellen Wahrnehmung vorausliegt. Das Eingetaucht-Sein in das Bad der Signifikanten war ihm so selbstverständlich, dass ihm erst der Umweg über das Sehen die Aufmerksamkeit für das Unsichtbare eröffnete. Das Sich-Einnisten in die Sprache und die Fähigkeit, sich auszudrücken, eröffnen dem Kind zwar neue Möglichkeiten des Kontakts zu den anderen

3 S. dazu S. Freud: *Analyse der Phobie eines fünfjährigen Knaben*. In: G.W. VII, S. 246. Zur Anthropomorphisierung der Realität s. auch P. Widmer: *Metamorphosen des Signifikanten* ..., op. cit., S. 61ff.

und zur gegenständlichen Welt, sie konfrontieren es jedoch auch mit der Frage nach sich selbst und nach dem Begehren der anderen. Das Bild erscheint ihm jetzt wie eine Zuflucht angesichts dieser Frage. Es beginnt, sich zu verstellen, die anderen zu täuschen, ihr Begehren zu provozieren – und sei es, um darin eine Antwort auf die eigene Frage zu erhalten. In dieser Erfahrung des Nicht-Seins liegt der Ursprung der Kreativität; das eigene Sein kann metaphorisiert werden. Aber auch die Triebe formieren sich, ihr Ziel ist ein Wiedererreichen der verlorenen Unmittelbarkeit, die als solche jedoch nie erlebt worden ist, sondern erst durch die trennende Wirkung der Signifikanten als solche erscheint.

Im Spiel metaphorisiert das Subjekt sein Sein. Nun fließen Körperbilder mit ein, die ihren Ursprung im Spiegelstadium haben. Die primitiven Anthropomorphisierungen, die auf eine Nicht-Unterscheidung des Subjekts von der Außenwelt hinweisen, treten zurück, verschwinden jedoch nicht, sondern transformieren sich. Sie fließen als Maßstab, als Kriterium in das Spiel ein. Nicht nur werden Menschen dargestellt, gezeichnet und geformt, sondern auch abstrakte Darstellungen werden auf diese sekundäre Art anthropomorphisiert: Alle möglichen Gegenstände haben Köpfe, Beine, Finger, Bäuche usf. Das primäre Körperbild des Spiegelstadiums bildet eine Matrix für diese Produktionen, fließt als sekundäres Körperbild mit in die Darstellungen ein. Beispiele für diese Art von fortgeschrittenen Anthropomorphisierungen gibt es unendlich viele. Nicht nur ganze Körper, auch unsichtbare Züge, Partielles wird irgendwie verkörpert. Selbst das unsichtbare Nervensystem dient als Metapher für Verkehrswege oder für elektrische Leitungen.

Vielleicht lässt sich in diesem Zusammenhang auf die Schrift hinweisen. Sei es in Form von Pikto- oder Ideogrammen, stets enthalten die Zeichen anthropomorphe Dimensionen, was bei den sino-japanischen Schriftzeichen besonders eindrücklich ist. Durch ihre Ausrichtung an Signifikaten stellen sie nicht nur metaphorisierte Abbilder der gegenständlichen und ungegenständlichen Welt dar, sondern sie sind zugleich ausgehend von den Erfahrungen des Körperbildes strukturiert. Deshalb sind die sino-japanischen Zeichen auch Repräsentanten, Signifikanten des Subjekts. Das Subjekt wird durch sie repräsentiert, was zugleich heißt: entfremdet. Das wirft ein Licht auf die hier zur Debatte stehende Thematik der Fremdheit. Ohne sie müsste jedes Subjekt in der Unmittelbarkeit verharren wie Kaspar Hauser in einem Kellerloch.

Mit ein wenig Distanz betrachtet lässt sich sagen, dass die Herausbildung des Körperbildes strukturelle Gegebenheiten voraussetzt: Sprache, Interaktionen zwischen Erwachsenen und dem Kind, Liebe. Werden diese Voraussetzungen übersehen, verfällt man der Illusion, das Spiegelstadium sei Ausdruck einer Reifung. Allein das Vorkommen von Hospitalismus zeigt, dass es weit mehr braucht als Reifung, auch mehr als das Zusammenspiel von Reifung, Sprache und Pflege, damit sich das Körperbild konstituiert. Einer dieser Faktoren, ein ganz bedeutsamer, ist der Eigenname des Kindes, d.h. die – wie der Fall Armand zeigt – nicht selbstverständliche Gegebenheit, dass ein Kind bei seinem Namen genannt wird und dass dieser Name nicht ohne die Gefahr von gravierenden Folgen ausgetauscht werden kann.

Wie kann man sich die Beziehung zwischen Eigenname und Körperbild vorstellen, welche Funktion hat er vor dem Hintergrund der Feststellung, dass sich das Subjekt zunächst im anderen, im spiegelbildlichen Gegenüber erkennt? Zunächst gilt es festzuhalten, dass der Eintritt in das Spiegelstadium wie auch seine Überwindung nur scheinbar auf ein Primat des Visuellen verweist; das Erkennen des Spiegelbildes als das eigene Ich setzt ein Eingebettet-Sein in symbolische Zusammenhänge voraus. Einerseits ist der Eintritt in das Spiegelstadium nicht an eine duale Situation (Kind und Spiegel) gebunden, sondern an eine ternäre. Ein Dritter ist nötig, der das Kind hält und es auf das Spiegelbild hinweist, der ihm dabei sagt: Das bist Du. Eigenartigerweise wird damit eine Illusion begründet, nämlich die, dass das Kind glaubt, es sei es selbst im Spiegel – bis es den Unterschied zwischen ihm als abgebildetem und dem Abbild im Spiegel machen kann, braucht es einige Erfahrungen und Experimente. Für unseren Zusammenhang bedeutsam ist hier nicht die Notwendigkeit des Illusionären als Durchgangsstadium, sondern die sprachliche Verankerung des Spiegelstadiums.

Bei genauerer Untersuchung erweist sich, dass auch die sprachliche Verfassung des Spiegelstadiums noch nicht genügt, um das, was im Spiegelstadium geschieht, nachvollziehbar zu machen. *Der Eigenname kommt auf eine konstitutive Weise ins Spiel.* Diese Behauptung gilt es plausibel zu machen.

Nicht nur psychoanalytische Untersuchungen, sondern auch solche aus anderen Forschungszweigen haben nachgewiesen, dass das kleine Kind schon in der intrauterinen Zeit zu hören vermag. Das Hören ist dabei ein unmittelbares, was bewirkt, dass das Kind umso mehr von ihm betroffen wird. Das Affektive, Stimmungsmäßige, wie es die gehörte Stimme ausdrückt, ist Teil dieses unmittelbaren Hörens, welches bewirkt, dass sich das Kind zum Gehörten noch nicht zu verhalten vermag, sondern in gewisser Weise das *ist*, was es hört. Insbesondere die Untersuchungen der *Tomatis-Schule*[4] haben nachgewiesen, dass es Kinder gibt, die depressiv auf die Welt kommen, während andere in viel stärkerem Maße dem, was sie erwartet, zugewandt sind. In dieser Situation wird das Kind wahrscheinlich noch nicht mit seinem Namen benannt, aber spätestens einige Tage nach der Geburt hört es eine Klangfiguration, die sich wiederholt und aus der sich überhaupt erst so etwas wie ein Gefühl für sich selbst herausbildet. Der Eigenname, innig verbunden mit der Stimme der Mutter und der anderen Angehörigen, bekommt nun eine affektive Färbung, die in einem Zusammenhang mit der vorgeburtlichen Zeit steht. Nicht in jedem Fall stellt sich eine Kontinuität her, man weiß, dass der Zustand der Schwangerschaft für die werdende Mutter oft besser ertragen wird als die Geburt oder die ersten Tage nach der Geburt. In jedem Fall konstituiert der Eigenname so etwas wie eine personale Identität des Kindes.

Der Eigenname, in der Stimme des Andern enthalten, kommt von außen. Mit Denis Vasse könnte man von einem Ersatz für die Nabelschnur sprechen;[5] der Eigenname als Rufname verbindet das Kind mit den anderen, aber auf eine ganz andere Art und Weise als die Nabelschnur, und ist doch ebenso lebensnotwendig wie dieses Organ körperlicher Nahrungszufuhr.

Der Eigenname ist zunächst nichts anderes als eine sich wiederholende Lautkonfiguration. Sie ist weder mit einem Signal für Nahrung noch mit irgend einer Bedeutung zu verwechseln; die Lautkonfiguration konstituiert – zusammen mit der mütterlichen Präsenz – beim Kind überhaupt erst das Empfinden für sich selbst, die Abgrenzung gegen andere und anderes. Gerade dieses Sich-Herausschälen aus einem diffusen intrauterinen oder intrauterin-ähnlichen Sein stiftet die Aufmerksamkeit für andere und für sich, die sich in einer Wachheit der Sinne, der Augen und des Gehörs, in der Erregung des ganzen Körpers, wenn

---

4 S. dazu A. Tomatis: *Der Klang des Lebens. Vorgeburtliche Kommunikation – die Anfänge der seelischen Entwicklung*, Reinbek b. Hamburg: Rowohlt [13]1990.

5 S. dazu D. Vasse: *L'ombilic et la voix. Deux enfants en analyse*, Paris: Ed. Seuil 1974.

er vor Glück zappelt, manifestiert. Lange bevor das Kind seinen Namen beurteilen, ihn schön oder hässlich finden kann, ist er der innerste Punkt seines Seins, das doch im Namen repräsentiert wird, der von außen an es herangetragen wird.

Wenn das Kind sich durch seinen Namen angesprochen fühlt, schwingt eine bedeutungsschwere elterliche Phantasmatik mit, die auf es einwirkt. Aber es weiß noch nichts davon, es erleidet sie und wird damit auf einen Weg gebracht, lange bevor es irgendetwas wählen kann. In diesem Sinn ist sein Eigenname Ausdruck des Unbewussten, Diskurs des Anderen, wie Lacan sagt, und doch Kern seiner Existenz, bewusst und doch – in seiner ganzen Tragweite – unbewusst.

Wenn erkannt wird, dass die Wahrnehmung des eigenen Spiegelbildes nicht allein auf biologische Faktoren zurückgeführt werden kann, dass ein Repräsentant des Anderen anwesend sein muss, der die Verbindung zwischen dem Körper des Kindes und seinem Spiegelbild durch einen Akt der Benennung herstellt, lässt sich folgern, dass das *Spiegelbild Ausdruck des Eigennamens des Kindes* ist. Das Gegenüber im Spiegel ist die Verbildlichung dessen, was das Kind als eines, das mit seinem Eigennamen angesprochen worden ist, hört.

Um welchen Namen geht es dabei? In dem Alter, in dem das Kind sich im anderen des Spiegels erkennt, spielt der Vorname die entscheidende Rolle. Es geht um die Verkörperung, genauer um die Verbildlichung der Verkörperung im Medium des anderen, es geht um die Verbildlichung der Verkörperung des Rufnamens. Dabei entsteht das Problem, dass der Rufname des Kindes sexuiert ist, d.h. – abgesehen von wenigen Ausnahmen – entweder männlich oder weiblich. Das Geschlecht ist der einzige Faktor, den die Eltern bei der Wahl des Namens des Kindes berücksichtigen müssen, sie können nicht einer Tochter einen männlichen Vornamen oder einem Sohn einen weiblichen Vornamen geben, so frei sie davon abgesehen in ihrer Wahl sind. Deshalb haben sie bei der Geburt, sofern sie nicht schon vorher wissen, zu welchem Geschlecht ihr Baby gehören wird, zwei Namen parat, einen weiblichen und einen männlichen. Das Kind weiß jedoch nichts von der Einteilung der Menschheit in zwei Geschlechter, und erst recht kann es seinen Namen nicht der Zugehörigkeit zu einem der beiden Geschlechter zuordnen.

Das kleine Kind weiß nicht nur nichts von der Einteilung der Menschheit in zwei Geschlechter, auch die Vielheit der Eigennamen ist ihm unbekannt. Sein Name als Rufname schält sich also nicht in dem Sinn aus einem diffusen Zustand heraus, dass es den seinen unter tausend anderen identifizieren lernt, vielmehr muss man sich das Erkennen des eigenen Namens so vorstellen, dass er sich aus allen gehörten Lauten und Lautkonfigurationen als etwas, was sich wiederholt, herausschält. Dieser Vorgang ist vielleicht mit Urerfahrungen von Präsenz des anderen, der Mutter, mit Brust, mit Gesicht, Wärme, Berührung, so diffus dies anfänglich empfunden wird, verbunden. Wir treffen hier auf ein Paradox, das darin liegt, dass einerseits der eigene Name dem werdenden Subjekt die Empfindung für sich selbst vermittelt, dass andererseits diese Empfindung für sich selbst nur entstehen, sich herausbilden kann, wenn ein anderer Mensch da ist, der zum Kind spricht. *Der Rufname ist somit virtuell auch Träger dessen, der ihn ausspricht; er bekommt dadurch eine ganz persönliche Färbung.* Selbst bei identischen Vornamen spricht jede Mutter ihn anders aus, mit unterschiedlicher Stimmhöhe, anderem Tempo, verschiedener Klangfarbe.

In diesem Sachverhalt liegt eine Art von umgekehrtem Spiegelstadium versteckt, das gar nichts mit dem Visuellen zu tun hat, sondern mit dem Symbolischen selbst, von dem jeder Eigenname ein Teil ist und von dem jeder Mensch ein Agent ist – einer, der sich nicht nur der Namen und Wörter bedient, sondern sich auch in die Eigenheiten und Gesetze des Symbolischen einfügt. Das umgekehrt Spiegelhafte liegt darin, dass der gehörte Rufname auf den anderen verweist, der ihn ausspricht. Damit fließt so etwas wie eine Aura, d.h. eine persönliche Färbung, in den Rufnamen des Kindes ein, er ist zu Beginn nicht einfach als Schrift objektivierbar, sondern wird als gehörter getragen von der Stimme des anderen, von seiner Art und Weise, ihn auszusprechen. Dieses umgekehrte Spiegelstadium lässt sich auch vom Standpunkt des Benennenden aus denken, der den Rufnamen des Kindes ausspricht; er inkarniert im Kind etwas von seiner Stimmung, von seiner Befindlichkeit oder Gewohnheit, von seiner ihm zweifellos unbewussten Art, den Namen des Kindes auszusprechen. Vom Standpunkt des Kindes aus lässt sich bezüglich des Spiegelstadiums sagen, dass es von seinem Namen, der das Spiegelbild beschlägt, infiziert wird, immer schon infiziert worden ist; die Art und Weise, wie die anderen seinen Namen verwenden, wie es ihn hört, sedimentiert sich in ihm.

Man könnte dabei von einer Kontaminierung des Spiegelbildes sprechen, es geht jedoch nicht um eine moralische Bewertung, sondern um gesetzmäßige Zusammenhänge. Was das Kind im Spiegel sieht, ist natürlich einerseits seine Gestalt, sein Gesicht, andererseits fließt in die Wahrnehmung des Bildes auch eine semantische Dimension mit ein, die von dem herrührt, wie andere mit ihm gesprochen haben und sprechen, wie andere es benannt haben und benennen.

### Das Körperbild im Symbolischen

Der Sachverhalt, dass sich das Spiegelbild als Bild des Eigennamens erweist – mit allen Begleiterscheinungen, die zu skizzieren ich versucht habe –, führt zur Folgerung, dass der Eigenname als Rufname selbst als Körperbild aufgefasst werden kann – ein Körperbild im Symbolischen. Bedeutet das nun, dass die Einheit des Körpers eine Folge der Einheit im Symbolischen ist, dass demzufolge die naturalistische Auffassung, die vom Körper als vorgegebener Einheit ausgeht, umgekehrt wird? Es ist etwas komplizierter: Zwar ist der Körper von Anfang an eine Einheit, aber das Subjekt weiß zu Beginn seines Lebens nichts davon; erst durch die Einwirkungen des ›Nebenmenschen‹, wie Freud sagt, durch die Symbolisierungen, entsteht die Wahrnehmung des eigenen Körpers im Spiegel als Einheit. Hegelianisch könnte man sagen, an sich ist die Einheit schon da, aber sie muss zum *Fürsichsein* gebracht werden, was eben durch die Benennung geschieht, wobei dem Eigennamen eine hervorragende Bedeutung zukommt.

In diesem Sinn lässt sich mit Fug und Recht sagen, dass der Eigenname ein Körperbild im Symbolischen ist, dessen Vermittlung notwendig ist, damit die Wahrnehmung des Spiegelbildes als das eigene erfolgen kann.

## DER EIGENNAME ALS SCHRIFT

Wenn sich die wiederkehrenden Lautkonfigurationen, mit denen die Stimme des anderen das werdende Subjekt bezeichnen, in seinem Gedächtnis sedimentiert haben, ja sogar an seiner Konstituierung beteiligt sind, kann man diesen Vorgang durchaus mit dem einer Einschreibung vergleichen. Dieser Vergleich ist allerdings nicht ganz stimmig, da es kein leeres Buch im Sinne eines Gedächtnisses, in das sich Zeichen einschreiben könnten, gibt. Auch der Vergleich mit dem Wunderblock kommt hier an seine Grenzen. Vielmehr gehen die gehörten Laute und das Gedächtnis eine innige Verbindung ein, so dass einerseits das Kind, wenn es aufgerufen wird, das Sich-Wiederholende zu erkennen vermag, während andererseits das sich ständig wandelnde Gedächtnis nicht bloß eine Reizkonfiguration erkennt, sondern eine aktuelle Situation auf dem Hintergrund von früheren ›gespeicherten‹ Erfahrungen zu erkennen und zu beurteilen vermag. Das Gedächtnis fungiert auf diese Weise nicht nur als Instanz des Wiedererkennens, sondern auch des Urteils und der Bereitschaft, Gewohntes zu wiederholen. Das geschieht dadurch, dass aktuelle und frühere Situationen erinnert und verglichen werden, ein Vorgang, der zweifellos zum großen Teil unbewusst verläuft.

Um diese Ausführungen zu konkretisieren, kann man darauf hinweisen, dass es für das Kind sehr darauf ankommt, unter welchen Umständen sein Name ausgesprochen wird, welche Stimmung sich ihm dadurch mitteilt, was es als angesprochenes Subjekt zu erwarten hat. Die früheren Erfahrungen, die es in seinem Gedächtnis aufbewahrt, dienen ihm dabei als Matrix der Beurteilung – ohne diesen Bezug vermöchte es die jeweilige aktuelle Situation nicht einzuschätzen; allerdings können dadurch auch Irrtümer entstehen, wenn das Neue einer Situation vom Subjekt nicht erkannt wird und auf eine frühere, bekannte Erfahrung zurückgeführt wird.

Grundlage für diese Beurteilungen ist die *Schrift des Gedächtnisses*. Diese Art von Schrift ist eine andere als diejenige, mit der es seinen Namen schreiben lernt. Die frühe Inschrift des Gedächtnisses ist an die Transformation der Laute gebunden, die sich materialisieren und wieder abrufbar sind, vielleicht auf vergleichbare Weise, wie Freud dies dargestellt hat, als er das Unbewusste mit Inschriften verglich.[6] Eine solche *Inschrift* sedimentiert sich ohne bewusstes Zutun des Subjekts, es braucht dazu ein unbewusstes Subjekt, das federführend ist, ohne dass ersichtlich wäre, wessen Hände im Spiel sind.

Ganz anders die Ordnung der Buchstaben. Sie sind zunächst eine Ansammlung von Elementen, außen situiert, ohne ersichtlichen Bezug zu den Dingen, die sie bezeichnen, auch schreiben sie sich nicht selber. Vom Zeitpunkt an, an dem das Kind mit seinem Eigennamen spielen

6 S. dazu Freuds Brief an Wilhelm Fließ v. 6. Dezember 1896, wo zwar der Eigenname nicht explizit auftaucht, der Vorgang der Einschreibung nach unterschiedlichen Kriterien jedoch sehr plausibel dargestellt wird. In: S. Freud: *Briefe an Wilhelm Fließ* ..., op. cit., S. 217–226 (Brief 112).

kann, interessiert es sich auch für seine Schrift. Diese zeigt hier ein Janusgesicht: Einerseits ist der Sachverhalt, dass sich der Name schreiben lässt, Ausdruck einer Reflexion des Subjekts, das sich auch mit anderen Namen ausstatten könnte, andererseits ist die Schrift als Unterschrift das Merkmal von Identität schlechthin. Wobei anzumerken ist, dass es weniger die buchstäbliche Niederschrift des Namens ist, die die Authentizität bezeugt, als vielmehr der Schriftzug, der offenbar für jedes Subjekt spezifisch und unverwechselbar ist, vergleichbar einem Fingerabdruck.

Es gibt hier eine deutliche Analogie zum Sprechen im eigenen Namen: Bei diesem lässt sich das Paradox beobachten, dass der Eigenname gerade dann aus der Rede verschwindet, wenn das Subjekt im eigenen Namen spricht, d.h. wenn es in der ersten Person Singular spricht, sich als ›ich‹ bezeichnet, das die organisierende Rolle beim Sprechen übernimmt. Ähnliches trifft für die Schrift zu: Auch im Akt des Schreibens eines Textes verschwindet der Eigenname, wird durch die Ich-Form oder die Wir-Form abgelöst. Aber da das Schreiben unter anderen Bedingungen erfolgt, d.h. in einer Distanz zur Lektüre durch den Adressaten der Schrift, während das Sprechen in der Regel zugleich gehört wird, benötigt ein schriftliches Dokument doch den Eigennamen. Jemand, der ein Schriftstück lesen würde, könnte aufgrund der darin verwendeten Ich-Formen nicht wissen, wer der Schreiber des Textes war. So wird denn die Unterschrift erfordert – aber auch sie garantiert noch keine Authentizität; ein in Maschinenschrift geschriebener Eigenname könnte auch von einem anderen Subjekt stammen, ist nicht notwendigerweise mit dem Subjekt, das den Text geschrieben hatte, identisch. So wird denn die persönliche, die *handschriftliche* Unterschrift erfordert, um eine Authentizität herzustellen, die damit nicht von jedem Verdacht der Fälschung befreit ist, von der man aber doch annehmen kann, dass sie den Namen des Autors eines Textes wiedergibt.[7]

Innerhalb der Unterschrift zeigt sich also nochmals ein Paradox: Die Authentizität der zu Papier gebrachten Äußerungen des Subjekts werden nicht, zumindest nicht in erster Linie, durch den Namen verbürgt, sondern durch den *Schriftzug*. Mehr als die Buchstaben des Eigennamens gilt die festgehaltene Bewegung der Hand des schreiben-

---

7 S. dazu die Ausführungen von Béatrice Fraenkel, dargestellt im Abschnitt *Der Eigenname in der Geschichte*, S. 45–49.

den Subjekts als identifizierendes Merkmal. Dabei wird unterstellt, dass dieser Schriftzug sich als konstantes Merkmal des Subjekts erweist und somit, dass er wiederholbar ist.

Das werdende Subjekt begegnet den Buchstaben zunächst mit Unverständnis, es kann mit ihnen nichts anfangen. Auch wenn sie ihm vorgelesen werden, wird es eher mit den Silben vertraut als mit den Buchstaben; dann öffnet sich eine Kluft zwischen Konsonanten, die nicht klingen, und Silben, die dem Kind freundlicher vorkommen, weil sie die Konsonanten zum Erklingen bringen. Aber ob Buchstabe oder Silbe, beide bleiben abstrakte Elemente. Solange das Kind in erster Linie auf seine Augen und nicht auf sein Gehör vertraut, empfindet es kein Verlangen, Laute zu schreiben. In dieser Zeit bleibt ihm der Zugang zum Schreiben seines Namens versperrt. Es kann höchstens der zeichnerischen Darstellung der Buchstaben etwas abgewinnen, es sieht in ihnen menschliche Figuren oder Teile davon, Dächer, Mond oder was auch immer – der Zugang zu den Lauten kommt erst später.

Gérard Pommier hat in seinem Buch *Naissance et renaissance de l'écriture*[8] gezeigt, wie der Weg über die Visualität trotzdem den Zugang zur Schrift und damit zur Schreibung des Eigennamens eröffnet. Ausgangspunkt sind die Zeichnungen des Subjekts, deren Ausdruck einem anderen Weg folgt als derjenige mit Lauten. In diesen frühen Zeichnungen sind jedoch nicht nur Gegenstände der äußeren Realität oder die eigene Gestalt sichtbar, sondern die Wahrnehmung der Realität, wie sie sich in Zeichnungen niederschlägt, ist durchsetzt von dem, was zuvor Anthropomorphismus genannt worden ist. Menschliche Züge, Eigenheiten werden auf äußere Gegenstände übertragen, projiziert. Sonnen werden mit Gesichtern gezeichnet, in den Fenstern der Häuser erkennt man unschwer Augen, Körperöffnungen usw. Die Wahrnehmung der Buchstaben erfolgt zunächst auf dieselbe Weise: Die Buchstaben werden anfänglich nicht als abstrakte Elemente, die einen Laut wiedergeben, wahrgenommen, sondern als vereinfachte Darstellungen von irgendwelchen Figuren. In einem nächsten Schritt werden diese benannt, wobei Silben entstehen, die jedoch noch immer Figuren entsprechen, die eine gegenständliche Bedeutung haben. In einem nächsten Schritt kann der Eigenname mit Buchstaben geschrieben werden,

8 S. dazu G. Pommier: *Naissance et renaissance de l'écriture*, Paris: PUF 1993.

und allmählich verselbständigen sich die Buchstaben zu abstrakten Elementen, die bloß noch Laute darstellen.

Zwei Beispiele sollen dies illustrieren, eines von Melanie Klein und eines von Gérard Pommier. In ihrem Aufsatz *Die Rolle der Schule in der libidinösen Entwicklung des Kindes* aus dem Jahre 1923 schrieb die Kinderanalytikerin über einen Jungen:

»Beim *Schreiben* des kleinen Fritz bedeuten die Zeilen Wege, und die Buchstaben fahren auf Motorrädern – der Feder – in sie ein. Z.B. fahren das ›i‹ und ›e‹ auf einem gemeinsamen Motorrad, das meist vom ›i‹ gelenkt wird, und sie lieben einander so zärtlich, wie man es in der wirklichen Welt gar nicht kennt.
[…]
Sowohl bei Ernst wie bei Fritz konnte ich die Hemmung in Bezug auf Schreiben und Lesen […] vom ›i‹ ausgehen sehen, das ja auch mit seinem einfachen ›Auf und Ab‹ die Grundlage der ganzen Schrift ist.«[9]

Melanie Klein fügte dann diesen Beobachtungen folgende Anmerkung bei:

»Herr Rohr ist in der Berliner Vereinigung in einem Referat über die chinesische Schrift, deren Deutung auf psychoanalytischer Grundlage nähergetreten. In der anschließenden Diskussion wies ich darauf hin, daß die einstige Bilderschrift, die auch unserer Schrift zugrunde liegt, sich bei jedem einzelnen Kinde in dessen Phantasien noch wirksam erweist. Dann wären also die verschiedenen Striche, Punkte usw. unserer jetzigen Schrift nur zufolge Verdichtung, Verschiebung und anderen uns aus dem Traum und Neurose bekannten Mechanismen erzielte Vereinfachungen der früheren Bilder, deren Überreste aber bei dem einzelnen Individuum nachweisbar wären.«[10]

Die Kinderanalytikerin hat hier etwas gesehen, was auch im Buch von Gérard Pommier eine Rolle spielt, nämlich die Tatsache, dass Chinesen und Japaner Bilderschriften verwenden, die an die Zeichnungen von Kindern erinnern. Inwiefern die sino-japanischen Zeichen tatsächlich einer kindlichen Stufe entsprechen, muss allerdings noch disku-

9 M. Klein: *Die Rolle der Schule in der libidinösen Entwicklung des Kindes (1923)*. In: Gesammelte Schriften, Bd. I, Teil 1. Schriften 1920–1945, Stuttgart-Bad Cannstadt: fromman-holzboog 1995, S. 147 u. 150.

10 Ibid., S. 150.

tiert werden – eine solche Behauptung kann bei genauerer Betrachtung nicht aufrechterhalten werden, obwohl der Irrtum verständlich ist und das Bildmaterial leicht zu solchen Folgerungen verführt.

Aus Gérard Pommiers Buch stammt folgendes Beispiel:

»Das dritte Beispiel, dasjenige von Moira, bringt ein zusätzliches Element zu dieser Ununterschiedenheit von Zeichnung und Schrift: Man sieht hier klar einen Anthropomorphismus der Buchstaben. Von Moira wurde verlangt, zunächst ein Kind (ein *nene*) zu zeichnen, dann das entsprechende Wort zu schreiben. Man bemerkt, dass die beiden Pseudo-Buchstaben, die als ›pp‹ gekritzelt worden sind, Teile sind, die der Körperzeichnung homolog sind: der um ein Bein verlängerte Kopf und ein um ein Bein verlängertes Ohr. Die Buchstaben sind in gewissem Sinne Extrakte des Körpers.«[11]

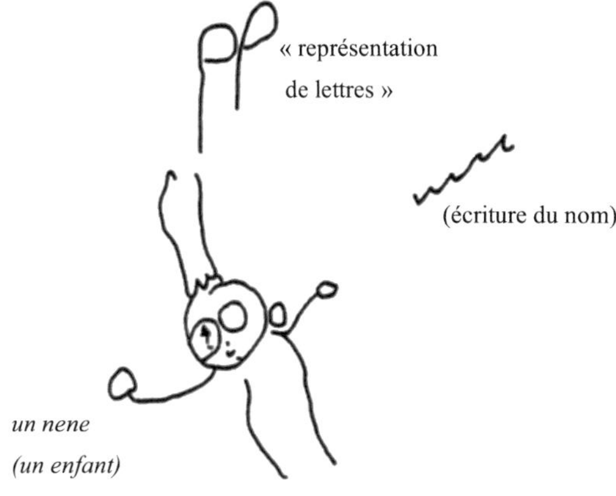


*Das Beispiel von Moira*[12]

11 G. Pommier: *Naissance* ..., op. cit., S. 236f. (Übers. d. Verf.). Der franz. Text lautet: »Le troisième exemple, celui de Moira, apporte un élément supplémentaire à cette indistinction dessin-écriture : on y voit clairement un anthropomorphisme des lettres. Il est demandé à Moira de dessiner d'abord un enfant (un nene) puis d'écrire le mot correspondant. On note que les deux pseudo-lettres qui sont tracées ‹ pp › sont des parties homologues du dessin du corps : la tête prolongée d'une jambe et une oreille prolongée d'une jambe. Les lettres sont en quelque sorte extraites du corps.«

12 Aus: Ibid., S. 237.

Zur Thematik »Eigenname und Schrift« gehört zudem, dass Eigennamen, gerade weil sie den im Gedächtnis eingeschriebenen Lautkonfigurationen entsprechen, nicht übersetzt werden – es ist hier nicht anders als bei den *nomen appellativa*, wie dies im Abschnitt *Der Eigenname in der Philosophie*[13] gezeigt worden ist. Eigennamen werden in allen Sprachen gleich ausgesprochen, von wenigen Ausnahmen abgesehen. Zu diesen zählt, dass es vor allem in Frankreich üblich ist, Eigennamen zu ›franzisieren‹; aus *Sokrates* wird dann *Socrate*, aus *Marcus Marc*, aber das ändert nichts daran, dass auch dort Eigennamen nicht übersetzt werden. Auf der ganzen Welt kommt niemand auf die Idee, ein Subjekt namens *Theodor* als *Geschenk Gottes* anzusprechen, ebenso wenig wie der japanische Name *Tomoko* als Rufname mit *freundliches Kind* übersetzt wird. Würde man das tun, so käme das einer Rückführung von Eigennamen auf gewöhnliche Namen gleich; der besondere Status von Eigennamen würde damit verloren gehen. Er zeigt sich auch darin, dass Eigennamen nicht dem Spiel von Signifikant und Signifikat gehorchen, zumindest nicht auf einer logischen Ebene. Psychologisch können natürlich immer Zusammenhänge hergestellt werden, um die inhaltliche Bestimmungsarmut, die im Namen liegt – erinnern wir uns daran, dass der Vorname die Sexuierung anzeigt – und die auf den Mangel verweist, zu kompensieren, d.h. um ein Sein abzuleiten. Aber das ändert nichts daran, dass Eigennamen im kommunikativen Austausch der Subjekte nicht übersetzt werden, sondern identisch bleiben – eine Identität, die auf Schrift, auf Gedächtnisinschrift verweist.

Dieser Sachverhalt ermöglichte übrigens Champollion, die Hieroglyphen zu entziffern; die Namen *Cleopatra* und *Ptolemäus* spielten dabei eine entscheidende Rolle. Champollion untersuchte zunächst die Königsnamen, die in ovalen Kartuschen auf dem Stein von *Rosette* dargestellt waren. Im griechischen Text fand er den Namen *Ptolemäus*. Champollion ging davon aus, dass ein griechischer Name, wenn er in das System der Hieroglyphen übertragen wurde, in diesem zwar in Bildern erschien, diese jedoch als Bilder von Lauten aufgefasst werden mussten. Dieses Prinzip, das Champollion nicht als erster entdeckte, erwies sich bei ägyptischen Namen als richtig; es bewährte sich bei der Entzifferung einer weiteren zweisprachigen Schrift, die man auf dem Sockel eines Obelisken fand. In ihrem griechischen Teil entdeckte

13 S. 59–73.

Champollion die Namen des *Ptolemäus* und der ägyptischen Pharaonin *Kleopatra*. Der entsprechende hieroglyphische Text enthielt zwei Kartuschen. Der Vergleich zwischen den beiden Herrschernamen zeigte, dass die Hieroglyphen wiederum zum Lautwert gelesen werden mussten. Champollions Entdeckung verdankte sich somit der Tatsache, dass der Eigenname in verschiedenen Sprachen derselbe bleibt, ob er nun als Buchstabe oder als Bild festgehalten wird.

## DIE BEDEUTUNG DER INITIALEN

Initialen werden im alltäglichen Leben oft verwendet, meistens dann, wenn eine Abkürzung genügt, wenn nicht eine volle Unterschrift erforderlich ist. Häufig wird auch nur der Vorname mit dem ersten Buchstaben angedeutet, der Geschlechtsname dagegen in voller Länge geschrieben. In den meisten Bibliographien ist das so; das Interesse an einer übersichtlichen Ordnung oder einer alphabetischen Reihung orientiert sich an den Nachnamen, nicht an den Vornamen.

In der Psychoanalyse kommt den Initialen eine besondere Bedeutung zu, weil sie bevorzugte Repräsentanten des Subjekts sind. Aber diese Darstellung ist fast ausnahmslos eine verschleierte, denn der erste Buchstabe, der für den Vornamen steht, lässt kaum Schlüsse auf den ganzen Vornamen zu, ja, nicht einmal das Geschlecht des Subjekts lässt sich erraten. Weist der Buchstabe H – um ein Beispiel zu geben – auf Hans, Heinrich, Hanna oder Hermine hin, oder könnte auch ein anderer Name in Betracht kommen? Nur selten verwendete Buchstaben wie X oder Q verschaffen dem Leser etwas mehr Wahrscheinlichkeit beim Erraten des ganzen Namens, denn Namen, die mit diesen Buchstaben beginnen, sind – jedenfalls in unserer Sprachregion – selten. Ähnlich ist es beim Geschlechtsnamen. Ein einziger Buchstabe mit einem Punkt als Hinweis auf die Abkürzung erlaubt dem Leser nicht, herauszufinden, wie die betreffende Person heißt. Was das Geschlecht im Sinne der Sexuierung betrifft, so gibt der Nachname ohnehin keinen Aufschluss, es sei denn, es sei ein doppelter, was auf eine Frau hinweist. Aber die Folge von drei Buchstaben lässt nicht einmal den Schluss zu, dass es sich um eine weibliche Person handelt; es wäre auch möglich, dass jemand zwei Vornamen hat und deren Initialen vor den Geschlechtsnamen setzt.

So fragt man sich also, welche Funktionen Initialen haben, wenn sie doch kaum Aufschluss über ihre Träger geben. Auf der Ebene der mündlichen Sprache kommt ihnen so gut wie keine Bedeutung zu; bei der Schrift ist das anders. Es geht dabei weniger darum, dass die Initialen für jedermann lesbar machen, wer dahinter steckt, als vielmehr um eine Intimität, die sich mit dem Schreiben der Initialen verknüpft. Initialen werden dann verwendet, wenn es bereits eindeutig ist, welches Subjekt sie repräsentieren; d.h. es muss ein Kontext gegeben sein, in dem sich die anwesenden Personen kennen. Die Schreibung der Initialen genügt dann, sofern dabei klar ist, wer damit gemeint ist. Das ist z.B. bei Dokumenten der Fall, die einen Vertrag beinhalten: Auf der ersten oder auf der letzten Seite ist die ganze Unterschrift erforderlich, dagegen genügt im Zwischenbereich die Markierung der Initialen. Sie sind erforderlich, um zu dokumentieren, dass das betroffene Subjekt jede Seite gelesen hat; die vollständige Unterschrift dient dabei dazu, die in den Initialen enthaltenen Merkmale, Züge mit denen der vollständigen Unterschrift zu vergleichen. Die Intimität der Initialen besteht somit darin, dass sie die vollständige Unterschrift repräsentieren, *pars-pro-toto*, und damit auf das betroffene Subjekt hinweisen, das durch die Unterzeichnung eines Vertrags ein anderes wird, als es zuvor war.

Die Initialen haben auf der Ebene des Buchstäblichen ihren Wert. Das Schreiben dieser Buchstaben ist begleitet vom Akt der Repräsentation, in dem sich das Subjekt darstellt. Deshalb kommt ihnen ein ästhetischer Wert zu, der in einem Spannungsverhältnis steht zur Lesbarkeit. Diese erfordert tendenziell eine Schrift in Druckbuchstaben, jene die Originalität eines singulären Ausdrucks. Der Bezug zum Körperbild ist dabei kaum zu übersehen. Die Initialen repräsentieren das Körperbild in der kürzestmöglichen Form. So geschieht es häufig, dass das unterschreibende Subjekt seine Initialen nicht ohne Erregung schreiben kann. Sie objektivieren es, wirken auf es zurück als eines, das unterschrieben hat. Wenn es dies schon tut, dann sollten zumindest diese Buchstaben möglichst künstlerisch aussehen, schwungvoll, damit alle, die das unterschriebene Dokument dereinst sehen werden, merken, welche Persönlichkeit sich dargestellt hat.

Eine ganz andere Funktion haben Initialen bei Fallberichten. Unzählige Male nennt z.B. Freud, wenn er von Fallgeschichten oder von Träumen spricht, Personen mit ihren Initialen, wobei es gewöhnlich nur diejenigen des Nachnamens sind. Herr S. oder Frau M. haben dieses oder jenes geträumt, dabei ist ihnen eine Person begegnet, die wie Frau R. oder Herr B. ausgesehen hat, usw. Dabei dienen die Anfangsbuchstaben des Namens keineswegs der Kennzeichnung, sondern ganz im Gegenteil der *Vertuschung*; die Leser von Freuds Fallberichten und Träumen sollen gerade *nicht* erraten, um wen es sich handelt. Die Initialen sind gleichwohl erforderlich, um diese Personen überhaupt darstellbar zu machen, deswegen werden sie gleichsam mit einer fiktiven Identität ausgestattet. Diese hat den Vorteil der Wahrung der Verschwiegenheit, an die die Angehörigen von Berufen gebunden sind, die mit Daten zu tun haben, die nicht öffentlich gemacht werden dürfen; sie hat jedoch auch den Nachteil, dass der Bezug zwischen Subjekt, Körperbild und Initialen verloren geht. Das ist natürlich nur unter ganz bestimmten Umständen ein Nachteil, z.B. für eine neugierige Nachwelt, die an der Erforschung derartiger Zusammenhänge wie demjenigen zwischen Schrift und Eigennamen des Subjekts interessiert ist.

In psychoanalytischen Kuren kann man oft beobachten, dass Initialen in Träumen oder Assoziationen eine Rolle spielen. Die Kennzeichnung der Initialen als *pars-pro-toto* bewährt sich hier; es kommt nicht selten vor, dass Träumer mit den Initialen einer Person spielen, auch, dass sie einen Namen dadurch entstellen, dass sie den ersten Buchstaben weglassen oder ersetzen, wie dies ja in Bilderrätseln (Rebus) oft geschieht. Dazu ein Beispiel, das Freud in *Konstruktionen in der Analyse* gibt:

»In den Träumen des Patienten tauchte wiederholt der in Wien wohlbekannte Name *Jauner* auf, ohne in seinen Assoziationen genügende Aufklärung zu finden. Ich versuchte dann die Deutung, er meine wohl *Gauner*, wenn er *Jauner* sage, und der Patient antwortete prompt: Das scheint mir doch zu *jewagt*.«[14]

Findige Germanisten haben auch in der Belletristik, z.B. in Goethes *Wahlverwandtschaften* das Vorkommen von Initialen untersucht. So kommt z.B. ein Glas vor, das aus Eduards Jugendzeit stammt und in das die Buchstaben E und O eingeritzt sind. Dies sind die Initialen seines Doppelnamens Eduard Otto. Dieser liest sie jedoch in seiner Verliebtheit und Verblendung als Verheißung des Schicksals, nämlich als Eduard und Ottilie. Nichts zeigt besser die doppelte Funktion der Initi-

14 S. Freud: *Konstruktionen in der Analyse*. In: G.W. XVI, S. 51.

alen: das Repräsentieren des Subjekts und das Verschleiern, sogar Unkenntlich-Machen, seiner wahren Bedeutung.

Von herausragender Bedeutung sind die Initialen auf dem Kreuz Christi, die vier Buchstaben INRI. Die Kabbala hat darin ein ganzes Netzwerk von Bedeutungen gesehen, einschließlich einer Zahlensymbolik, die sich dann ergibt, wenn man die Rangfolge der Buchstaben zählt. Hier tun sich die weitestmöglichen Zusammenhänge auf, die andererseits nicht vom Verdacht der Beliebigkeit freizusprechen sind. Aber die vier Buchstaben am Kreuz weisen zumindest darauf hin, welche Bedeutung Initialen haben können.

## DIE BEDEUTUNG DER BEIDEN NAMEN, DES VORNAMENS UND DES FAMILIENNAMENS

Dass sich in den meisten Gesellschaften die Doppeltheit der Eigennamen durchgesetzt hat, ist mehr als eine belanglose geschichtliche Erscheinung, auch mehr als eine Folge praktischer Notwendigkeiten. Aus der Perspektive eines jeden Subjekts werden ihm zwar beide Namen von Repräsentanten des Anderen verliehen, aber ein bedeutsamer Unterschied liegt darin, dass der Vorname ihm auf Grund einer Auswahl gegeben wird, während sich der Familienname von Generation zu Generation fortsetzt und in der Regel nicht ausgewählt werden kann. Für das die Namen empfangende Subjekt bedeutet das, dass es zum Vornamen in einem anderen Bezug steht als zum Familiennamen. In jenen fließen die Vorlieben der Eltern oder Angehörigen ein, ihr ästhetisches Empfinden, ihre Phantasien darüber, mit wem sie den Namen, den sie dem Kind geben, assoziieren; dieser verweist auf die Familiengeschichte, wobei der Familienname möglicherweise Verschiebungen in der Art, wie er geschrieben wird, enthält. Manche Namen ändern sich derart, dass ihre ursprüngliche Form kaum oder nicht mehr zu erkennen ist und nur noch etymologische Studien Aufschluss über solche Wandlungen geben.

Die Familiennamen werden in unserer Kultur traditionellerweise patrilinear weitergegeben; sie sind Ausdruck der Idee, dass die Namensgebung Sache des Vaters ist. Der Sinn der Familiennamen liegt *intra*generationell in der Herstellung eines familiären Verbundes, in dem die Töchter und die Söhne dieselben Erzeuger haben, *inter*generationell in der Herstellung einer Kontinuität, die die Generationen miteinander verbindet. Die Vornamen tragen zu dieser Kontinuität nichts bei, außer in den Fällen, in denen es Tradition ist, dass die Söhne den gleichen Vornamen haben wie die Väter.

Diese Idee der Kontinuität und Linearität, die im Familiennamen zum Ausdruck kommt, ist heute am Schwinden oder gar Verschwinden. Ob dieser Sachverhalt eine Folge der Bemühungen ist, sich von geschichtlichen Überlieferungen, die als beengend empfunden werden, zu lösen, oder eine Folge des Zerfalls der väterlichen Autorität, bleibe dahingestellt. Beide Tendenzen sind wohl miteinander verknüpft, denn die Idee von Kontinuität hinsichtlich der Familiengeschichte ist vom Prinzip der Väterlichkeit getragen. Nichts zeigt besser diesen Wandel als das Verschwinden der Stammbäume, die früher als Schmuck des Hauses den Besuchern präsentiert wurden. Auch das moderne Namensrecht drückt diesen Wandel weg von der Tradition aus: Den patrilinearen Zügen stehen die matrilinearen gegenüber. Frauen ändern ihren Namen mit der Heirat nicht, Kinder erhalten den Familiennamen, auf den sich die Eltern einigen. Damit nähert sich der Familienname ein Stück weit dem Vornamen an, insofern jener nicht mehr zwingend übernommen werden muss. Die Annäherung würde noch größer und würde sogar die beim Vornamen vorliegenden Gegebenheiten übertreffen, wenn der Geschlechtsname selbst bestimmt werden könnte. Dann wäre er vollends aus der Tradition herausgelöst und die Kontinuität einer Familiengeschichte käme im Familiennamen nicht mehr zum Ausdruck; die biologische Linearität würde sich von der onomastischen lösen.

Es ist klar, dass der Verlust der Kontinuität, repräsentiert in den Familiennamen, unterschiedliche Reaktionen auslöst. Sehen die einen darin ein Zeichen des Zerfalls der Gesellschaft, so feiern die anderen die Befreiung aus repressiven, patriarchalischen Verhältnissen, die Emanzipation der Frauen, die nicht länger aus der Geschichtsschreibung verbannt bleiben, sondern selber an der Macht und Gestaltung der Gesellschaft teilhaben können. Vielleicht sind alle diese Veränderungen noch zu neu, um ihre Folgen beurteilen zu können. Stattdessen sei auf ein Problem hingewiesen, das weit über den terminologischen Aspekt hinausgeht: Was heißt eigentlich ›patrilinear‹ und wie lässt sie sich das von ›Matrilinearität‹ unterscheiden? Die eine Richtung der Interpretation orientiert sich an der Empirie, am Faktum, dass die Familiennamen nicht länger nur von den Vätern tradiert werden, sondern dass auch Mütter ihren Namen überliefern können; damit bekommen

Patrilinearität und Matrilinearität einen paritätischen Status. Die andere Art der Interpretation orientiert sich an einem Konzept, das die empirischen Personen und Geschlechter transzendiert, indem es die Trennung von Natur und Kultur anvisiert. Patrilinear meint in diesem Sinne das, was die Natur übersteigt, was in die Repräsentation – vor allem durch die symbolische Ordnung – einführt; dieses Wort wird damit zu einem Synonym für Kultur, Mittelbarkeit. Matrilinear wird im Gegensatz dazu dem Register der Natur zugeordnet. Dieser zweiten Interpretation zufolge können beide, Mütter wie Väter, Agenten bzw. Repräsentanten der Patrilinearität sein. Dies zeigt sich etwa in der Kindererziehung, die nicht gelingt, wenn nicht beide Elternteile sich an der Kultur orientieren, in die das Kind eingeführt werden soll. Mit Patrilinearität ist somit nichts anderes gemeint als die Parteilichkeit für das, was den Menschen erst zum Menschen macht, für die Teilhabe an Kultur, für das Bewohnen der symbolischen Ordnung. Dabei hat auch die Matrilinearität ihre Bedeutung und Notwendigkeit, denn ohne Bezug auf Natur kann es auch kein kulturell geprägtes Leben geben. Die beiden verschränken sich, wichtig ist dabei, dass sowohl das Patrilineare wie das Matrilineare nicht einseitig jeweils ausschließlich auf die empirisch wahrnehmbaren Geschlechter bezogen werden. Nichts zeigt dies besser als der Ausdruck *Muttersprache*. Die Mutter ist nicht nur Gebärerin und Pflegerin, sondern auch erste Agentin der Kultur, wenn sie mit dem Kind spricht und ihm damit die Mittel *überliefert*, sich dereinst als selbständiges Subjekt zu bewähren.

Macht man sich die erste Bedeutung zu eigen, so gerät man auf die Ebene von politischen Auseinandersetzungen, die geprägt sind vom Geschlechterkampf; es geht dann um Gleichberechtigung, Emanzipation, Entmachtung der patriarchalen Ordnung. Wegleitend für diesen Kampf ist die Idee einer Symmetrie der Geschlechter. Die von der zweiten Bedeutung ausgehende Reflexion führt zur Frage, welches die Konsequenzen sind für die Verleihung und Tradierung von Vor- und Familiennamen. Beide zeigen sich dann als Zeichen der kulturellen Zugehörigkeit, die im Normalfall von Müttern und von Vätern gewollt wird. Die Frage, welcher Familienname gewählt wird, wenn ein Kind geboren wird, verliert dann unter dieser Voraussetzung seine Schärfe, da sich die Frage auf das verlagert, was beide Elternteile tun, um ein Zusammenwirken von Natur und Kultur zu ermöglichen. Der Eigenname des Kindes wird dann zum Zeichen einer Patrilinearität, frei vom Patriarchalischen und getragen von beiden Geschlechtern.

# DAS BUCHSTÄBLICHE IM EIGENNAMEN

## Ein Beispiel aus einer Falldarstellung Freuds: Der *Wolfsmann*

Im Abschnitt *Die Wespe des Wolfsmanns*[15] wurde dargestellt, welche Bedeutung die Initialen eines Subjekts haben können; die im Traum erschienene Wespe wies auf die beiden Buchstaben S und P, die Initialen des Namens dieses Patienten, hin. Die folgende Episode stammt ebenfalls aus der Darstellung dieser von Freud aufgezeichneten Fallgeschichte. Es geht darin um die Bedeutung des Buchstäblichen überhaupt.

Eines Tages erinnerte sich dieser Patient, von Freud später als Wolfsmann bezeichnet, an eine Begebenheit während seiner Kindheit, während der er einen Schmetterling sah, der seine Flügel öffnete. Diese Bewegung versetzte ihn in Angst und Schrecken, so dass er davonrannte. Mit Hilfe von anderen Assoziationen kristallisierte sich dann die Figur des *Buchstabens V* heraus, die nicht nur von der Form her an den Schmetterling erinnerte, sondern von der Uhrzeit her auch an den späten Nachmittag, als der kleine Sergej mit dem Koitus der Eltern konfrontiert wurde, die sich um fünf Uhr aufs Bett gelegt hatten, während der kleine Junge von seinem Bettchen aus den Vorgängen zuschaute. Ein drittes Motiv für das Vorkommen des V zeigte sich darin, dass diese Figur ihn an die Beine der Mutter erinnerte.

Dieses Beispiel illustriert treffend, was es mit dem Buchstaben auf sich hat. Es gilt zunächst, das, was man gemeinhin darunter versteht, in Frage zu stellen bzw. zu erweitern. Die Reflexion darüber folgt ähnlichen Bahnen wie diejenige über die Schrift im Abschnitt *Der Eigenname als Schrift*.[16] Die vorherrschende Meinung über das, was ein Buchstabe ist, fasst ihn als Element auf, mit dem das Sprechen im Verbund mit anderen Elementen festgehalten werden kann. Der Buchstabe würde somit im Dienste der mündlichen Sprache stehen. Mit dieser Meinung bewegt man sich innerhalb dessen, was Derrida den abendländischen Phonozentrismus nennt,[17] zu dem er Freud nicht rech-

15 S. 99f.

16 S. 124–131.

17 S. dazu J. Derrida: *Der Schacht und die Pyramide. Einführung in die Hegelsche Semiologie.* In: Ders.: Randgänge der Philosophie, op. cit., S. 85–

net, hat dieser doch vom Unbewussten als Inschrift oder von der Schrift des Traums gesprochen. Damit hat er die Türe zu einem erweiterten Verständnis des Buchstabens aufgestoßen – analog dazu, dass die Rede von der Schrift des Unbewussten oder der Schrift des Traumes eine Revision der traditionellen Auffassung dessen, was Schrift ist, erfordert, muss auch die gängige Auffassung dessen, was mit Buchstabe gemeint ist, neu bedacht werden.

Erneut beziehen wir uns dabei auf Gérard Pommiers *Naissance et renaissance de l'écriture*. Dieser Psychoanalytiker geht zunächst davon aus, dass die Buchstaben im Unbewussten – Traumbilder, Symptome, Fehlleistungen – keineswegs auf das Lautliche rückführbar sind; die Schrift des Unbewussten drückt etwas Verdrängtes aus, was sich visuell zeigen kann.

»›Etwas‹ Verdrängtes bahnt sich in buchstäblicher Form einen Weg, sei es, dass es sich in dem, was gesagt wird, hören lässt (wie der Lapsus), sei es, dass es sich zeigt (wie im Traum), oder sich auf den Körper schreibt wie das Symptom.«[18]

Nun kann man dieses Zitat so lesen, dass auch die Traumbilder und Symptome, die sich dem Auge darbieten, doch strukturiert sind vom lautlichen Signifikanten. Ist somit das Visuelle der Symptome und der Traumbilder nur ein Schein, der verschwindet, wenn das lautliche Gerüst darin entdeckt wird? Ja und nein. Ja insofern, als schon die Verdrängung darauf hinweist, dass der Signifikant die verdrängte Instanz ist, die es herauszuarbeiten gilt, um das Traumbild oder das Symptom verständlich zu machen. Nein insofern die Traumbilder und Symptome als Schrift nicht ganz auf das lautliche Gerüst rückführbar sind. Pommier geht erstens, wie gezeigt, davon aus, dass sich die Schrift aus Zeichnungen entwickelt, dass sie vom Piktogramm zum Phonogramm voranschreitet, wobei das Bild ausgelöscht wird, dass jedoch in den Traumbildern und Symptomen etwas von diesem Verdrängten wiederkehrt.[19] Zweitens erkennt er eine besondere Dignität der Schrift, weil diese ihrem Ursprung nach in allen Kulturen auf eine göttliche Her-

118. Oder auch: *Freud und der Schauplatz der Schrift*. In: Ders.: Die Schrift und die Differenz, Frankfurt a.M.: Suhrkamp 1976, S. 302–350.

18 G. Pommier: *Naissance …*, op. cit., S. 198f.

19 Ibid., S. 143.

kunft verweist. »Ohne Ausnahme geht eine göttliche Präsenz der Geburt des Buchstabens voraus.«[20] Tatsächlich lässt sich als Beispiel dafür der Ursprung der chinesischen Schrift anführen: Schildkrötenpanzer wurden über ein Feuer gehalten, so dass Risse und Sprünge entstanden, die als göttliche Zeichen aufgefasst und gedeutet wurden.[21] Diese Schrift war zunächst enigmatisch und losgelöst von den Lauten der Sprache, verband sich jedoch mit ihnen im Vorgang des Deutens. Einen subjektiven Ursprung sieht Pommier sodann in den Zeichnungen, die das Körperbild repräsentieren. Auf dem Weg zur Phonetisierung des Bildes erleidet dieses eine Verdrängung, die gleichbedeutend ist mit einer Verdrängung des Genießens. Dem Lautlichen wird also eine Macht zugesprochen, das Genießen zu verdrängen; so gesehen, kehrt es in den Bildern der Träume und Symptome wieder.

An dieser Stelle taucht die Frage auf, was eigentlich verdrängt wird. Ist es nicht eher der Signifikant, der verdrängt wird? Wenn Freud den Namen des Malers der Fresken von Orvieto nicht erinnern konnte, so war es doch ein Signifikant, der verdrängt worden war. Wie kann Pommier davon sprechen, dass das Körperbild das ist, das verdrängt wird? Der Widerspruch lässt sich dann auflösen, wenn man den geschichtlichen Prozess berücksichtigt, den die Menschheit durchläuft und den jedes Kind zu vollbringen hat. Zunächst wird tatsächlich das Bild verdrängt, das seinen Ursprung im Körperbild hat. Mit der Besetzung der Bilder durch die Phoneme werden die Bilder zum Material des Verdrängten – die verdrängende Instanz ist zunächst der Buchstabe. Wenn dieser Schritt erfolgt ist, kann die Verdrängung jedoch auch den Buchstaben betreffen, wie jeder Lapsus zeigt, in dem ja nicht ein Bild zum Vorschein kommt, sondern ein Laut die bewusste Absicht des Sprechenden stört. Damit kehren sich tendenziell die Verhältnisse zwischen Bild und Laut um. Wird anfänglich das Bild verdrängt, unter der verdrängenden Einwirkung des unsichtbaren Lautes, so wird auf der zweiten Stufe der Buchstabe verdrängt, wobei das Bild nicht zur verdrängenden Instanz wird, sondern das Lautliche die verdrängende Instanz bleibt, während das Bild zum Ersatz für den Laut wird. Das Bild erfüllt also, wenn man an das Signorelli-Beispiel denkt, nicht die Funktion, etwas Ursprünglichem zum Durchbruch zu verhelfen. Das

20 Ibid.

21 S. dazu R. Lanselle: *Schrift oder graphische Sprache?* In: RISS. Zeitschrift für Psychoanalyse, Nr. 67, 3/2007, S. 23–60.

Bild ist in diesem Falle ganz in das Buchstäbliche eingewoben, von ihm strukturiert.

Warum ist es so, dass die meisten Kulturen den Weg von der Bilderschrift zur Lautschrift eingeschlagen haben? Pommier denkt an den Namen-des-Vaters, also an eine geistige Macht, repräsentiert durch den realen Vater, die den Schlüssel für eine Antwort gibt. Der Zugang dazu erfolge über den Mord an ihm; der tote Vater sei gleichbedeutend mit dem ursprünglichen Gesetz, dem Inzestverbot. Der Pariser Analytiker folgt hier Freuds Argumentation in *Totem und Tabu*, erweitert seine Ausführungen jedoch um das, was sich im alten Ägypten mit *Echnaton* zugetragen hatte, dessen Geschichte und dessen Taten Pommier mit *Ödipus* vergleicht. Bei beiden habe der Mord am Vater zur Einführung des Gesetzes geführt, dies in der Nachfolge des getöteten Urvaters, den die Söhne verspeist hätten, was der Grund für den nachträglichen Gehorsam gegenüber dem Vater und gleichbedeutend mit der Errichtung des Gesetzes, gewesen sei.

Die Entdeckung der spirituellen Macht des Vaters, des Namens-des-Vaters, führe zu einer Schuld, die vom Mord am Vater herrühre. Dieser Schritt ist Pommier wie Freud zufolge nicht nur ein geschichtlicher, sondern einer, der in der Lebensgeschichte jedes Subjekts vollzogen werden müsse. Die lebensgeschichtlichen Voraussetzungen dafür sieht Pommier im Begehren der Mutter nach dem Phallus, das das Kind vor das Rätsel stelle, was denn die Mutter wolle. Es rufe nach dem Vater, nach seiner Macht, um sich aus der mütterlichen Umklammerung lösen zu können. Der reale Vater werde damit zum Repräsentanten einer spirituellen Macht, des Namens-des-Vaters. Diese befreiende Identifizierung bleibe nicht ohne Ambivalenz, denn mit dieser Identifizierung mit der väterlichen Instanz sei das verknüpft, was in der Psychoanalyse *symbolische Kastration* genannt werde und was zunächst körperlich erfahren werde.

»Auf der einen Seite wird das Kind mit dem identifiziert, was fehlt, d.h. mit dem Phallus. Auf der anderen Seite ruft es wegen dieser tödlichen Identifizierung nach dem Vater, der imstande ist, es zu retten aus dieser ersten Identität, und es wird sich mit seinen Eigenschaften identifizieren, mit jener einen Macht, die es rettet. Das Totem einer heilsbringenden Identifizierung ist somit am Platz einer Leere an Identität errichtet; es instituiert so eine erste heilsbringende Repräsentation, die ihrem Sinn nach religiös ist.«[22]

Dieser Prozess von der Ungetrenntheit mit der Mutter zur Identifizierung mit dem Namen-des-Vaters, als dessen Verkörperung das Totem gelten kann, lässt sich auch unter dem Aspekt des Körperbildes und des Genießens auffassen. Die Zeichnungen bergen ein Genießen, das eine Verdrängung erleidet, weil es ans Unmittelbare, an das Visuelle, damit an das Körperliche, letztlich an das Inzestuöse gebunden ist. Die Verdrängung kommt von dieser väterlichen Macht her; sie gilt also den visuellen Darstellungen des Körperbildes. Nun weiß man in der Psychoanalyse, dass das, was verdrängt ist, nicht einfach verschwunden bleibt, sondern in Symptomen, Träumen und Fehlleistungen wiederkehrt. Hier begegnen wir dem Buchstaben wieder in seiner anarchischen Form; er besetzt den Ort, an dem der Mangel im Symbolischen erfahren wird. Aber das Körperbild kehrt nicht nur in der Verdrängung wieder, es transformiert sich auch, es macht *Metamorphosen* durch.[23] Dementsprechend lässt sich wie erwähnt ein Satz als Körperbild auffassen, er ist gegliedert, hat ein Subjekt, ein Objekt. Auch ein Text entspricht einer solchen Metamorphose, er ist ein Textkörper, ausgestattet mit *Fuß*noten und *Kopf*zeilen usw. Und schließlich kann, wie schon gesagt, auch der Eigenname als Körperbild aufgefasst werden, als Rufname, der ebenso den Körper wie sein Spiegelbild bezeichnet.

Sogar Buchstaben lassen sich als Körperbilder bezeichnen. Zuvor wurde ein Beispiel aus einer Kinder-Analyse gezeigt, bei dem einzelne Buchstaben als Männchen gezeichnet wurden. Auch wenn man den geschichtlichen Wurzeln der Buchstaben nachgeht, ist die Verankerung in der Darstellung von Dingen, die wiederum ohne Körperbild nicht möglich wäre, erkennbar. So geht der Buchstabe A unseres Al-

22 G. Pommier: *Naissance* …, op. cit., S. 211f. (Übers. d. Verf.). Das Zitat lautet im Original: »D'un côté, l'enfant sera identifié à ce qui manque, c'est-à-dire au phallus. De l'autre, et à cause de cette identification mortelle, il en appellera au père capable de le sauver de cette première identité, et il s'identifiera à ses qualités, celle d'une puissance qui le sauve. Le totem d'une identification salvatrice est donc planté au lieu même d'un vide d'identité, instituant ainsi la première représentation salvatrice, religieuse en ce sens.«

23 S. dazu P. Widmer: *Metamorphosen des Signifikanten* …, op. cit.

phabets auf den Kopf eines Ochsen zurück. Dieser lässt sich vom Subjekt nur auf dem Hintergrund des Körperbildes darstellen, das verdrängt wird, wobei die Verdrängung die Form betrifft, nicht jedoch die Bedeutung – der Ochse ist darum für das Subjekt von Interesse, weil er einen Bezug zu ihm hat, sei es als Ausdruck der Stärke, der Dummheit (der Ochse am Berg) oder gar der Kastration.

Es ist also eine Stufung erkennbar, die vom visuellen Körperbild ausgeht, das unter der Einwirkung des Anderen, der Macht des Unsichtbaren, verdrängt wird, was Transformationen, Entstellungen und Wandlungen in der Darstellung zur Folge hat, die vom Bild zum Buchstaben und wieder zurück zum Bild gehen – denn ein Bild braucht nichts Ursprüngliches zu haben; ist es einmal vom Anderen der Lautsprache erfasst, so lässt sich das Unsichtbare wiederum visualisieren.

In diesen Kontext gehört außerdem die Beobachtung, dass die einzelnen Buchstaben anders gelesen als geschrieben werden. Besonders bei den griechischen Buchstaben ist das evident. α wird als *alpha* gelesen, β als *beta* usw. In unserem Alphabet wird der Unterschied zwischen dem gesprochenen und dem geschriebenen Buchstaben bei den Konsonanten deutlich. Da sie nicht klingen, wird bei ihrer Lektüre ein Vokal beigegeben; aus b wird dann *be*, aus c wird *ce* usw.

Gehen wir zurück zum Genießen. Wenn es so ist, dass das Körperbild Anlass gibt zu Verdrängungen, weil es ein Zuviel an Genießen beinhaltet, so muss es so sein, dass die Verdrängung auch nichtbildliche Formen des Körperbildes betrifft. Dabei denkt man natürlich an das in einzelnen Kulturen geltende Verbot, das das Schreiben der Vokale betrifft. Bekannt ist etwa, dass der Name des jüdischen Gottes YHWH sich nicht aussprechen lässt, weil er keine Vokale hat, zudem auch nicht ausgesprochen werden darf, was möglich wäre, wenn Vokale eingefügt würden. Die griechische Kultur weist dagegen keine solchen Verbote auf – sie war ja auch keine monotheistische Religion. Pommier zufolge werden in unserer Kultur die Vokale darum verdrängt, weil sie an den Schrei erinnern, an das Genießen der Stimme. In diesem Zusammenhang kann er zeigen, dass – weit über den jüdischen Kontext hinaus – die Konsonanten das Material für die Gesetze bildeten, nicht die Vokale, die noch mit Resten des Genießens verknüpft seien.[24]

---

24 G. Pommier: *Naissance* …, op. cit. Zwei Zitate daraus: »Alle Epigraphen fassen es so auf, dass wenn die Schrift eine Geschichte hat, diese vom Pik-

Nirgendwo besser als in der Psychoanalyse weiß man, dass das Verdrängte wiederkehrt, dass sich das Genießen nicht gänzlich überwinden lässt. Das Unbewusste wird zum Ort des Genießens, zum Ort, wo der Mangel des Anderen, der von der symbolischen Kastration herrührende Mangel, in Form von Traumbildern, Symptomen und Fehlleistungen aufgehoben wird. Nun wird erkennbar, dass das, was mit Buchstabe bezeichnet wird, eine doppelte, bei näherer Betrachtung sogar eine dreifache Bedeutung hat, die Pommier ausgearbeitet hat. Die archaischen Formen der Buchstaben (vor jedem Alphabet) gehören zur ursprünglichen Schrift, deren Herkunft im Göttlichen geortet wird, wie

---

togramm zur Silbenschrift via den Rebus verläuft; dann vom Rebus zu den Konsonanten; schließlich erscheint eventuell die Schrift der Vokale als letzte. Es gibt keine umgekehrte Entwicklung. Weil diese Geschichte im Prinzip analog ist zum Prozess, der von der Urverdrängung (Rebus, Sachvorstellungen) zur sekundären Verdrängung (Wortvorstellungen) geht und die Wiederkehr des Verdrängten seiner Form wegen Aufschluss über erstere und seines Inhalts wegen über letztere gibt, erlaubt ein einfacher Blick auf die Schrift jedem, das ›phylogenetische‹ Erbe zu erkennen, das ihm die Zivilisation hinterlässt.« (Übers. d. Verf.)
Das franz. Original lautet: »Tous les épigraphistes considèrent que, si l'écriture a une histoire, elle chemine du pictogramme au syllabisme, via le rébus; puis du rébus au consonnantisme; enfin l'écriture de la voyelle apparaît éventuellement, et en dernier lieu. Il n'existe pas d'exemple d'évolution inverse. Parce que cette histoire est analogue dans son principe au processus qui va du refoulement originaire (rébus, représentation de la chose) au refoulement secondaire (représentation de mots), le retour du refoulé rendant compte du premier par sa forme, et du second par son contenu, un simple coup d'œil jeté sur l'écriture permettera à chacun de reconnaître l'héritage ›phylogénétique‹ que lui lègue sa civilisation.« S. 114. Einige Seiten später sagt Pommier: »[E]her als der Vokal gibt der Konsonant das Gerüst für die Sprache.« (Übers. d. Verf.) Im Original: »[L]a consonne plutôt que la voyelle donne son ossature à la langue.« S. 120.
Man kann vielleicht dem ersten Zitat eine Neigung zu genetischen Erklärungen vorwerfen, die allerdings stets einen strukturellen Kontext voraussetzen. Es ist kaum vorstellbar, dass zuerst die Urverdrängung stattgefunden hat, auf der sich die anderen Formen aufgebaut haben. Gleichwohl ist es kaum zu bestreiten, dass die Schrift eine Entwicklung durchgemacht hat, die vom Anderen der Signifikanten beeinflusst worden ist.

viele Beispiele zeigen – erwähnt wurde die Überzeugung der Chinesen, dass die Risse der über dem Feuer gehaltenen Schildkrötenpanzer die ersten Formen der Schrift seien. Man kann dem hinzufügen, dass sich auch irgendwelche Vorgänge oder Konstellationen als Schrift bezeichnen lassen: ein Vogelzug, Sternbilder, Himmelserscheinungen oder meteorologische Phänomene wie Blitz und Donner. In diesem Sinn gehört Schrift zum Realen, was aus Pommiers Darlegungen klar hervorgeht. Die ursprünglichen Formen, Erscheinungen dieser Phänomene werden vom Anderen der Signifikanten, von der mündlichen Sprache, deren Ursprung wir nicht zu denken vermögen, erfasst, gedeutet, später imitiert, zu irgendeiner Darstellung gebracht, die das zuvor Numinose, Geheimnisvolle verständlich zu machen versucht. Ein Blitz wird von einer Manifestation einer geheimnisvollen Macht zu einer physikalischen Erscheinung, die im Labor reproduziert und deren Gesetze verständlich gemacht, geschrieben werden kann. Der Buchstabe erhält damit im Dienste der verbalen Signifikanten eine ganz andere Funktion; Pommier sieht sie darin, Bedeutungen hervorzubringen, Gesetze auszuarbeiten. Zugleich sedimentieren sich im Unbewussten die Buchstaben als Bilder, Symptome und Fehlleistungen, jedoch nicht mehr in archaischen, sondern eher in anarchischen Formen, nicht mehr vor-alphabetisch, sondern geformt im Durchgang der Aufnahme durch die Signifikanten.

»Die doppelte Orientierung des Buchstabens in der Schrift bedeutet einerseits […], dass der Buchstabe dazu dient, Bedeutungen zu schmieden (Instanz der Verdrängung), wenn er sich mit anderen Buchstaben verbindet. Andererseits stellt er, wenn er losgelöst bleibt, das Verdrängte in der Bedeutung in Form eines Genuss-Körpers dar, dessen Wiederkehr ebenso gut lautlich wie visuell sein kann.«[25]

Dieses Zitat macht den Unterschied zwischen dem Archaischen und dem Anarchischen, also dem, was sich vom Lautlichen wiederum ins

25 Ibid., S. 231 (Übers. d. Verf.). Das Zitat lautet im franz. Original : »La double orientation de la lettre dans l'écriture signifie d'une part […] que la lettre sert à forger des significations (instance de refoulement) lorsqu'elle se lie à d'autres lettres. Et que d'autre part, lorsqu'elle reste déliée, elle présente le refoulé dans la signification sous la forme d'un corps de jouissance dont le retour peut aussi bien être sonore que visuel.«

Bildliche verwandelt hat, nicht explizit; er wird jedoch in anderen Passagen deutlich erwähnt. Das Zitat wurde deshalb hier aufgeführt, weil es darauf hinweist, dass die eine Ebene der Buchstaben – diejenige, die sich mit den verbalen Signifikanten verbindet – nicht nur die Funktion hat, Bedeutungen zu erzeugen, sondern dass sie damit zugleich Verdrängungen impliziert, während die andere – diejenige auf der Ebene des Unbewussten, des Verdrängten – das Genießen verkörpert. Auch weist es auf folgenden Sachverhalt hin: Während sich die Buchstaben auf der Ebene der Bedeutungsproduktion miteinander verbinden, bleiben sie auf der Ebene des Unbewussten, des Genießens, vereinzelt.

Pommier führt nun weiter aus, dass jedes Subjekt – ob universell oder auf unsere westliche Kultur beschränkt, bleibe dahingestellt – daran interessiert sei, den von der Einwirkung der Signifikanten herkommenden Mangel auf sich zu nehmen und doch wieder zu schließen. Was durch die Macht der Signifikanten, durch die Macht des Lautlichen verdrängt werde, kehre im Unbewussten wieder – als Bild, als Symptom, oder, auf der Ebene des Lautlichen, als Lapsus. Die in der lacanianischen Psychoanalyse so bedeutsame symbolische Kastration werde verdrängt und konterkariert durch das Genießen. Gleichwohl hält der Pariser Analytiker am Konzept des Mangels fest, denn wenn das Genießen überhand nähme, würde das Subjekt nicht nur Angst erleiden, sondern zugleich alles tun, um den Mangel wiederherzustellen, und sei es bloß darum, ihn phantasmatisch wieder zu kompensieren.

Unvermeidlich ist nun die kardinale Frage, warum das Genießen verboten wird – was ist so schlimm oder gefährlich daran? Gewiss, es gibt tödliche Formen und es gibt die Psychose, in der der Mangel nicht nur phantasmatisch verschwindet, sondern in der die gespaltene Struktur des Subjekts – in Bewusstem, Vorbewusstem und Unbewusstem – einstürzt. Aber es sind ja nicht nur diese Extreme oder Exzesse des Genießens, die verboten werden, sondern auch mildere Formen. Pommiers Antwort lautet:

»Es ist die Bedeutung des Körperbildes, das Anlass gab zu einer ersten Verdrängung, weil sein Genießen zunächst nicht das unsere war, weil seine Anerkennung von einem Anderen Genießen [Autre jouissance] abhing, an das es geknüpft war, außerhalb unserer.«[26]

Pommier weist hier darauf hin, dass das Genießen des Körperbildes mit dem mütterlichen Begehren zusammenhänge – ein klares Indiz für inzestuöse Abhängigkeiten. Die Befreiung daraus führe über den Namen-des-Vaters, nach dem das kindliche Subjekt rufe und dessen Zugang auch von der Mutter ermöglicht werden könne.

Es sieht so aus, dass in dieser Argumentation vor allem das Visuelle, Blickhafte in den Verdacht des Inzestuösen, des unmittelbaren Genießens gerät, und dass das Lautliche, Stimmliche den Zugang zum Namen-des-Vaters ermöglicht. Dieser Eindruck täuscht insofern, als auch das Visuelle einen Zugang zur symbolischen Kastration eröffnen kann, wie dies in der Gebärdensprache der Fall ist, die bei Pommier nicht explizit thematisiert wird. Da die Gebärden keine Abbilder der Dinge sind, sondern Zeichen und somit mittelbar, zur symbolischen Ordnung gehörend, ermöglichen auch sie, wie die lautlichen Zeichen, den Zugang zur symbolischen Kastration. Es geht schließlich darum, sich von der unmittelbaren Identität zu lösen, in den Bereich der Kultur einzutreten; um diesen Schritt vollziehen zu können, ist der Name-des-Vaters und das Begehren des Andern notwendig.

Pommier spricht dagegen explizit vom Verbot des Genießens im Stimmlichen, insofern die Stimme vom Namen-des-Vaters nicht strukturiert worden ist. Wie das Schauen müsse sich auch die Stimme transformieren und Träger von Bedeutungen werden.[27] Der Name-des-Vaters führe in die Mittelbarkeit ein, in die Kultur, in der die Artikulation im eigenen Namen möglich sei, in der es Ich und Du gebe, zudem

26 Ibid., S. 200 (Übers. d. Verf.). Das Zitat lautet im franz. Original: »C'est la signification de l'image de notre corps qui fut l'occasion d'un premier refoulement parce que sa jouisance ne fut d'abord pas nôtre, parce que sa reconnaissance dépendit d'une Autre jouissance à laquelle elle demeura suspendue, en dehors de nous.«

27 Auch der Tastsinn erleidet ein Verbot. »Das Berühren der Figuren mit den Pfoten ist verboten.«, heißt etwa ein Vers, der hierzulande oft in der Erziehung verwendet wird. Man denke dabei auch an Gewohnheiten und Bräuche in anderen Kulturen, die das direkte Berühren mit der Hand von Gegenständen (vor allem von solchen, die als Heiligtümer gelten) durch Vorschriften, Handschuhe zu tragen, verbieten.

das Rätsel, wer das Subjekt des Aussagens sei, d.h. wer ›hinter‹ dem Sprechen, ›hinter‹ der zeichenhaften Artikulation stehe.

Die Grenzen der psychoanalytischen Reflexion werden zweifellos gesprengt, wenn man fragt, warum die Kulturen sich so entwickeln, dass sie sich der Macht des Unsichtbaren, Lautlichen beugen und die Schrift, die ja einen anderen Ursprung hat, in ihren Dienst nehmen. Das sind philosophische, sogar theologische Fragen, auf die man in der Literatur unterschiedliche Antworten findet. Erinnert sei an die Zeichenlehre Hegels, der in der Abwendung der Zeichen von der Abbildlichkeit der Dinge, also in der Ausarbeitung der Mittelbarkeit, den Ausdruck der Geschichte des Geistes sieht, in der der Sprache die Funktion zukommt, die Macht des Göttlichen durch die Subjekte hindurch auszudrücken. Die Psychoanalyse braucht sich aber nicht einer Religion unterzuordnen, es genügt, wenn sie erkennt und anerkennt, dass die Macht des Unsichtbaren, der Signifikanten die Ordnung der Natur transzendiert – diese Einsicht ist auch in anderen Religionen als der jüdischen und christlichen grundlegend.

Jedenfalls genügt es nicht, zu sagen, in der Sprache selber liege schon der Mangel, und das Verbotene sei eigentlich ein *inter-dit*, ein ›Zwischengesagtes‹. Auch wenn das zutrifft, kann man damit nicht die Auseinandersetzung mit dem Transzendenten vermeiden. Denn warum sich die Menschheitsgeschichte so entwickelt hat, dass sie Inzest und Genießen überwinden will, ist mit dem Hinweis auf das *inter-dit* ja nicht gesagt. Muss man nicht an ein Begehren eines göttlichen Anderen denken, heiße er nun Gott, Allah, Zeus, Prajapâti oder wie auch immer, der dieses Begehren verkörpert? In diesem Zusammenhang ist es merkwürdig genug, dass die Ägypter und die Griechen ohne weiteres davon ausgingen, dass der Inzest ein göttliches Vorrecht sei. Die Tragik des Ödipus muss unter diesen Vorzeichen gelesen werden: Die menschliche Ordnung ist geprägt vom Verbot des Genießens, auch wenn sich das Unbewusste dem widersetzt. Wir werden diese Thematik später wiederaufnehmen, wenn der Name-des-Vaters thematisiert wird.

Kommen wir abschließend zu diesen Ausführungen über den Buchstaben noch einmal auf Freuds Fallgeschichte des Wolfsmanns und damit auf die Form der römischen Zahl V zurück. Weiter oben wurde auf die drei Bedeutungen dessen, was mit Buchstabe bezeichnet wird, hingewiesen. Wie man sieht, gehört diese Form des V durchaus zum Archaischen des Buchstabens. Die Flügel des Schmetterlings, die

Beine der Mutter bilden diese Form, von der das Subjekt, der Wolfsmann, erst nachträglich bemerkt, dass sie sich als Buchstabe lesen lässt. Auch die zweite Ebene der Bedeutung lässt sich leicht herauslesen. Die Form V wird von den verbalen Signifikanten, vom Anderen der mündlichen Sprache aufgenommen, d.h. das, was der Wolfsmann gesehen hat, lässt sich erzählen. Und schließlich ist auch die dritte Bedeutung gegeben, nämlich der Buchstabe V im Unbewussten – er ist wieder abgesunken, jedoch nicht mehr als archaischer, sondern als anarchischer, als vom Signifikanten verdrängter. Auf der Ebene des Unbewussten, d.h. als Traumbild, lässt er sich lesen. Auch Pommiers Aussage, der Buchstabe im Unbewussten trete vereinzelt auf, während er auf der Ebene der Signifikanten sich mit anderen Signifikanten verbinde, bewahrheitet sich an diesem Beispiel. Einerseits ist der Buchstabe V Teil der Erzählung des Wolfsmanns, andererseits repräsentiert er sein Genießen im Unbewussten: Der Wolfsmann identifizierte sich Freud zufolge mit seiner Mutter, mit ihrer Stellung dem Vater gegenüber, ausgedrückt im V ihrer Beine, und er wollte dem Vater ein Kind schenken, wie die Mutter dies schon getan hatte. Freud schreibt dazu:

»Das Kind unterbrach endlich das Beisammensein der Eltern durch eine Stuhlentleerung, die sein Geschrei motivieren konnte.«[28]

Bei allem Zweifel, ob die Urszene tatsächlich in der Analyse erinnert werden konnte oder ob dies einer Phantasie entsprach, bleibt doch die erstaunliche Metamorphose des Buchstabens unbestritten. Pommier sagt:

»Die ersten Darstellungen des Körpers tragen die Marke einer Verdrängung, die proportional zur Untersagung ist, welche das Genießen belastet. Indessen ist dieses verdrängte Genießen nicht für immer verdrängt, oder genauer, wir verdrängen es in jedem Moment, und es gestaltet dieses sogleich in eine Oberfläche im eigentlichen Sinne um. Jedes Mal, wenn wir getrennt existieren und ein Bewusstsein davon haben, verdrängen wir dieses Genießen, denn, es nicht zu verdrängen würde bedeuten, im Anderen entfremdet zu sein. Wenn wir also ›unbewusst‹ sind, kommt dieses Genießen hoch. Wenn wir z.B. schlafen, erscheint dieser von allen Empfindungen losgelöste Körper unter der Form des Traumes. Wenn wir eine Idee ausdrücken wollen und dabei ein Lapsus be-

28 S. Freud: *Aus der Geschichte einer infantilen Neurose*, op. cit., S. 112.

wirkt, dass wir eine andere sagen, so geschieht dies von einem Ort aus, von dem uns nicht bewusst ist, dass das Genießen nochmals seine Rechte geltend macht. Die Hieroglyphe des Traums, die Instanz des Buchstabens im Unbewussten schlagen sich also dank dieser Buchstäblichkeit eines Körpers nieder, der übrigens seit jeher jeder präzisen Form beraubt ist, da seine Erscheinung immer schon im Anderen aufgenommen und seit unserer Geburt verdrängt wurde. Deshalb kann diese Schrift so viele Formen leihen wie man will, wie es die Variabilität der Figuren und die Plastizität der Symptome zeigen. Alles ist ihr recht zum Schreiben.«[29]

Wenn man vom Genießen spricht, muss man immer auch an den Mangel, d.h. an seine Kompensation denken. Die Signifikanten führen die Ebene der Repräsentation ein; wenn ein Subjekt in der Kette der Signifikanten repräsentiert wird, erleidet es einen Verlust an Vollständigkeit, einen Verlust an Genießen, der sich auch als Mangel an Sein ausdrücken lässt. Umgekehrt verkörpert das Genießen das Sein, gegen dessen Verlust sich das Unbewusste sträubt. Wenn wir nochmals das Beispiel von P. Julien aufgreifen und an seine Aussage denken, dass

29 G. Pommier: *Naissance ...*, op. cit., S. 201 (Übers. d. Verf.). Das Zitat lautet im franz. Original: »Les premières représentations du corps portent la marque d'un refoulement proportionnel à l'interdit pesant sur la jouissance. Toutefois, cette jouissance refoulée ne l'est pas pour toujours ou, plus exactement, nous la refoulons à chaque instant, et elle refait aussitôt, au sens propre, surface. A chaque fois que nous existons séparément, que nous sommes conscients, nous refoulons cette jouissance, puisque ne pas la refouler voudrait dire être aliéné dans l'Autre. C'est donc lorsque nous sommes ‹ inconscients › que cette jouissance resurgit. Quand nous dormons, par exemple, ce corps désarrimé de toutes sensations réapparaît sous la forme du rêve. Si nous voulons exprimer une idée, et qu'un lapsus nous en fait dire une autre, c'est du lieu dont nous n'étions pas conscients que la jouissance fera encore une fois valoir ses droits. Le hiéroglyphe du rêve, l'instance de la lettre dans l'inconscient se dessinent donc grâce à cette littéralité d'un corps, qui fut d'ailleurs privé depuis toujours de toute forme précise, puisque son apparence fut toujours déjà prise dans l'Autre, et refoulée depuis notre naissance. Voilà pourquoi cette écriture pourra emprunter autant de formes que l'on voudra, comme le montre la variabilité des figures du rêve ou la plasticité du symptôme. Tout lui sera bon pour écrire.«

sich die Schrift nicht als Evolution vom Piktogramm über Ideogramme zu Notationen von Lauten begreifen lasse, sondern dass sie als eigenständig gegenüber Phonemen aufgefasst werden müsse, dann sollten die Ausführungen in diesem Abschnitt klar gemacht haben, dass man Julien unter der Voraussetzung entsprechender Interpretation seiner Aussage zustimmen kann. Man könnte ihr *nicht* zustimmen, wenn man die Schrift allein als Folge von Etappen, ausgehend von Piktogrammen über Ideogrammen zu Lautbildern, auffassen würde und darob vergäße, dass Schrift seit ihren Ursprüngen der Kontrapunkt des Sprechens war und somit auch der Kontrapunkt zur Erfahrung des Mangels. Schrift ist grundsätzlich mit der Negation der symbolischen Kastration verknüpft, mit dem Ort des Vollen, somit des Genießens. Das alleinige Pochen auf die Evolution würde verkennen, dass etwas in der Schrift sich dagegen sträubt, Notation und damit Magd des Lautlichen zu werden. Gleichwohl hat das Evolutive, wie Pommier zeigt, seinen Platz, gerade wenn man es nicht als nur linearen, sondern als gewundenen und in sich gespaltenen Prozess verstehen würde, als Bewegung vom Piktogramm, Ideogramm zur lautlichen Notation und wieder zurück zum Ideogramm, Piktogramm, *und zugleich* als Verharren im Bildlichen, Genießenden, als Widerstand gegen die spirituelle Macht des Namens-des-Vaters. Von den drei Bedeutungen des Buchstabens, die wir in diesem Abschnitt herausgearbeitet haben, der archaischen, der semantischen und der anarchischen, argumentiert Julien nur von letzterer her, der anarchischen, die in ihrem Erscheinen als Traumbild, als Teil eines Rebus, nicht von sich aus zu erkennen gibt, dass das Subjekt einen Weg zurückgelegt haben muss, um sie hervorzubringen.

## VORNAME UND GESCHLECHTLICHKEIT

In diesem Abschnitt wird der Frage nach der Verknüpfung von Eigennamen und Geschlechtlichkeit nachgegangen. Es ist eine offensichtliche und doch in der Theorie wenig beachtete Tatsache, dass der Eigenname nicht nur Vorstellungen und Phantasmen der Eltern, wie das Kind werden soll, enthält und ausdrückt, sondern dass er auch auf etwas Reales hinweist: auf das anatomisch bestimmte Geschlecht des Kindes. Das verpflichtet die Eltern, bei der Wahl des Vornamens darauf Rücksicht zu nehmen. Während es im Alltag kaum vorkommt, dass Eltern von Neugeborenen nicht gefragt werden, ob es ein Junge oder ein Mädchen sei, und während in den Geburtsabteilungen der Spitäler die Kinderbetten mit roten oder blauen Maschen ausgestattet werden, sieht es so aus, dass in der Theorie der Zusammenhang von Name und Geschlechtlichkeit kaum thematisiert worden ist. Man kann interessante und reichhaltige Abhandlungen über die Bedeutung des Eigennamens lesen, ohne dabei auf diesen elementaren Sachverhalt zu stoßen. Selbst in der Lacan'schen Psychoanalyse wird dieses Thema nur marginal behandelt, wenn überhaupt.

So vielfältig die Vornamen sind, so lassen sie sich doch – mit wenigen Ausnahmen, von denen sogleich zu sprechen sein wird – auf die zwei Felder des Geschlechtlichen eintragen. Hört oder liest man von Hans oder von Heinrich, so bestehen ebenso wenig Zweifel, dass es sich um Zuordnungen zum männlichen Geschlecht handelt, wie man sicher ist, dass die Namen Anna oder Rahel die Zugehörigkeit zum weiblichen Geschlecht beinhalten. Diese Zuordnung nennt man in der Psychoanalyse Sexuierung, um damit einer Konfusion vorzubeugen, die mit dem Terminus ›Geschlecht‹ entstehen kann. Dieses kann bekanntlich nicht nur die Zugehörigkeit zu Weiblichkeit oder Männlichkeit bezeichnen, sondern auch als Gattungsname oder als Familienname verwendet werden.

Es gibt, jedenfalls im deutschen Sprachbereich, gewisse Ausnahmen, bei denen diese Zuordnung des Vornamens zu Männlichkeit oder Weiblichkeit ungewiss bleibt, etwa bei Dominique, Andrea, Luca, und vielleicht auch dann, wenn ein Name einer anderen Kultur eingeführt wird, der in dieser keinen Zweifel über die Zugehörigkeit zu einem Geschlecht aufkommen lässt, durch seinen Klang oder seine Fremdheit in unserer Kultur jedoch diese selbstverständliche Zuordnung verliert. Wer hat nicht schon Vornamen gehört und dabei nicht gewusst, auf welches Geschlecht sie hinweisen? Gewöhnlich lassen die Namen, die auf den Vokal a ausklingen, an Weiblichkeit denken, aber schon im Italienischen gibt es einige Vornamen, die männlich sind und doch auf a enden, z.B. Luca; Fra, auch Maria weist nicht immer auf ein weibliches Wesen hin, man denke an Rainer Maria Rilke. Allerdings, und das spricht für die Funktion des Vornamens als Indikator des Geschlechts, wird im deutschsprachigen Bereich dieser an sich weibliche Vorname beim männlichen Geschlecht nur als Zweitname verwendet. Die Ausnahme bestätigt die Regel, sagt ein Sprichwort, dem wir hier folgen. Wenn es auch nicht in jedem Falle so ist, dass der Vorname das Geschlecht seines Trägers bezeichnet, so ist es doch großmehrheitlich so.

Das eröffnet nun eine interessante Fragestellung: Bekanntlich behauptet die Lacan'sche Psychoanalyse, dass *die* Frau nicht existiert, d.h. dass Frauen nicht ein allen gemeinsames Merkmal haben, wie dies beim Mann der Fall ist, von dem Lacan sagt: Er sei nicht, ohne es zu haben.[30] Auch wenn mit dieser Aussage keine Privilegierung des männlichen Organs verbunden ist, so ist es doch dieses Zeichen, das jedes männliche Wesen im Realen definiert. Dem Fehlen dieses gemeinsamen Merkmals bei den Frauen steht ihre Offenheit gegenüber, ein Mehr an Freiheit gegenüber dem männlichen Geschlecht.

Wird nun diese Aussage, dass *die* Frau nicht existiert, mit der Tatsache konfrontiert, dass alle Frauen, ebenso wie Männer, Vornamen haben, so wird die Gültigkeit dieser Behauptung in Frage gestellt. Wenn Frauen wie Männer Vornamen haben, wie kann es dann sein, dass das eine Geschlecht existiert, das andere nicht? Ist nicht allein das Haben eines Eigennamens ein Indikator für die Existenz seines Trägers? Wie könnte jemand Anna, Emma, Elisabeth heißen, ohne dabei zu existieren? Warum sollte es so sein, dass die Vornamen Hans, Friedrich, Patrick auf die Existenz des Geschlechts hinweisen, während die weiblichen Vornamen die Nicht-Existenz bezeichnen?

Das Problem akzentuiert sich noch, wenn man es unter einem ontogenetischen Gesichtspunkt betrachtet, der zum strukturellen hinzukommt. Jener fokussiert den Bereich dessen, was man gewöhnlich ›Entwicklung‹ nennt, was ein etwas missverständlicher Ausdruck ist, weil er suggeriert, dass vor der Ent-wicklung eigentlich alles schon da ist, es braucht nur noch abgerollt zu werden. ›Sozialisation‹ berücksichtigt andererseits den Einfluss äußerer Faktoren, trägt aber wiederum dem subjektiven Aspekt, der Tätigkeit, zu wenig Rechnung. Vielleicht ist es am adäquatesten, wenn man vom werdenden Subjekt spricht, das nur in einem strukturellen Kontext gedeihen kann. Der Fokus der ontogenetischen Perspektive umreißt nun den Bereich des Werdens eines Subjekts, das von Beginn seines Lebens an mit seinem Namen konfrontiert ist, ihn verinnerlicht, ihn vergleicht, bewertet, mit ihm spielt.

---

30 S. dazu J. Lacan: *Das Seminar VIII (1960–1961). Die Übertragung*, Wien: Passagen 2008, S. 291.

Der Sachverhalt des Tragens von Vornamen zeigt exemplarisch, wie fragwürdig die Ausdrücke ›Entwicklung‹ und ›Sozialisation‹ sind. Aus einer linearen Entwicklung geht niemals ein Vorname hervor; dieser ist dem Subjekt vorgegeben, buchstäblich in die Wiege gelegt. Die Rede von ›Sozialisation‹ berücksichtigt zwar diesen von außen kommenden Faktor, übersieht aber die im Namen selbst liegende gestaltende Kraft, die sich das werdende Subjekt aneignet. Der Eigenname geht weder aus der Entwicklung hervor, noch lässt er sich unter verhaltenstheoretischer Orientierung erfassen; vielmehr ist er ein Gebilde, das ebenso subjekt-interpretierend ist, wie seine Bedeutung vom Subjekt im Kontext seiner Lebensverhältnisse gedeutet wird. Der Eigenname liegt im Schnittpunkt von strukturellen Gegebenheiten – jedes Subjekt bekommt am Anfang seines Lebens einen Namen – und dem subjektiven Werden.

Was hat es nun mit der im Namen enthaltenen Sexuierung auf sich? Das Problem lässt sich wie folgt umreißen: Im Namen liegt die Sexuierung – von wenigen Ausnahmen abgesehen – beschlossen, aber das Subjekt weiß anfänglich nichts davon. Es kommt als Mädchen oder als Junge auf die Welt, bekommt einen Namen, der seinem physischen Geschlecht entspricht, aber es weiß von alldem in seinen ersten Lebensmonaten nichts. *An-sich* ist die Verbindung zwischen seinem physischen Geschlecht und der Ordnung des Symbolischen hergestellt; aber sie ist noch zu keinem *Für-sich* geworden. Dieses Für-sich-Werden, diese Subjektivierung der strukturellen Vorgegebenheit, einen Namen zu tragen, der die Zugehörigkeit zu einem Geschlecht anzeigt, geht nicht linear und nicht ohne Irrtümer vor sich. Das Falsche wird dabei zu einem Index des Wahren, Irrtümer sind unvermeidlich.

Natürlich ist es nicht nur der Eigenname, der die Sexuierung bezeichnet; die Teilung der Geschlechter spiegelt sich auch in den Unterteilungen von ›Frau‹, ›Mann‹, ›Junge‹, ›Mädchen‹ (was merkwürdigerweise einen sächlichen Artikel hat) wider sowie in den Personalpronomina ›sie‹ und ›er‹ (auch hier besteht eine Merkwürdigkeit: ›Ich‹ und ›du‹ sind nicht sexuiert). Auch sie werden zunächst von beiden Geschlechtern übernommen, ohne zu wissen warum. Das aufkommende Wissen gibt dann Anlass zu Identifizierungen, denen Verfremdungen folgen. Beide Geschlechter stellen sich eines Tages vor, wie es wäre, wenn sie einen Vornamen des anderen Geschlechts tragen würden. Dies geschieht nicht so sehr aus dem Wunsch heraus, zum anderen Geschlecht zu gehören, als vielmehr das eigene in einen symbolischen Zusammenhang zu bringen, das Gleichbleibende des Eigennamens und des Geschlechts durch fiktive Negationen zu dialektisieren.

Ließe sich dieser Vorgang vom An-sich des Vornamens zum Für-sich des Begreifens der Geschlechtlichkeit nicht am Leitfaden von Hegels *Phänomenologie des Geistes* beschreiben? Ja, insofern Hegel wie kein anderer die Etappen der Irrtümer erkannt hat, die das Subjekt auf dem Weg zur Erkenntnis seiner selbst und seiner Voraussetzungen durchläuft und hinsichtlich derer es nicht anders kann, als sie zu durchlaufen; nein, insofern Hegel genau dieses Problem der Geschlechtlichkeit übergeht. Es kann sich also bei der Beschreibung des Entdeckungsweges der Sexuierung um nicht mehr als um eine Anlehnung handeln.

Die Geschlechtlichkeit ist im Werden des Kindes zunächst nur ein implizites Thema, es wird überlagert von Dualismen wie Anwesenheit – Abwesenheit, Befriedigung – Hunger, dunkel – hell. Dass seine Angehörigen an seinem Bettchen sitzen und über die rote oder blaue Schleife sprechen, kümmert es noch nicht. Auch in einer nächsten Etappe gliedert sich seine Welt eher nach groß und klein, belebt und unbelebt, akustisch und visuell, gegenständlich und ungegenständlich. Ein großer Schritt ist getan, wenn sich das Kind im Spiegelbild erkennt, dann hat es die Voraussetzungen für die Unterscheidung von Ich und Nicht-Ich erreicht, der diejenige von lebendig oder tot folgt. Bei diesen Schritten der Subjektwerdung ist sein Vorname als Rufname stets präsent. Es hört ihn, er wird zum Zentrum des Eindrucks, angesprochen zu sein. Diesem durch den Eigennamen vermittelten Gefühl für sich selbst geht die prägende Kraft der Stimme der anderen, insbesondere der Mutter, voraus. Wenn sie oder die das Kind pflegende Person den Namen des Kindes ruft, so führt das nicht gleich dazu, dass es denkt, es sei gemeint, oder gar zu einer Erfahrung des Getrennt-Seins von ihr, das nun durch den Eigennamen überbrückt werde, sondern eher zu einem Gefühl der Anwesenheit des anderen, die sich in ihrer oder seiner Stimme ankündigt. Die Stimme des anderen, die das Kind ruft, es mit seinem Namen nennt, hat somit zwei Komponenten: Die eine, die zu Beginn die vorherrschende ist, rückt die rufende Person in den Vordergrund; die andere, die es zu entdecken gilt, betrifft das angesprochene Kind, dessen Aufmerksamkeit eine neue Qualität erreicht, wenn es sich als im Rufen gemeintes Subjekt fühlt.

Auch wenn diese Etappen ihre strukturierende Macht entfaltet haben, ist das Wissen um die Zugehörigkeit zu einem Geschlecht noch nicht erreicht. Vielleicht führt der Weg der Erfahrung bereits dazu, einzelne Kinder als Mädchen, andere als Knaben, einzelne Erwachsene als Frauen, andere als Männer zu bezeichnen, aber das Kriterium für diese Unterteilungen wird nicht auf Anhieb gefunden, sondern wird zunächst anderswo gesucht, vor allem in der Kleidung, der Frisur, der Körpergröße oder gar der Augenfarbe.

Wie man sieht, ist es notwendig, gewisse Prozesse in der Logik zu durchlaufen, um zu einem einigermaßen adäquaten Wissen um die Sexuierung zu kommen. Wahrscheinlich ist es nicht der Eigenname, der dazu führt, sondern eher andere Erfahrungen, die das Kind macht, also Beobachtungen bei anderen Kindern und bei seinen Eltern. Der Eigenname gibt wohl ein im Allgemeinen zuverlässiges Kriterium für die Unterscheidung der Geschlechter, aber er verbindet sich nicht sofort mit den physischen Gegebenheiten. Dennoch enthält er eine Norm, an der sich das Subjekt von einem gewissen Zeitpunkt an zu orientieren beginnt. Wenn es so weit ist, dass es bemerkt hat, welche Merkmale die entscheidenden sind, wenn es darum geht, Männlichkeit von Weiblichkeit zu unterscheiden, dann wird es feststellen, dass sich auch die Vornamen in diese zwei Lager unterteilen lassen – das Symbolische des Namens wird sich für es mit dem Realen des Geschlechts verbinden.

Wenn dieser Schritt gemacht ist, werden die Vornamen nicht bloß nach ihrem Klang, nach ihren Bedeutungen oder nach den Personen, die denselben Namen tragen, beurteilt, sondern zuallererst nach ihrer Zugehörigkeit zu einem der beiden Geschlechter. Besonders Namen aus entlegenen Kulturen führen dann immer wieder zur Frage, was sich daraus ableiten lässt, d.h. ob sein Träger ein Junge oder ein Mädchen ist.

Es gibt also eine Symmetrie in der Namensgebung: Junge wie Mädchen bekommen einen Vornamen, dessen eine Funktion darin besteht, auf das Geschlecht hinzuweisen. Wenn es nun so ist, dass das männliche Geschlecht durch ein Merkmal definiert ist, das alle seine Vertreter haben, dieses gemeinsame Merkmal dem weiblichen Geschlecht dagegen fehlt, was heißt das nun für die Vornamen, die doch implizieren, dass beide Geschlechter existieren? Anders gefragt: Was genau bezeichnet der weibliche Vorname, wenn es doch gar kein Merkmal gibt, das sich bezeichnen lässt?

Drei Antworten scheinen möglich: Die eine würde lauten, dass weibliche Vornamen genau das Fehlen eines gemeinsamen Merkmals bezeichnen. Die zweite Antwort könnte darauf hinweisen, dass der weibliche Vorname den weiblichen Körper betrifft, d.h. den weiblichen Körper insgesamt, nicht bloß das physische Geschlecht. Und als dritte Antwort wäre möglich, dass der weibliche Vorname das weibliche Sein betreffe, wie immer man es auffasse. Diese Antwort würde von einer Unterschiedlichkeit von männlichem und weiblichem Sein ausgehen und dies im Vornamen zum Ausdruck bringen.

Wenn man auf den Sprachgebrauch in unserer Kultur, genauer: in unserer Sprachregion, achtet, kompliziert sich die Frage noch. Während man vom Jungen, vom Knaben spricht, gibt es das sexuierte Pendant beim weiblichen Geschlecht auf der Altersstufe der Adoleszenz nicht, denn man spricht wie gesagt vom Mädchen, ordnet ihm also grammatisch das sächliche Geschlecht zu. Erst auf der Erwachsenenebene stellt sich eine Symmetrie ein, wenn es ›der Mann‹ bzw. ›die Frau‹ heißt, wobei selbst auf dieser Ebene der heutzutage kaum mehr verwendete Ausdruck ›Weib‹ mit dem sächlichen Artikel bezeichnet wird. Für die Vornamen impliziert das, dass sie beim weiblichen Geschlecht im Laufe ihres Lebens eine Transformation durchmachen: Sie bezeichnen zwar von Anfang an das weibliche Geschlecht, aber in der symbolischen Ordnung wird ihm – solange es als Mädchen bezeichnet wird – die Weiblichkeit abgesprochen oder jedenfalls noch vorenthalten, so dass die im Vornamen enthaltene Zugehörigkeit zur Weiblichkeit erst mit dem Eintritt ins Erwachsenenalter zum Tragen kommt. Allerdings ist die Attribuierung zum sächlichen Geschlecht nicht durchgängig: Oft wird als zu *Mädchen* entsprechendes Personalpronomen *sie* verwendet, wobei in der Schweiz *es* häufig vorkommt, vor allem im mündlichen Schweizerdeutsch.

Zurück zu den drei möglichen Antworten auf die Frage, was denn weibliche Vornamen – spätestens nach der Adoleszenz ihrer Träger – bezeichnen. Alle drei skizzierten Antworten vermögen nicht zu befriedigen: Die erste darum nicht, weil die Abwesenheit eines gemeinsamen Merkmals ein negatives Kriterium ist; gegen die zweite Antwort spricht, dass die Zuordnung zum Körper den psychisch-mentalen Bereich übergeht. Und die dritte, die von einem weiblichen Sein ausgeht, das mit dem Vornamen bezeichnet wird, impliziert eine weibliche Substanz, ohne zu sagen, was damit gemeint sein könnte.

Die hier auftretenden Schwierigkeiten und Fragen haben ihr Pendant in dem, was die Freud'sche Psychoanalyse in Bezug auf die Weiblichkeit formuliert. Zum einen spricht Freud von der verzögerten

Entdeckung der Weiblichkeit, die lange unentdeckt bleibt,[31] zum anderen ist die Weiblichkeit das, was abgewehrt wird, wovon beide Geschlechter nichts wissen wollen. Mit der Lacan'schen Psychoanalyse werden die Probleme und Fragen Freuds, die in der Frage »Was will das Weib?«, gipfeln, keineswegs geringer. Das begriffliche Erfassen-Wollen dessen, was weiblich ist, führt zu logischen Schwierigkeiten, ja, wie Lacan gezeigt hat, zur Notwendigkeit, grundlegende aristotelische Kategorien zu erweitern und Konzepte wie das des *›pas-toute‹* (*›nicht-alle‹*) einzuführen, die den Bereich des Empirischen subvertieren.[32] Die Weiblichkeit gibt zu denken; sie entzieht sich auch dann der Positivierung, wenn ihre strukturellen Voraussetzungen ergründet werden.

Immerhin sei noch ein Aspekt erwähnt, der zu dieser Frage, was denn die weiblichen Vornamen bezeichnen, gehört: Er hat mit dem Begehren des Anderen zu tun. Auch wenn sich das, was weiblich ist, nicht positiv auf den Begriff bringen lässt, wenn Weiblichkeit vielmehr Offenheit ist, die ihre Bestimmung im Anderen sucht, so gibt es ein Begehren nach ihr; ja, vielleicht hat das Begehren einen innigen, privilegierten Bezug zur Weiblichkeit, insofern beide nicht positiv definierbar sind. Ein Moment des Zukünftigen liegt darin: Was Weiblichkeit ist, wird sich noch erweisen, man wird sehen …

## DER EIGENNAME UND DIE ZEIT

Interessante Zusammenhänge kommen ans Licht, wenn man die Bezüge zwischen dem Eigennamen und der Zeit untersucht. Wie sich zeigen wird, stiftet er Verbindungen zwischen Vergangenheit, Gegenwart und Zukunft, zwischen Abwesenheit und Anwesenheit, zwischen Möglichkeit und Wirklichkeit.

Wenn jemand einen Rufnamen erschallen lässt, um ein anderes Subjekt aufzurufen, ist stets die *Zukunft* mit im Spiel, denn das andere ist noch nicht da, aber es hört, wie es aufgerufen wird. Unzählige Male

31 S. dazu S. Freud: *Die infantile Genitalorganisation.* In: G.W. XIII; *Einige psychische Folgen des anatomischen Geschlechtsunterschieds.* In: G.W. XIV; *Über die weibliche Sexualität.* In: G.W. XIV.

32 S. dazu J. Lacan: *Seminar XX (1972–1973). Encore*, Weinheim u. Berlin: Quadriga 1986, Kap. V und VI.

geschieht solches, wenn eine Mutter ihr Kind ruft, das irgendwo im Garten oder auf der Straße spielt, mit anderen zusammen ist oder sich zur Lektüre zurückgezogen hat. Es genügt, dass das Kind den Namen hört, und schon weiß es, dass es sich zur rufenden Mutter begeben soll. Sein Name, gerufen vom anderen, fungiert dabei wie ein Imperativ, so als wäre nicht sein Träger Herr über ihn, sondern der Repräsentant des Andern, der mittels des Namens zwar nicht unmittelbar über das Subjekt verfügt, aber ihm doch nahelegt, zu gehorchen. Der Name wird auf diese Weise zu einem Zeichen für den Gehorsam, der stets auf die Zukunft und auf das Begehren des Andern verweist:

Weit aufschlussreicher ist der Name, wenn man ihn mit der Vergangenheit in eine Beziehung bringt. Einerseits bedeutet zwar der Rufname nichts anderes als die Singularität des Subjekts selbst, andererseits liegt im Rufnamen mehr oder weniger eine Geschichte verborgen, die über seinen aktuellen Träger hinausweist. Der Eigenname eines Kindes inkarniert die Phantasmatik der Eltern in Bezug auf ihr Kind – es wurde bereits darauf hingewiesen. Sie wählen ihn nach unterschiedlichen Kriterien aus, wobei ästhetische Kriterien in Betracht kommen, aber auch solche assoziativer Art, d.h. es spielt eine Rolle, welche anderen Träger dieses Namens den Eltern bereits bekannt sind. Ob ein griechischer Feldherr, eine Königin ein Filmstar oder eine exotische Schönheit den Namen getragen hat, den Eltern ihrem Kind geben, stets beladen sie es – ohne dass das zu kritisieren wäre, weil es nicht anders sein kann – mit einer Geschichte, die ihnen vielleicht selber unbekannt oder nur teilweise bekannt ist. Es ist hier nicht anders als bei Familiennamen, wo die objektiven Dimensionen ins Gegenwärtige hineinragen, wie dies vor allem deutlich wird, wenn sich Familiennamen, die aus Berufsbezeichnungen hervorgegangen sind, von diesen losgelöst haben und ihre Träger nichts mehr damit zu tun haben. Im Grunde genommen gilt das auch für das Lernen, Aneignen von Wörtern. Auch hier lastet der »Alp früherer Generationen« (Marx) auf den Subjekten, die dabei nicht nur das für die Bewältigung der Gegenwart und Zukunft notwendige Wissen erwerben und seine einzelnen Elemente lernen, sondern mit ihnen auch in die Tradition eingeführt werden, ohne dass sie dies explizit zu bemerken brauchen.

Eine ganz andere Dimension der Zeitlichkeit zeigt sich, wenn von Verstorbenen gesprochen wird, wenn ihre Namen ausgesprochen werden – dies wurde bereits im Abschnitt über *Todesanzeigen*[33] angedeutet. Dann sind die Toten durch das bloße Aussprechen des Namens geisterhaft anwesend. Die Hinterbliebenen werden in dem Moment besonders gerührt, in dem der Name des Verstorbenen erwähnt wird. Bleibt er unausgesprochen, ist er gleichwohl irgendwo anwesend, als Inschrift im Gedächtnis, als Grab mit Grabstein, auf dem der Name ebenfalls eingeschrieben ist, gleichsam als äußeres Zeichen der inneren Inschrift.

Man kann hier einen Zyklus von Tod und Leben erkennen. Jeder neugeborene Mensch bekommt einen Namen, ausgesucht aus einem Buch der Namen. Er behält ihn zeit seines Lebens und wird ihn nie abgeben. Über seinen Tod hinaus wird er damit von den anderen bezeichnet; wenn er verschwindet, bleibt sein Name. Er löst sich ab beim Tod des Subjekts, bleibt im Gedächtnis der Angehörigen bestehen, zusammen mit Erinnerungen. Man kann jedoch nicht sagen, dass der Name nach dem Tod des Subjekts wieder in das Buch der Namen zurückkehrt, weil er immer dort verblieben ist, auch wenn davon ein Name ausgewählt worden ist. Eigennamen folgen einer anderen Ordnung der Quantifizierung, es gibt nicht eine bestimmte Menge von Subjekten, die sich in einen Namen teilen können, die Anzahl ist nicht begrenzt, unterliegt den subjektiven Vorlieben und Wahlen der Namensgeber. Wie viele ›Elisabeth‹ es gibt, hat nichts mit einer Vorschrift zu tun, die im Buch der Namen festgehalten wäre; die Eltern sind frei, ihr Kind so zu nennen, wie es ihren Vorstellungen entspricht, unabhängig davon, ob und wie dies die Nachbarn, die Verwandten oder andere Mitglieder der Gesellschaft tun.

Der Eigenname hat etwas mit einem Lehen zu tun. Die Eltern entnehmen dem Buch der Namen einen für ihr Kind, geben ihn ihm. Es ist sein eigener Name, und doch ist er geliehen; er ist geliehen und doch muss er nicht zurückgegeben werden. Vielmehr ist es das Subjekt, das sich von ihm löst, wenn es stirbt. Man ist versucht, das Lehensverhältnis umgekehrt zu denken: Der Name ist zeitlos, zumindest relativ zeitlos, Generationen überdauernd; damit er zum Leben erweckt wird, wählt er sich Subjekte aus, erweckt sie dadurch zum Leben, dass sie mit einem Namen ausgestattet werden. Der (unsterbliche) Eigenname leiht sich ein (sterbliches) Subjekt. Nach seinem Tod tritt er in die Latenz, wartet auf ein neues Subjekt. – Aber widerspricht ein

33 S. 39f.

solches Verhältnis nicht der Wahl der Eltern, die einen Namen für ihr Kind aussuchen, widerspricht es nicht dem Vorrang der Menschen über den Namen? Der Gegensatz löst sich auf, wenn man bedenkt, dass die Eltern ihrerseits ›Agenten‹, Träger eines Namens sind, den ihnen ihre Eltern gegeben haben. Es ist ja nicht so, dass die Eltern zunächst ohne Namen existierten, vielmehr haben sie genauso wie ihre eigenen Kinder einen Namen von den Vertretern der älteren Generation bekommen. Wenn sie nun selbst einen Namen für ihr Kind wählen, so geschieht dies nicht unabhängig von ihrem eigenen Namen, den sie erhalten haben; überspitzt gesagt sind die Eltern immer auch Agenten des Begehrens, das in ihrem Namen enthalten ist.

Nun scheint ein Regress ins Prähistorische, Unvordenkliche unvermeidlich. Wenn man immer weiter in der Geschichte zurückdenkt, muss es dann nicht so sein, dass jemand den Eigennamen erfunden hat, der sich dann ausgebreitet hat, so dass es in allen Gesellschaften Usus geworden ist, dass jedes Subjekt mit einem Namen ausgestattet wird? Andererseits: Wie soll man sich das vorstellen, dass jemand auf die Idee kommt, plötzlich einem anderen Menschen, vielleicht dem eigenen Kind, einen Namen zu geben und es fortan damit zu benennen und aufzurufen? Vielleicht sind solche Erfindungen in Bezug auf Familiennamen denkbar, die zu Präzisierungen, administrativen Klärungen von Problemen des Zusammenlebens geführt haben. Aber Eigennamen schlechthin, vor Aufteilungen in Vor- und Nachnamen? Haben die Menschen nicht immer schon einen Namen getragen?

Wir geraten hier in eine problematische Zone, die auf Grenzen des eigenen Denkvermögens verweist. Gewiss würden Anhänger von theologischen Glaubensrichtungen sagen, der Name sei etwas Göttliches, und gerade im Christentum sei der Name etwas besonders Wichtiges, da Christus der Name Gottes sei. Andere würden dem entgegenhalten, dass der Name etwas Zweckmäßiges sei, weshalb er im Laufe der Naturgeschichte, zu der auch die Menschheitsgeschichte gezählt wird, entstanden sei und sich behauptet habe. Angesichts einer solchen Alternative kann es nur den Versuch geben, sich ihr zu entziehen und einen anderen Weg zu suchen. Aber welchen? Es ist schwer vorstellbar, dass es eine Zeit gab, in der die Menschen keine Namen hatten; wenn es Sprache gab, mussten Sprechende, Angesprochene und dritte Personen auch bezeichnet werden. Deshalb hat die Idee, dass die Namen ihre Menschen suchen, etwas für sich. Sind nicht die Namen selbst das Göttliche? Und zeigt sich das nicht gerade darin, dass die

Namensgebung, das Zusammentreffen eines Namens mit einem Körper, mit einem Fest gefeiert wird, das auf Transzendenz verweist, so rätselhaft sie ist? Ob jemand so oder anders heißt, mag in diesem Zusammenhang gleichgültig sein, dass er oder sie mit dem Namen in die – nicht auf Natur rückführbare – Kultur eingeführt wird und diese durch diese Subjektwerdung mitträgt, eben das lässt sich als göttliche Dimension auffassen. Wobei diese ein Synonym für Offenheit ist, denn sie ist nicht auf die Vergangenheit rückführbar, sondern verweist auf die Zukunft – auf das, was noch ausstehend ist, durch die vielen Eigennamen hindurch.

## Das Tabu des Eigennamens

Verlässt man den europäischen Kulturraum und seine Geschichte, wendet man sich fernen Völkern, ethnologischen Zeugnissen zu, so stößt man auf enge Zusammenhänge zwischen Eigennamen und Sein. Freud hat sich in *Totem und Tabu* eingehend damit beschäftigt. Lassen wir ihn zu Wort kommen; er leitet die Schilderung einer Beobachtung, die auf diese Verknüpfung hinweist, mit folgenden Worten ein, wobei er sich auf die Arbeiten von James Frazier stützt:

> »Einer der befremdendsten, aber auch lehrreichsten Tabugebräuche der Trauer bei den Primitiven ist das Verbot, den *Namen* des Verstorbenen auszusprechen. Es ist ungemein verbreitet, hat mannigfaltige Ausführungen erfahren und bedeutsame Konsequenzen gehabt.
> Außer bei den Australiern und Polynesiern, welche uns die Tabugebräuche in ihrer besten Erhaltung zu zeigen pflegen, findet sich dieses Verbot ›bei so entfernten und einander so fremden Völkern wie die Samojeden in Sibirien und die Todas in Südindien, die Mongolen der Tartarei und die Tuaregs der Sahara, die Aino in Japan und die Akamba und Nandi in Zentralafrika, die Tinguanen auf den Philippinen und die Einwohner der Nikobarischen Inseln, von Madagaskar und Borneo‹.«[34]

Er fragt dann, warum dieses oft sehr streng befolgte Verbot bestehe. Bevor er eine eigene Behauptung aufstellt, erkennt er Maßnahmen, die

34 S. Freud: *Totem und Tabu (einige Übereinstimmungen im Seelenleben der Wilden und der Neurotiker)*. In: StA IX, S. 344.

den Sachverhalt verschleiern. Die *Masai* in Afrika seien auf die Ausflucht gekommen, den Namen des Verstorbenen unmittelbar nach seinem Tode zu ändern; er dürfe nun ohne Scheu mit dem neuen Namen erwähnt werden, während alle Verbote an den alten geknüpft blieben. Andere Stämme, etwa in Paraguay, würden so weit gehen, nach einem Todesfall allen Mitgliedern des Stammes neue Namen zu geben, die sie fortan erinnerten, als ob sie sie von jeher getragen hätten. Wenn außerdem der Name des Verstorbenen sich mit der Bezeichnung eines Tieres, Gegenstandes usw. gedeckt habe, sei es manchen unter den angeführten Völkern als notwendig erschienen, auch diese Tiere und Objekte neu zu benennen, damit man beim Gebrauch dieser Worte nicht an den Verstorbenen erinnert werde. Freud setzt dann zu einer ersten Erklärung an:

»Das Befremdende dieses Namentabu ermäßigt sich, wenn wir daran gemahnt werden, daß für die Wilden der Name ein wesentliches Stück und ein wichtiger Besitz der Persönlichkeit ist, daß sie dem Worte volle Dingbedeutung zuschreiben. Dasselbe tun, wie ich an anderen Orten ausgeführt habe, unsere Kinder, die sich darum niemals mit der Annahme einer bedeutungslosen Wortähnlichkeit begnügen, sondern konsequent schließen, wenn zwei Dinge mit gleichklingenden Namen genannt werden, so müßte damit eine tiefgehende Übereinstimmung zwischen beiden bezeichnet sein. Auch der zivilisierte Erwachsene mag an manchen Besonderheiten seines Benehmens noch erraten, daß er von dem Voll- und Wichtignehmen der Eigennamen nicht so weit entfernt ist, wie er glaubt, und daß sein Name in einer ganz besonderen Art mit seiner Person verwachsen ist. Es stimmt dann hiezu, wenn die psychoanalytische Praxis vielfachen Anlaß findet, auf die Bedeutung der Namen in der unbewußten Denktätigkeit hinzuweisen.«[35]

Freud denkt dabei an die Zwangsneurotiker, die sich ganz ähnlich wie die Wilden benähmen. Sie würden z.B. aus der Behandlung des eigenen Namens eine Anzahl von oft schweren Hemmungen ableiten.

»Eine solche Tabukranke, die ich kannte, hatte die Vermeidung angenommen, ihren Namen niederzuschreiben, aus Angst, er könnte in jemandes Hand geraten, der damit in den Besitz eines Stückes von ihrer Persönlichkeit gekommen wäre. In der krampfhaften Treue, durch die sie sich gegen die Versuchungen

35 Ibid., S. 347.

ihrer Phantasie schützen mußte, hatte sie sich das Gebot geschaffen, ›nichts von ihrer Person herzugeben‹. Dazu gehörte zunächst der Name, in weiterer Ausdehnung die Handschrift, und darum gab sie schließlich das Schreiben auf.«[36]

Freud zieht aus all diesen Beobachtungen den Schluss, dass der Grund für diese Praktiken in der Furcht vor der Wiederkehr der Toten lägen. Für unseren Zusammenhang ist hier der Nachweis wichtig, dass der Name zumindest in anderen Gesellschaften, bei Kindern und bei Neurotikern, nicht als ein an sich bedeutungsloses Anhängsel eines Subjekts empfunden wird, sondern als ein Gebilde, das mit dem eigenen Sein zu tun hat, selbst wenn er nicht substantialistisch im Sinne von *nomen est omen* gelesen wird, sondern als wesentliches Attribut. Die Frage ist, ob diese Seinsverbundenheit nicht für jeden Menschen zutrifft, da doch ein jeder und eine jede mit seinem Namen aufwächst und da bei jeder Bekanntschaft mit anderen Menschen – ja bei jeder Erinnerung an sie – deren Namen von entscheidender Bedeutung sind. Die Ausführungen im Abschnitt *Todesanzeigen*[37] lassen dies vermuten, wobei unterschiedliche Grade von solchem Glauben, dessen Grenzen zum Aberglauben kaum scharf gezogen werden können, im Spiel sind.

## EIGENNAME UND GENIESSEN

In diesem Abschnitt geht es um die Behauptung, dass der Eigenname mit einem Genießen verknüpft ist. Es resultiert aus dem eigenartigen epistemologischen Status des Eigennamens, nämlich aus seiner Verankerung im Symbolischen wie im Realen. Es wurde bereits darauf hingewiesen, dass der Eigenname dem Subjekt vorausgeht, es bekommt ihn, bevor es ihn als Gabe auffassen kann. Er wird zum Zentrum sich wiederholender Lautkonfigurationen, die subjektkonstituierend wirken. Erst wenn das Subjekt schon über seinen Namen zu reflektieren vermag, erscheint er als ein Zeichen innerhalb der symbolischen Ordnung, was zur Illusion der Austauschbarkeit und Beliebigkeit führt. Sicher ist er dies in gewissem Sinne, aber für das psychische Sein des

36 Ibid., S. 347f.

37 S. 39f.

Subjekts liegt er diesem Urteil voraus, gehört er zum Realen, der das Bewohnen in der symbolischen Ordnung überhaupt erst möglich gemacht hat.

Der Eigenname hat somit etwas mit Identität zu tun, wobei die doppelte Zugehörigkeit zum Realen und zum Symbolischen bewirkt, dass der Name zwar dialektisierbar ist, jedoch nicht gänzlich. Ein Teil bleibt im Realen, widersetzt sich der Dialektisierung, insofern etwas im Kern des Subjekts vor jeder symbolischen Vermittlung situiert ist, macht sie andererseits erst möglich. Selbst wer sich ein Pseudonym gibt oder gar Heteronyme, wie Fernando Pessoa, kann nicht umhin, diese als Repräsentationen von etwas aufzufassen, was vor jeder Repräsentation liegt.

Diese Verankerung im Realen hat einen engen Bezug zu dem, was in der Psychoanalyse Genießen genannt wird. Bei genauerer Betrachtung kommt man zur Feststellung, dass der Eigenname ebenso mit dem Genießen verknüpft ist wie er dieses begrenzt. Wie das? Das volle Genießen ist im Grunde genommen etwas Unmögliches; es wäre erreicht, wenn das Subjekt mit sich identisch wäre. Auf den Eigennamen bezogen würde das bedeuten, zur Gänze ein Name zu sein. Das wäre gleichbedeutend mit dem Sein im Realen. Die Zugehörigkeit zur symbolischen Ordnung, die partielle Dialektisierbarkeit des Eigennamens ist es, die das Genießen begrenzt. Seine Unvollständigkeit zeigt sich daran, dass der Name austauschbar, ergänzungsbedürftig ist – schon das Angewiesensein auf einen Familiennamen ist ein Indiz dafür –, der Vergleich mit anderen Namen oder mit Subjekten des gleichen Namens führen dazu, dass der Name auch den Eindruck einer Etikette wiedergibt.

Wie zeigt sich das Genießen des Eigennamens konkret? Es ist gar nicht schwierig, entsprechende Manifestationen zu finden, angefangen beim Verspotten von Eigennamen in der Absicht, den Adressaten zu treffen, das Genießen seines Namens zu verhindern, bis zum Erröten, das ein jeder und eine jede aus einer Phase in der Schulzeit kennt, in der das Aufgerufen-Werden beim eigenen Namen mit Scham einherging. Auch das Unterschreiben mit dem eigenen Namen ist mit Emotionen verknüpft, die manchmal dazu führen, dass die Hand zittrig wird, wenn eine andere Person beim Unterschreiben zuschaut. Solche Phänomene sind Gegenstand zahlreicher Witze, die damit zeigen, wie nahe Intimität und Spott beieinander liegen, wie sehr die eine dem anderen Nahrung zum Gelächter gibt.

Gibt es nicht auch ein Nicht-Genießen des Eigennamens, einen Hass auf ihn? Gewiss kann es vorkommen, dass jemand seinen Namen nicht mag, ihn am liebsten austauschen möchte oder dies tatsächlich tut. Dennoch geht daraus kein Einwand gegen das mit dem Eigennamen verknüpfte Genießen hervor. Der Hass und die Ablehnung sind Urteile, die sich erst spät im Leben eines Subjekts bilden; bevor die Reflexion den Eigennamen prüft, hat er sich längst im Subjekt eingeschrieben, ist zum Zentrum des Gedächtnisses geworden, vor jeder Bedeutung und Bewertung. Gleichwohl kann es schmerzhaft sein, zu entdecken, dass der eigene Name, mit dem man groß geworden ist, im Lichte einer Bewertung, die wohl auch Echos von Mitmenschen widerspiegelt, Kriterien der Beurteilung nicht standhält.

Das im Eigennamen enthaltene oder verborgene Genießen lässt sich möglicherweise noch anders begreifen. Der Weg dazu führt über Freuds Auffassung der Identifizierung, die er in *Massenpsychologie und Ich-Analyse* dargelegt hat.[38] Darin unterscheidet er drei Arten der Identifizierung; im Kontext der zweiten spricht er vom *einzigen Zug*. Freud meint damit, dass die Identifizierung nicht die Person als ganze betreffe, sondern nur einen Teil von ihr. Nun ist es nur noch ein Schritt bis zur These, dass dieser einzige Zug der Eigenname des Vaters ist, und da es ja um eine Gemeinsamkeit mit ihm geht, kommt wohl eher der Familienname als der Vorname in Betracht. Übrigens hat Lacan den Schritt, den einzigen Zug auf den Eigennamen zu beziehen, gemacht – wir werden bald darauf zurückkommen –, ohne ihn indessen explizit auf das Patronym zu beziehen. Diese Zuordnung verdient jedoch eine besondere Aufmerksamkeit, denn sie ist für das werdende Subjekt bedeutsam. Eines Tages wird es entdecken, dass es zwar nicht denselben Vornamen hat wie der Vater (was immerhin auch vorkommt), sondern denselben Familiennamen, dass es zum selben Geschlecht gehört. Diese Identifizierung, die das Sein auf dem Weg über den Namen betrifft, gibt nun Anlass zu Phantasien, die mit Allmacht zu tun haben. Der Vater ist nämlich in der kindlichen Vorstellung Erzeuger der Welt, wie später der liebe Gott. Die Identifizierung mit dieser mächtigen Figur führt dazu, Anteil an dieser Schöpfung zu nehmen, sie als die eigene aufzufassen. Der Name wird hier zum Ausdruck einer phallisch-erzeugenden Macht, die dann untergeht, wenn das Kind entdeckt, dass der Vater keineswegs diese allmächtige Figur

38 In: G.W. XIII, S. 115ff.

ist, wie es geglaubt hatte, und dass infolgedessen auch sein Familienname nicht Ausdruck dieser Allmacht ist.

Diese Interpretation basiert auf dem Versuch, die zweite Art der Identifizierung – diejenige mit dem einzigen Zug, die Freud grundsätzlich der Objektbeziehung, dem Haben, zuteilt –, mit der ersten – derjenigen mit dem idealisierten Vater, die Freud vor der Zeit des aufkommenden Ödipuskomplexes ansetzt und die er dem Sein zuteilt –, zu kombinieren. Ist nicht der Familienname genau dort situiert, wo sich Sein und Haben überschneiden? Indem sich das Kind den Familiennamen des Vaters aneignet, wird auch sein Sein betroffen, es wird zugehörig zu einer Familie, die einen gemeinsamen Namen hat.

Dass der Spott der Kinder eher dem Familiennamen als dem Vornamen gilt, stützt die Vermutung, dass das Genießen des Eigennamens nicht nur für den Vornamen zutrifft – dort betrifft es die aus dem Realen hervorgehende Subjektwerdung – sondern auch für den Familiennamen. Mit seiner Entstellung, Erniedrigung im Spott geht oft die Abwertung seines Trägers, des Vaters, und damit auch des kindlichen Subjekts einher: Eine Kritik am Familiennamen trifft die Phantasie, einem mächtigen Geschlecht zuzugehören, ins Mark, öffnet andererseits den Zugang zu ›realistischen‹ Einschätzungen der eigenen Genealogie.

Je stärker der Glaube an die Allmacht des väterlichen Namens ist, desto mehr ist er mit einem Genießen verbunden, das sich im kindlichen Narzissmus zeigt, zu einem Namen zu gehören, der das Kind mit seinem Erzeuger verbindet. Ob diese Erfahrungen auf dieselbe Art geschehen, wenn das Kind nicht den Namen des Vaters bekommt, sondern denjenigen der Mutter, bleibt eine offene Frage. Es kann sein, dass die Identifizierung mit einer als allmächtig gedachten Elternfigur über den Namen der Mutter läuft oder andere Wege geht. Davon kann man wahrscheinlich zurzeit noch nichts wissen. Festzustellen bleibt hingegen, wie wenig die Gesetzgeber sich um solche Erwägungen kümmern, wie sehr sie bloß die juridisch-politische Seite der Gleichberechtigung sehen.

## TRANSFORMATIONEN DES EIGENNAMENS

Wenn die Thesen zutreffen, dass der Eigenname etwas Intimes für das Subjekt ist, den Kern des Psychischen bildet und darüber hinaus – als Körperbild im Symbolischen – eine strukturierende Funktion in der Konstitution der Realität hat, warum erleidet er dann Entstellungen, verfällt dem Vergessen, wie dies oft beobachtbar ist in den alltäglichen Erfahrungen? Warum ist er nicht direkt ablesbar, wenn er bei diesen realitätsstiftenden Funktionen am Werk ist, ja, warum hat man bei vielen Menschen den Eindruck, dass ihr Eigenname keine Rolle spielt? Diesen Fragen wird im Folgenden nachgegangen.

Zu bedenken ist, dass der Eigenname nicht nur als Organisator bei der Konstituierung der Realität mitwirkt, sondern dass er zugleich die Marke eines Urverlustes ist, der nach Kompensation verlangt. Dieser Urverlust kommt dadurch zustande, dass der Eigenname als Rufname vom Subjekt zuerst vom Anderen, vom ›Nebenmenschen‹ erfahren wird. Präziser: Der Eigenname erscheint zunächst als Klang des Anderen, noch bevor sich das Subjekt als hörendes konstituiert hat. Vom Moment an, wo es weiß, dass der Rufname es meint, es aufruft, ist es in einer singulären Position, was gegenüber dem früheren Zustand, als es sich noch nicht als Subjekt herausgeschält hatte, einem Verlust gleichkommt. In diesem Sinn ist der Eigenname nicht nur Rufname, sondern Indikator einer existenziellen Situation, die mit dem Alleinsein zu tun hat, aus dem sich die imaginären Formen der Allmacht, auch der Liebe, ableiten, sowie des Bestrebens, dieses Alleinsein aufzuheben. Es gibt so etwas wie ein Begehren danach, den eigenen Rufnamen – Zeichen, Marke des Mangels – dem Anderen zurückzugeben und wieder in der Anonymität zu verschwinden, um dem Zustand der Unmittelbarkeit nahezukommen, so wie es auch ein Begehren gibt, sich die Welt oder möglichst viele Teile davon zu unterwerfen. Zu Ersterem gehören Phänomene wie das Eintauchen in einer Masse, auch das, was Heidegger mit dem Verfallen-Sein an das *Man* beschrieben hat;[39] zu Letzterem das Streben nach politischer Herrschaft oder nach finanzieller Macht.

Was das Subjekt mit dem Eigennamen macht, hängt somit mit seinem Begehren zusammen: Will es den erfahrenen Mangel durch Expansion kompensieren, will es in die Anonymität eintauchen? Schlägt

39 S. dazu *Sein und Zeit,* Tübingen: Niemeyer 1967, S. 114–130.

es den Weg der Sublimierung ein oder denjenigen der Schaffung von Besitz? Setzt es auf seine eigene Fähigkeiten, nimmt es seinen Namen zu einer Marke des Ideals, oder identifiziert es sich mit einem anderen Namen, um auf diese Art teilhaben zu wollen an Macht, Besitz? Legt es seine Absichten offen dar oder sind sie unbewusst?

Greifen wir nochmals die Untersuchungen des amerikanischen Sozialpsychologen Pelham auf, der in empirischen Studien mannigfache Zusammenhänge zwischen dem Eigennamen, seinen Elementen, insbesondere den Initialen einerseits, schicksalsmäßigen Zusammenhängen, wie etwa der Wahl des Wohnortes, des Berufs, des Lebenspartners, sogar der Lebensdauer andererseits, nachgewiesen hat. Als Beispiel sei nochmals erwähnt, dass Pelham zufolge Leute mit den Vornamen George oder Virginia sich in statistisch relevantem Ausmaß in Staaten wie Georgia oder Virginia niedergelassen hätten. In diesem Zusammenhang spricht Pelham von *the name letter effect* – also von einer Wirkung, die das Buchstäbliche des Eigennamens ausübe. Das kann er an vielen Beispielen zeigen. Dass dieser Forscher nicht über den Nachweis gefühlsmäßiger Zusammenhänge zwischen Namen und solchen Entscheidungen hinauskommt, sei hier bloß erwähnt, aber nicht kommentiert. Für unseren Zusammenhang ist die Frage interessant, die Pelham selbst nicht stellt, warum denn nicht alle, die den Vornamen George haben, nach Georgia ziehen und warum nicht alle Virginias nach Virginia ziehen, warum nicht alle, deren Namen mit B beginnt, im amerikanischen Wahlkampf für Bush gestimmt haben usw., warum es also nur statistisch relevante Häufigkeiten gibt. Als Antwort wäre denkbar, dass es viele Möglichkeiten gibt, den Eigennamen oder Elemente davon mit der komplexen Konstitution der Realität in einen Zusammenhang zu bringen. Es könnte z.B. sein, dass jemand, der George heißt, nicht nach Georgia, jedoch in eine Stadt in einem anderen Bundesland, die ebenfalls mit G oder gar mit Geo… beginnt, ziehen würde. So würde denn dieser Bewohner in der Statistik nicht als Bürger von Georgia auftauchen, sondern als derjenige eines anderen Bundeslandes; wenn man jedoch die Population von Georgetown oder einer Stadt mit einem ähnlichen Namen untersuchen würde, ergäbe sich wieder ein statistisch bedeutsamer Zusammenhang.

Die nicht allzu hohe statistische Relevanz täuscht also darüber hinweg, dass der Name noch viel bedeutsamer sein könnte, als es die Statistik vermuten lässt – das sei als These hier behauptet. Weil es diverse Möglichkeiten gibt, den Eigennamen als strukturierende

Grundlage der Realitätskonstitution zu nehmen, und weil die Realität so viele Felder hat, in denen der Eigenname oder Teile davon sich einpflanzen können, werden Statistiken nie hohe Korrelationen zwischen Eigennamen und einem äußeren Bezug nachweisen. Dennoch ist dieser Bezug immer gegeben, selbst wenn die Statistik das gar nicht feststellen kann.

Bei alldem darf nicht vergessen werden, dass bei Entscheidungen, die man im Leben zu treffen hat, entweder der eigene Name gerade nicht Ausgangspunkt ist oder dass andere Namen als bedeutsamer erscheinen. Jemand könnte sich z.B. sagen: »Gerade weil ich George heiße, will ich nicht in Georgia wohnen!« Der eigene Name wird als Zeichen des Mangels aufgefasst, während ein anderer Name attraktiver, weniger mit einem Mangel behaftet erscheint. Ein solcher Hang zu einem anderen Namen kann sich dann zeigen, wenn dieser adelig klingt oder wenn seine Träger bekannt sind für Reichtum, Macht. Freud gibt uns ein köstliches Beispiel, das mehr sagt als alle Erklärungen; er hat es H. Heines *Reisebildern* entnommen:

»In dem Stück der *Reisebilder*, welches ›Die Bäder von Lucca‹ betitelt ist, führt *H. Heine* die köstliche Gestalt des Lotteriekollekteurs und Hühneraugenoperateurs Hirsch-Hyacinth aus Hamburg auf, der sich gegen den Dichter seiner Beziehungen zum reichen Baron Rothschild berühmt und zuletzt sagt: Und so wahr mir Gott alles Gute geben soll, Herr Doktor, ich saß neben Salomon Rothschild und er behandelte mich ganz wie seinesgleichen, ganz *famillionär*.«[40]

Das Beispiel zeigt, dass Heines Protagonist weder auf direkte Weise seinen Namen (oder auch nur Silben oder Buchstaben davon) ins Spiel bringt noch den Namen seines reichen Gegenübers, Salomon Rothschild, sondern dessen Attribut, den Reichtum und die familiäre Nähe zu ihm, was zusammen das Kunstwort *famillionär* ergibt. Gleichwohl ist es so, dass in dieser Annäherung der Lotteriekollekteur und Hühneraugenoperateur ein Hirsch bleibt, gelingt es ihm doch, Aufnahme beim reichen Salomon Rothschild zu finden. Ein Begehren nach der Aufwertung des Eigennamens lässt sich darin lesen, das allerdings nur

40 S. Freud: *Der Witz und seine Beziehung zum Unbewußten*. G.W. VI, S. 16–19.

schwer abgrenzbar ist vom Begehren, ein Rothschild zu sein, zu dessen Familie zu gehören.

Dieses Beispiel zeigt, wie schwierig es ist, eine Übersicht über die Möglichkeiten der Transformation des Eigennamens zu geben. Folgende Kriterien sind dabei im Spiel, die sich zu Dualismen auflisten lassen:

| | |
|---|---|
| 1. eigener Name | fremder Name |
| 2. ganzer Name | Teile |
| 3. nicht-entstellt | entstellt |
| 4. Form | Inhalt |
| 5. metaphorische Verknüpfungen | metonymische Verknüpfungen |
| 6. Visualisierung | lautliche Darstellung |

Erläuterungen:

zu 1.: Mit dem Eigennamen kann der eigene oder ein fremder gemeint sein, der dann idealisiert (oder auch abgewertet) wird.

zu 2.: Ein Eigenname kann als ganzer verwendet werden oder auch nur Teile von ihm, Buchstaben, Silben, Formen.

zu 3.: Eigennamen können entstellt oder nicht entstellt auftreten, d.h. als Anagramme, Antonyme, Rückwärtslesungen usf.

zu 4.: Eigennamen können der Form oder dem Inhalt nach verwendet werden. Ersteres ist der Fall, wenn Buchstaben, Buchstabenfolgen, Silben verwendet werden wie z.B. in der *Signorelli*-Episode (Sig) oder beim *Wolfsmann* (Espe – S P); Letzteres verwendet den Eigennamen dadurch, dass eine Bedeutung aus ihm herausgelesen wird, die er ursprünglich hatte (Berufsbezeichnungen).

zu 5.: Eigennamen lassen sich metaphorisch oder metonymisch darstellen, wobei metaphorische Darstellungen nur bei gewissen Namen möglich sind, z.B. wenn jemand Salvatore heißt, kann es sein, dass er sich in einem Traum als Erlöser darstellt; oder wenn jemand König heißt, kann er diesen Namen als Zeichen eines adeligen Status darstellen. Die metonymischen Verknüpfungen geschehen längs von Assoziationsketten, wie dies etwa bei Kafka der Fall war, dessen Name sich mit Dohle übersetzen lässt, die metonymisiert wird als Amsel, Krähe, schwarzer Vogel usf.

zu 6.: Die Visualisierungen geschehen anhand von Bildern, die eine Bedeutung wiedergeben, die man aus einem Namen herauslesen kann; der Name Schmid kann sich im Traum als Mann an einer Esse darstellen. Möglich sind aber auch lautliche Darstellungen, die sich z.B. in Gleichklängen oder in Lautbildern zeigen, die auf einen Eigennamen verweisen (das Beispiel von Jauner/Gauner, das Freud gibt, passt hier).

Diese Kriterien sind nicht alle strikt voneinander abgrenzbar, können sich überschneiden. Offen bleibt, ob es nicht noch andere gibt und ob nicht andere Unterteilungen möglich wären.

## DAS SPRECHEN IN DEN DISKURSFORMATIONEN

Es gibt in der Lacan'schen Psychoanalyse den Versuch, unterschiedliche Diskurse zu formalisieren, mittels algebraischer Formeln das, was an ihnen real ist, festzuhalten.[41] Das Subjekt ist dabei ein Element, das bisher nicht mit dem Eigennamen in Beziehung gebracht worden ist; dies soll hier geschehen. Dadurch bekommen die Diskurs-Interpretationen einen hegelianischen Zug, insofern Hegel die Dialektik von Subjekt und Prädikat thematisiert hat – nicht am Beispiel der Eigennamen, sondern an dem der Prädizierung Gottes.[42]

Jede Diskursformation, auch Mathem genannt, besteht aus vier Elementen: Neben dem Subjekt ($\$$) gibt es den Herrensignifikanten ($S_1$), das Wissen ($S_2$) und das Genießen oder auch das Objekt (a). Die-

41 S. dazu *Das Seminar XX* ..., op. cit., II. Kapitel, S. 19–29.

42 S. dazu G.W.F. Hegel: *Phänomenologie des Geistes,* op. cit., S. 51ff., auch S. 22.

se Elemente ordnen sich um vier gleichbleibende Positionen an, im Uhrzeigersinn sind dies: Agent, Anderer, Produktion, Wahrheit. Setzen wir nun den Eigennamen als $S_1$, so ergibt sich im ersten Diskurs, dem *Herrendiskurs*, folgende Konstellation:

$$\frac{S_1}{\$} \xrightarrow{\text{Unmöglichkeit}} \frac{S_2}{a}$$

Das lässt sich wie folgt übersetzen: Der Eigenname repräsentiert das Subjekt ($S_1$ über $\$$). Da jedoch der Eigenname arm ist an Bestimmungen – er ist nicht ganz leer, da er in der Regel auf die Sexuierung hinweist, allerdings erst im Kontext von anderen Namen – ist er, um zu einer Bestimmung seines Seins zu kommen, auf den Kontext der anderen Namen ($S_2$) angewiesen. Dazu ein Beispiel: Die Sätze »Hans ist ein Junge«, »Anna ist eine Frau«, geben jeweils je ein Prädikat zu Hans bzw. zu Anna. Aber das genügt nicht, um $S_1$ zu bestimmen, denn wenn man weiß, dass Hans ein Junge, Anna eine Frau ist, weiß man nur wenig über die beiden Subjekte; zudem gibt es auch andere Jungen, andere Frauen mit demselben Namen, so dass sich die angestrebte Bestimmung als ungenügend erweist. Es sind deshalb immer neue Bestimmungen, Prädikate notwendig, um den beiden Subjekten ein Sein zuzuschreiben. Deshalb enthält $S_2$ nicht nur ein Prädikat, sondern viele Prädikate. Diese Vorgänge der Prädizierung sind unabschließbar, weshalb der Pfeil von $S_1$ zu $S_2$ mit Unmöglichkeit überschrieben ist; sie geschehen innerhalb der symbolischen Ordnung und grenzen etwas aus, nämlich das Objekt a, das Unsagbare der Ek-sistenz. Es ist umgekehrt die Ursache dafür, dass das Wissen an kein Ende kommt, dass stets noch mehr über ein Subjekt gesagt werden könnte.

Dieser Diskurs wird Herrendiskurs, gelegentlich auch Meisterdiskurs genannt. Vor allem der Name Herrendiskurs ist sehr missverständlich, denn wie man sieht, ist er gerade nicht dadurch charakterisiert, dass ein Herr über alles bestimmt; vielmehr ist es ein erster Signifikant, der seine Bestimmung in einem Prädikat ($S_2$) sucht. Das Subjekt ($\$$) wird dabei von $S_1$ und $S_2$, also von den Signifikanten, repräsentiert. Der Grund dafür, warum er dennoch Herrendiskurs genannt wird, liegt wohl darin, dass mit Herr weniger ein Mensch gemeint ist als vielmehr die Sprache selbst, die spricht, wie ja die Grundregel der

Psychoanalyse exemplarisch zeigt. Die Sprache spricht durch das Subjekt hindurch, repräsentiert es; wer ›hinter‹ der Sprache steht, ist unerkennbar, vielleicht Gott, der sich in seinen Werken zu erkennen gibt, jedenfalls keine empirisch erfassbare Instanz. Ein ›Herr‹ oder ein ›Meister‹ ist also nicht der, der über Sprache verfügt, sie kontrolliert, sondern derjenige, der sich ihr ausliefert. Das Signorelli-Beispiel zeigt dies exemplarisch: Gerade dort, wo Freud sich zum Herrn über das Sprechen machen will, entwischt ihm der Name von Signor-elli, der bildhaft und aufdringlich ihn anblickt.[43]

Die Arbeit mit den Diskursmathemen lässt erkennen, dass das Subjekt mit seinem Eigennamen nicht substantialistisch gedacht wird; vielmehr ist es dadurch, dass es in der symbolischen Ordnung repräsentiert wird – auch wenn sein Eigenname ihm als realer vorkommt – dem Mangel an Sein und dem Mangel an Haben ausgeliefert, die wiederum Bedingungen sind für seine Offenheit.

Im *hysterischen Diskurs*, der durch eine Vierteldrehung im Uhrzeigersinn zustande kommt, setzt sich das Subjekt ($\not{S}$) an die Stelle, wo $S_1$ im Herrendiskurs platziert ist, d.h. an die Stelle des Agenten. Warum? Es will sich nicht zufriedengeben mit dem unabschließbaren Repräsentiert-Werden in der symbolischen Ordnung.

Es richtet sich an den Anderen, dem es einen Meisterstatus verleiht ($S_1$), den es inthronisiert als denjenigen, der ihm sagen kann, was es mit seiner Subjektivität auf sich hat. Was dabei herauskommt, ist ein Wissen ($S_2$) an der Stelle der Produktion – die Suche bleibt unbefriedigend, die Wahrheit läge im Genießen, von dem die Hysterischen nichts wissen wollen, darin liegt das Unvermögen der Neurose, das sie kennzeichnet. Das ist der Grund, warum schon der frühe Freud vom

43 S. dazu die *Signorelli*-Episode und ihre Kommentierung in den Falldarstellungen, S. 90–95 u. S. 101–106.

*proton pseudos* der Hysterie gesprochen hat,[44] die Wahrheit, die das Genießen betrifft, bleibt ausgeklammert. Immerhin kommt beim hysterischen Diskurs ein Wissen heraus, aber es ist nicht das, was das Subjekt gesucht hat, der Mangel bleibt bestehen bzw. manifestiert sich erst recht. Was hat es mit dem Eigennamen im hysterischen Diskurs auf sich? Er wird zunächst außer Geltung gesetzt, nämlich dann, wenn sich das Subjekt ($\$$) an den Repräsentanten des Anderen ($S_1$) wendet. Es gibt nun zwei mögliche Ausgänge seiner Suche: Entweder geht es mit diesem Repräsentanten eine Liaison ein, übernimmt seinen Namen ($S_1$), der seinem Begehren mehr oder weniger entspricht, oder es lernt seinen ursprünglichen Namen, den es zunächst in Klammern gesetzt hat, neu schätzen bzw. findet sich damit ab, dass er einer unter vielen ist ($S_2$). Der hysterische Diskurs lässt sich seiner Dynamik wegen auch als Diskurs des Aussagens, der *énonciation*, auffassen: Im Akt des Sprechens, wenn das Subjekt in der ersten Person Singular spricht, wendet es sich an einen Repräsentanten des Anderen, den es schon durch sein Sprechen mit sich verwickelt hat. Damit bricht es die Korrespondenz mit dem Ding auf; das Ich erscheint ganz cartesianisch als bestimmungslos, ohne feste Referenz. Es entspricht dem *Cogito*, dem äußersten Punkt der Gewissheit, nachdem die Durchquerung aller Zweifel an dem, was ist, zur Entdeckung des Subjekts, das jedoch bestimmungslos ist, geführt hat. Insofern $S_1$ der Name des Anderen ist, an den sich das Subjekt wendet, kann darin durchaus das Begehren enthalten sein, einen Namen zu bekommen, der ihm entspricht, seinem Sein gemäß ist.

Das Gegenteil des hysterischen Diskurses sehen wir im *universitären Diskurs*, der deutliche Parallelen zur Zwangsneurose aufweist.

$$\frac{S_2}{S_1} \xleftarrow{\quad\quad\quad} \frac{a}{\$}$$

Unvermögen

An die Stelle des Subjekts im hysterischen Diskurs ist nun das Wissen am Platz des Agenten getreten, d.h. es geht um das Wissen und um die

44 S. dazu S. Freud: *Entwurf einer Psychologie*. In: G.W. Nachtragsband, S. 448f.

Benennung dessen, was noch keinen Platz im Wissensdiskurs gefunden hat. Das Subjekt ist in der Position der Produktion, des Abfalls, der Eigenname am Platz der Wahrheit, beide jedoch ›unterm Strich‹, am Platz dessen, was verdrängt ist. Im Diskurs des Wissens geht es um die Benennung, es geht darum, den Dingen (a) Namen zu geben; eine Korrespondenz zwischen dem Namen und dem Ding wird angestrebt. Der Akt des Aussprechens ist dabei nicht wichtig, sondern es geht um die Bezeichnung, um die Aussage (*énoncé*).[45] Grammatisch gesehen bewegt man sich in der dritten Person, im unpersönlichen Man. Das Subjekt, das in dieser Diskursformation situiert ist, interessiert sich nicht für die Frage nach seinem Sein oder seinem Seinsmangel. Gleichwohl bleibt der Eigenname nicht ganz ohne Bedeutung: Er wird da relevant, wo es um die Unterschrift oder um die Autorschaft eines Dokuments geht. Der Eigenname hat die Funktion einer Beglaubigung des Subjekts; in diesem Zusammenhang sei an die im Abschnitt *Der Eigenname in der Geschichte*[46] kommentierten Ausführungen Béatrice Fraenkels erinnert. Was der Eigenname darüber hinaus bedeutet, wer sich ›hinter‹ ihm verbirgt, ist nicht Gegenstand dieses Diskurses, sondern des hysterischen, der sich nicht mit der bloßen Funktion der Unterscheidung zufrieden gibt.

Bleibt die Frage, welche Zusammenhänge es zwischen Eigennamen und dem *analytischen Diskurs* gibt. Er ist wie folgt strukturiert:

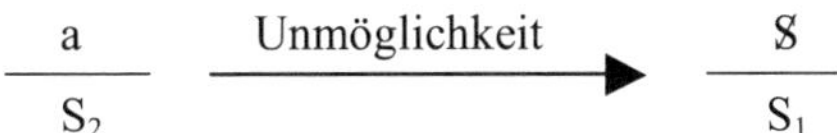


Dieser Diskurs zeigt, dass in der analytischen Kur das, was sich der Sprache entzieht, das, was sich im Mangel einnistet, zur Sprache kommen soll – das Paradoxe, das Unmögliche daran sind offensichtlich. Es gehört zur Arbeit des Analysanten, sich mit der Unerreichbar-

45 Als Illustration mag der Hinweis dienen, dass die Form von Vorträgen in wissenschaftlichen Gesellschaften längst durch PowerPoint-Präsentationen abgelöst worden ist, in denen die Art der Darbietung gänzlich zurücktritt gegenüber den Aussagen.

46 S. 45–49.

keit des Objekts a auseinanderzusetzen und wenigstens seine Repräsentationen und Abkömmlinge zu entdecken. Der Eigenname findet sich an der Stelle der Produktion, was bedeutet, dass das, was in der Bewegung von a zu $\not{S}$ herauskommt, mit dem Eigennamen des Subjekts zu tun hat – er wird hervorgebracht. Das heißt zugleich, dass er in das dialektische und unabschließbare Spiel zwischen $S_1$ und $S_2$, dem Eigennamen und seinen Prädikaten, eingelagert wird, das sich auf der Ebene der Repräsentation, der Signifikanten abspielt. Die ›eigentliche‹ Ebene zwischen a und $\not{S}$ die ihrem Wesen nach ein Diskurs ohne Worte ist, wie Lacan sagte,[47] wird im Sprechen immer wieder auf das Symbolische verwiesen, die analytische Kur kann das Objekt a nicht austrocknen. Das, was sich vom Eigennamen im Realen sedimentiert hat, kann jedoch teilweise in das Symbolische überführt werden, wie Leclaires Beispiel des Namens *Poord'jeli* zeigt. Die Silben und Buchstaben lassen sich artikulieren und verlieren dadurch etwas von ihrer ausschließlichen Position im Realen. Die im analytischen Diskurs beschlossene Unmöglichkeit zeigt, dass das Begehren des Subjekts nicht dem Eigennamen gilt, sondern dem, was hinter der Ebene der Repräsentation steckt – man könnte dabei vom Begehren nach einem wahren, eigentlichen Namen sprechen. Dieses lässt sich jedoch nicht erfüllen, übrig bleibt der Eigenname, mit dem es sich abzufinden gilt.

Der Diskurs des Herrn und der Diskurs des Analytikers sind Gegensätze. Dazu muss jedoch bemerkt werden, dass der eine den anderen bedingt: Während der Diskurs des Herrn die Hingabe an das Sprechen darstellt und dabei laufend etwas verdrängt, nämlich das Objekt a, das nur zu einem Teil symbolisiert werden kann und ansonsten dem Register des Realen angehört, nimmt der analytische Diskurs genau das, was der Artikulation Widerstand leistet, auf, macht es zum Agenten des Sprechens, das unabschließbar ist und das Objekt nicht einholen kann. Mit dem Möbiusband lässt sich dieses gegensätzliche Verhältnis der beiden Diskurse darstellen; der eine stellt die Rückseite des anderen dar, aber die fortgesetzte Bewegung bewirkt ihre sich immer

---

47 S. dazu Lacans Worte zu Beginn des *Séminaire XVI (1968–1969). D'un Autre à l'autre* (Paris: Ed. Seuil 2006): »L'essence de la théorie psychanalytique est un discours sans paroles.« S. 11. »Das Wesentliche der psychoanalytischen Theorie ist ein Diskurs ohne Worte.« (Übers. d. Verf.) S. auch *Le Séminaire, livre XVII (1969–1970). L'envers de la psychanalyse*, Paris: Ed. Seuil 1991, S. 11.

wieder einstellende Vertauschung. Das Schicksal des Eigennamens ist darin eingeschrieben: Was sich davon symbolisieren lässt, erweitert sein Feld, in das jedoch etwas eingeschrieben ist, das sich der Artikulation entzieht, vielleicht eine Bewegung, eine Aura, ein Klang, ein Geruch oder etwas, das nicht einmal andeutungsweise zu erraten ist.

## SYMPTOME UND EIGENNAMEN

Der analytische Diskurs zeigt, dass das ihm inhärente Begehren das Ankommen des Objekts a beim Subjekt intendiert. Man könnte es deshalb auch als Begehren nach dem Sein des Subjekts, nach seinem wahren Namen bezeichnen. Es würde der Äußerlichkeit seines vom Anderen her kommenden Eigennamens ein Ende machen, würde das zur Sprache bringen, was im Objekt a verborgen liegt. Dass dieses Begehren nach dem wahren, eigentlichen Namen des Subjekts illusionär ist, erfährt es erst im Laufe seiner Erfahrungen in der analytischen Kur, in der es immer wieder auf seinen angestammten Namen zurückgeworfen wird, mit dem es ja angesprochen wird. Dieser erscheint ihm als Hindernis, als Beengung, die es sprengen möchte.

Nun hat Freud einigen seiner Patienten Namen gegeben, die etwas mit diesem Objekt a zu tun haben. Den zwanghaften Patienten Ernst Lanzer nannte er den *Rattenmann*, dem russischen Adligen Sergej Pankejew, der psychotische Episoden durchstehen musste, gab er den Namen *Wolfsmann*. Schließlich sprach er vom *»Kleinen Hans«*, der in Wirklichkeit Herbert Graf hieß und Sohn eines Musikers war. Vor allem die Bezeichnungen *Rattenmann* und *Wolfsmann* haben etwas mit den Symptomen dieser Patienten zu tun. Bei Ernst Lanzer drehten sich viele seiner Assoziationen und Erzählungen um Ratten – er gestand ein Phantasma, in dem sich Ratten in den After einbohrten; viele seiner Probleme, die auf die Geschichte seines Vaters verwiesen, hatten Heiraten zum Inhalt. Beim jungen Russen aus vornehmem Haus war der Wolf von Beginn seiner Lebensgeschichte an ein angsteinflößendes Tier, das ihm in Kinderbüchern begegnete und in seinem berühmten Traum auftauchte, in dem er Wölfe auf einem Baum sitzen sah, wobei dessen erster Buchstabe – W – zweimal den Buchstaben V enthält, der wiederum mit den Beinen der Mutter in der Urszene, mit der Uhrzeit und dem Flügelschlagen des Schmetterlings in einem Zusammenhang stand.

Rattenmann und Wolfsmann können so als eine Art von Eigennamen aufgefasst werden, die nicht vom urkundlich bezeugten Eigennamen abkünftig sind. Von diesem ist im Falle des Wolfsmanns das Beispiel der Wespe abgeleitet, das als Bezeichnung die Initialen – S und P – des russischen Patienten enthält. Leclaires *Poord'jeli*-Erzählung stellt noch einmal eine andere Variante dar, wie ein Eigenname von einem anderen, ›eigentlicheren‹ Namen in den Hintergrund gedrängt wird.

Kann man wirklich sagen, dass diese anderen Namen, die mit dem Symptom verwandt sind, die eigentlicheren sind als die vom Anderen gegebenen, ›bürgerlichen‹ Namen, und kann man sagen, dass damit das Objekt a endlich bei seinem wahren Namen genannt wird? Die Antwort fällt nicht schwer: Da sowohl diese Bezeichnungen als *Rattenmann*, als *Wolfsmann*, als *Kleiner Hans* wie auch diejenige als *Poord'jeli* ebenfalls – wie beim ›offiziellen‹ Namen – von einem Repräsentanten des Anderen stammen, von Freud, von Leclaires Eltern, vermögen diese Bezeichnungen ebenso wenig das Sein eines Subjekts zu benennen wie Kosenamen, Pseudonyme, Zerevisse oder Heteronyme. Da solche Bezeichnungen, die sich an Symptomen orientieren, erst im Verlauf einer Lebensgeschichte auftauchen, erwecken sie natürlich den Eindruck, besser als die offiziellen Eigennamen das Sein eines Subjekts zu bezeichnen bzw. zu benennen. Dabei bleibt man jedoch unvermeidlich im Phantasmatischen, da das Objekt a, das Reale des Subjekts, definitionsgemäß sich der Versprachlichung widersetzt, selbst dann, wenn es auf sein Sein zurückwirkt.

Gleichwohl sind diese anderen Namen, mit denen Subjekte ausgestattet werden, darum interessant, weil sie auf den den Eigennamen inhärenten Mangel hinweisen – dem Grund für die im vorherigen Abschnitt aufgezeigte Dialektik zwischen Subjekt und den Prädizierungen –, den sie selber zu kompensieren versuchen. Solche artifiziellen Namen sind auch Ausdruck eines Begehrens nach einem Sein, wobei es nicht ohne Präsenz und Aufmerksamkeit des Analytikers bzw. eines Repräsentanten des Anderen entsteht. Es war Freud, es waren die Eltern des kleinen Serge Leclaire, die das Begehren hatten, den Patienten bzw. ihrem Sohn einen zusätzlichen Namen zu geben, etwas von dem einzufangen, was sich im Eigennamen nicht ausdrücken lässt.

Damit zeigt der Name eine paradoxe Seite: Obwohl das Subjekt intim mit ihm verwachsen ist, obwohl er ebenso im Realen wie im Symbolischen verankert, positioniert ist, genügt er nicht zur wissentlichen Erfassung des Seins. Anders gesagt: Mit dem Eigennamen wird zwar die Singularität eines Subjekts bezeichnet, nicht jedoch sein Sein – im Gegenteil, der Eigenname höhlt mit der Bezeichnung das Sein aus, so dass sowohl vom Subjekt, das bezüglich dieser Nicht-Übereinstimmung ein Unbehagen verspürt, als auch von Repräsentanten des Anderen das Begehren aufkommt, das Sein des Subjekts sagen, bezeichnen zu können. Was daraus resultiert, ist eine Kette von Bezeichnungen, die alle unvermögend sind, diese Intention zu erfüllen – vielleicht sogar noch weniger als dies der ursprünglich empfangene Eigenname vermag. Das Begehren nach einem wahren, eigentlichen Namen bleibt bestehen, als unerfülltes, stets noch ausstehendes.

## Eigenname, Subjekt, Individuum, *einziger Zug*

In diesem Abschnitt wird der Frage nachgegangen, in welchem Bezug der Eigenname zu den Ausdrücken *Subjekt* und *Individuum* steht; sodann wird das bereits im Abschnitt *Eigenname und Genießen* erwähnte Konzept des einzigen Zuges nochmals aufgegriffen.

*Subjekt* hat in der Psychoanalyse, insbesondere in der lacanianischen, eine andere Bedeutung bekommen als in vielen philosophischen Auffassungen. Der Unterschied lässt sich am besten festhalten, wenn man der Etymologie von *Subjekt* folgt; sie verweist auf das lateinische Präfix *sub* und auf ein Partizip des Verbs *jacere*, was sich zusammen als *unter-worfen-sein* übersetzen lässt. Wem oder was ist das Subjekt unterworfen? Es wird hier keine Hierarchie von menschlichen Beziehungen behauptet, vielmehr meint das Unterworfen-Sein das Verhältnis der Menschen zur Sprache. Da sie jedem einzelnen Menschen vorausgeht, immer schon da ist, und da ihre Gesetze, seien sie lexikalischer, semantischer oder syntaktischer Art, das menschliche Denken prägen, strukturieren, meint also das Unterworfen-Sein weder ein Eingekerkert-Sein noch eine masochistische Abhängigkeit, sondern den Sachverhalt, dass der Eintritt in die Kultur für jeden Menschen diese Prägung durch die Regeln der Sprache bezeichnet. Dieses geschieht, bevor das Kleinkind überhaupt davon weiß, ja, wenn es davon weiß, hat die Sprache schon ihre Wirkung getan.

Die Kritik Heideggers an der Subjektauffassung und seine Bevorzugung des Ausdrucks *Dasein*[48] wird in der lacanianischen Psychoanalyse deshalb unterlaufen, weil jene sich gegen die Auffassung des vermeintlich selbstmächtigen Subjekts, gegen das, was Heidegger bei Descartes zu erkennen glaubt, richtet. In der Psychoanalyse meint demzufolge Subjekt nicht nur dieses Ausgeliefertsein an die Sprache, sondern zudem die Gespaltenheit des Psychischen. Diese geht direkt aus der Erkenntnis des Unterworfen-Seins hervor: Das Subjekt ist kein vollständiges. Da die Sprache der Ort der Repräsentation ist, führt sie die Mittelbarkeit ein. Dabei bleibt etwas auf der Strecke, nämlich das, was von den Signifikanten, von den sprachlichen Zeichen nicht aufgenommen werden kann, was diesseits der symbolischen Ordnung bleibt. Lacan nennt diesen Ort *Objekt a*. Die Spaltung, die er in der Formel $\$ \diamond a$ ausdrückt, hat nichts Pathologisches an sich; im Gegenteil verfällt das Subjekt in die Pathologie, wenn es diese Spaltung aufgibt, wenn sie zusammenbricht. Man sollte also nicht glauben, dass die Spaltung irgendetwas mit dem missverständlichen Term *Schizophrenie* zu tun hat, gegen den sich Freud lange und schließlich erfolglos gewehrt hat. Die Spaltung zwischen bewusst und unbewusst gehört zur Normalität und ist ein struktureller Effekt, bedingt durch die Einwirkung der Signifikanten, die durch die Agenten des Anderen, zuvorderst die Mutter, dem werdenden Subjekt vermittelt werden.

Mit *Individuum* ist dagegen gerade nicht eine Spaltung anvisiert, sondern ein Ganzes, wie fragwürdig das auch immer ist. Auch hier weist die Etymologie den Weg: *In-* und eine Partizipform von *dividere* lassen sich in ihrem Zusammenspiel als *Ungeteiltes* übersetzen. Die Frage stellt sich sofort, was denn dieser Term für eine Berechtigung in der Psychoanalyse hat, wenn sie doch zeigen kann, dass die Einwirkung der Sprache auf das Kleinkind zu einer strukturell bedingten Spaltung führt. Hier tritt der Eigenname auf den Plan, insofern er genau die Instanz ist, die das Individuum bezeichnet. Es ist noch mehr zu seiner Funktion zu sagen: *Der Eigenname konstituiert das Individuum.* Dabei ist fragwürdig, ob man angesichts der Spaltung des Subjekts von einer Illusion sprechen kann; wenn es eine ist, dann eine notwendige.

Wenn dem so ist, stehen wir vor einer merkwürdigen Situation: Einerseits scheint die Auffassung, dass das Subjekt, sofern es nicht

48 S. z.B. *Sein und Zeit,* op. cit., § 13, S. 59–62.

psychotisch ist, gespalten ist, unwiderlegbar. Andererseits sieht man nicht, wie man die Konstituierung des Individuums durch den Eigennamen widerlegen könnte, denn auch das, was von der symbolischen Ordnung ausgeschlossen wird, wird vom Eigennamen abgedeckt, seien es körperliche Merkmale – Fingerabdrücke gelten sogar als Garant der Individualität! –, seien es urverdrängte Inhalte des Unbewussten. Selbst wenn man sich einer Rede- oder Schreibweise bedient wie der späte Heidegger, der sich oft in der dritten Person Singular ausgedrückt hat – es träumte mir; es geschah mir, usw. – ist dieses *Es* etwas, was zum Individuum gehört, was vom Eigennamen abgedeckt wird, auch wenn es ihm fremd ist.

Dieser Widerspruch zwischen dem Einssein und dem Gespalten-Sein braucht nicht aufgelöst zu werden, er lässt sich der Zugehörigkeit zu verschiedenen Registern der lacanianischen Psychoanalyse zuordnen: Das Subjekt ist ein Term, der zum Symbolischen gehört, es wird von diesem repräsentiert, um den Preis eines Einschnitts, eines Risses. Das Individuum verweist dagegen auf das Imaginäre, auf die Einheit. Die Dialektik vermag diesen Widerspruch zu vermitteln: Das Individuum ist die Einheit des Gespaltenen, das Subjekt die Gespaltenheit innerhalb der Einheit.

Diese Dialektik greift sogar auf den Gebrauch des Terms Subjekt über: Wenn gefragt wird, was das Subjekt in der Psychoanalyse ausmacht, dann wird immer wieder auf die erwähnte Formel $\$ <> a$ hingewiesen. Damit ist impliziert, dass auch die Punze ($<>$) und das Objekt a Teile des Subjekts sind, obwohl ›eigentlich‹ das Subjekt lediglich die von den Signifikanten durchgestrichene Instanz ist. Liegt es in der Sprache selbst, d.h. in ihren imaginären Dimensionen, dass immer wieder Einheiten hergestellt werden, die sich bei näherer Betrachtung als in sich gespalten erweisen, oder ist diese Neigung zum Einheitlichen ein Effekt des gespaltenen Subjekts? Diese Frage zu beantworten hieße, die Sprache vom Subjekt trennen zu können, ein unmögliches Unterfangen.

Die Dialektik von Einheitlichkeit und Gespaltenheit lässt sich auch im Zusammenhang mit dem Ausdruck *einziger Zug* beobachten, den Lacan, wie im Abschnitt *Eigenname und Genießen*[49] erwähnt, aus Freuds *Massenpsychologie und Ich-Analyse*[50] aufgegriffen hat. Lacan

49 S. 163–166.

50 S. dazu S. Freud: *Massenpsychologie und Ich-Analyse*, op. cit., S. 117.

bezieht den einzigen Zug auf den Eigennamen,[51] sieht darin eine Verkörperung; andere Formen sieht er z.B. im Strich, den der Jäger macht, wenn er ein Tier getötet hat[52] – wie man sieht, geht es in dieser Argumentation beim einzigen Zug um die Urformen des Symbolischen, das sich aus dem Realen heraushebt, dieses strukturiert und damit auch ausgrenzt. Die Hegel'sche *Aufhebung* lässt sich an diesem Ort exemplifizieren: Der einzige Zug hebt das Reale auf, d.h. transformiert, zerstört und bewahrt es. Wir verweisen hier auf Lacans Kommentar zu Leclaires Poordj'eli-Darstellung und zur Topologie der Klein'schen Flasche.[53]

## LACANS BESCHÄFTIGUNG MIT DEM EIGENNAMEN

### Kritik an herkömmlichen Theorien

Es wurde bereits darauf hingewiesen, dass sich Lacan in den *Seminaren IX* (*L'identification*), *XI* (*Die vier Grundbegriffe der Psychoanalyse*) und *XII* (*Problèmes cruciaux de la psychanalyse*) mit dem Eigennamen beschäftigt hat; in Letzterem ist er sogar ein zentrales Thema, Leclaire hat in diesem Rahmen seine hier schon wiedergegebene Falldarstellung rund um den Namen Poord'jeli vorgetragen. Auch wurde schon gesagt, dass sich Lacan mit den einschlägigen Theorien von Bertrand Russell, Allen Gardiner und Claude Lévi-Strauss auseinandergesetzt hat. Lacans entsprechende Argumentationen wurden jedoch bislang noch nicht dargelegt.

Er stellt zunächst Russells Aussagen dar, der den Eigennamen unter derselben Kategorie wie die Demonstrativpronomen ansiedle; er habe eine deiktische (hinweisende) Funktion, außerhalb von jedem Sinn; mit dem Eigennamen werde auf ein besonderes Ding hingewiesen. Entsprechend dieser Auffassung ließen sich Eigennamen mit Demonstrativpronomen austauschen. Lacans Kritik lautet, dass Sokrates somit kein Eigenname wäre, weil auf ihn nicht gezeigt werden könne,

---

51 S. dazu J. Lacan: *Le Séminaire IX (1961–1962). L'Identification*, Sitzungen v. 20. Dezember 1961 u. 10. Januar 1962.

52 S. dazu *Seminar XI* ..., op. cit., S. 148.

53 S. hierzu den Abschnitt *Lacans Kommentar zu Freuds* Signorelli-*Beispiel*, S. 101–106.

die deiktische Funktion verlange Russell zufolge seine mögliche Präsenz. Lacan sieht in dessen Auffassung eine Missachtung des Signifikanten. Er stimmt zwar zu, dass der Eigenname eine deiktische Funktion habe, aber das genüge nicht zu einem Verständnis dessen, was der Eigenname sei. Lacan betont, dass der Eigenname auch die Funktion habe, dass das Subjekt sich bezeichnen könne.

Gardiner, ein bekannter Ägyptologe und Sprachwissenschafter, sehe im Lautlichen des Eigennamens dessen charakteristisches Merkmal. Damit nehme er Bezug auf den Namen als Rufnamen, der von der Stimme ausgesprochen werde und der Unterscheidung einzelner Menschen diene. Lacan wundert sich in seiner Auseinandersetzung mit Gardiner, dass dieser die Tragweite der Schrift, der Buchstaben, nicht gesehen habe, denn Champollion, dem es gelungen sei, den Stein von Rosette zu entziffern, habe dies dank des Vergleichs der griechischen mit der hieroglyphischen Schrift zustande gebracht, in denen Eigennamen als identische Elemente die Entdeckung ermöglicht hätten, dass Hieroglyphen auch Laute darstellen könnten. Lacan bringt somit den Eigennamen mit der Dimension der Schrift in einen engen Zusammenhang; *die Schrift des Eigennamens bleibe in allen Sprachen dieselbe und werde nicht übersetzt.* Außerdem erkennt er im Eigennamen die Funktion, das Subjekt in der Sprache zu verwurzeln, was auch bedeute, dass es in die symbolische Kastration eingeführt werde. Der Eigenname diene dem Subjekt als Stütze; Lacan greift das Freud'sche Konzept des *einzigen Zugs* auf und wendet es auf den Eigennamen an, mit dem sich das Subjekt identifiziere.

Lévi-Strauss sehe im Eigennamen vor allem den Ausdruck der Klassifikation, die nötig sei, um die Individuen zu unterscheiden. Auch hier vermisst Lacan den Einbezug der Schrift. An dieser Stelle taucht ein Einwand auf, der besagt, dass der Name unmöglich an Schrift gebunden sein könne, da es Menschen gebe, die nicht schreiben könnten. Diesem Einwand begegnet Lacan mit dem Hinweis, dass es in der Vorgeschichte der Menschen Zeichnungen gegeben habe, die nicht Abbilder gewesen seien, sondern Ideogramme, da das Figürliche ausgelöscht worden sei. Diese Zeichnungen bringt Lacan mit dem Buchstaben und dem einzigen Zug in einen Zusammenhang. Ihm zufolge ist die Schrift in dem Moment entstanden, als Zeichnungen phonetisiert wurden, was schon bei den Phöniziern geschehen sei.

## Scilicet

Im Jahre 1968 gründete Lacan die Zeitschrift *Scilicet*. Sie zeichnet sich durch einen ganz besonderen Bezug zum Eigennamen aus, denn ihr Gründer verfügte, dass die Autoren anonym schreiben sollten, mit der einzigen Ausnahme von Lacan selbst. Zu dieser Zeit war sein Denken geprägt von den Diskursformationen, die er ein Jahr zuvor im *Seminar XVII. L'envers de la psychanalyse/Die Kehrseite der Psychoanalyse* als Matheme zu erfassen suchte. Das Subjekt wurde aufgefasst als Effekt von Diskursen, die es repräsentieren. Auch Wahrheit wurde als diskursiver Effekt gedacht. Der Eigenname widersetzte sich jedoch der bündigen Einordnung in das Diskursive, brachte eine Eitelkeit ins Spiel, die für die Wahrheitssuche als nicht förderlich angeschaut wurde.

Man kann dabei an die Aussagen des Philosophen Eduard Hartmann denken, der behauptete, dass ein großer Teil der Lust an eigenen Publikationen von den damit verknüpften Eigennamen herrühre.[54] Psychoanalytisch ausgedrückt hat Hartmann die narzisstische Dimension des Eigennamens erkannt. Gewiss kann diese motivierend sein, aber auf der anderen Seite ist es auch möglich, dass sie der Entdeckung von Wahrheiten im Wege steht, ein eigenes Interesse geltend macht, dass sie eine Dimension von Genießen einführt, die Lacan in dieser besonderen Zeitschrift vermeiden wollte. Ihr Name lässt sich übrigens aus dem Lateinischen mit *Man kann wissen* übersetzen – das Wort ist zusammengesetzt aus *scire/wissen* und *licet/es ist erlaubt*.

Er selber brauchte sich nicht an diese Bestimmung zu halten, weil sein Stil ohnehin unnachahmlich war und er mit oder ohne Unterschrift als Autor identifiziert worden wäre. Die Eigenheit der Stile seiner Schüler bewirkte ebenfalls, dass sie teilweise auch ohne Unterschrift als Autoren identifiziert wurden. An dieser Geschichte interessiert vor allem der Bezug des Eigennamens zur Wahrheit, um deren Achse sich die Psychoanalyse dreht. Einerseits erscheint der Eigenname als Hindernis für den Zugang der Wahrheit – es ist wahr, dass anonyme Schreiben gerade darum oft verpönt sind, weil sie eine Wahrheit enthalten, für die kein namentliches Subjekt die Verantwortung übernehmen will –, andererseits fragt es sich, wie groß das Interesse an der Wahrheit ist, wenn es nicht mit einem bestimmten Genießen, das mit der Nennung des Eigennamens verknüpft ist, einhergeht. Die Zeit-

54 S. dazu S. 62, Anm. 5.

schrift brachte es jedenfalls auf nicht mehr als sieben Nummern, wobei zwei als Doppelnummern herauskamen.

## Lacan über seinen Eigennamen

Im Verlauf des Seminars, in dem Leclaire den Fall Poord'jeli vorstellte, kam Lacan auf seinen eigenen Namen zu sprechen, nämlich in der Seminarsitzung vom 7. April 1965. Er zeichnete drei Konsonanten, *l, c, n*, in hebräischer Sprache an die Wandtafel; das entsprach einer Transkription seines eigenen Namens – *Lacan* heißt übersetzt: *und dennoch!* (*et pourtant!*).[55]

Es war nicht das einzige Mal, dass Lacan auf seinen Eigennamen zu sprechen kam. Im *Seminar XXIII, Le Sinthome*, drückte er seine Müdigkeit mit einem Wortspiel aus, indem er sagte: »[V]ous devez en avoir votre claque, et même votre *jaclaque* [...].«[56]

Es gilt zudem, die Abwandlungen seines Geschlechtsnamens in *lacune*, was *Lücke* heißt, zu untersuchen. Ist nicht gerade die Lücke ein Markenzeichen Lacans, das bis in die Zeitlichkeit – gemeint sind die berühmten Kurzsitzungen – seiner Sitzungen reicht?

---

55 Ibid. S. auch R. Major: *L'archonte, l'architrace, l'archive*. In: Che vuoi? Nr. 23, S. 31.

56 *Le Séminaire XXIII (1975–1976). Le Sinthome,* Paris: Ed. du Seuil 2005, S. 89: »Sie haben sicher die Schnauze voll, und sogar von Ihrem Jacques Lacan.« (Übers. d. Verf.)

# Wenn der Eigenname im Sprachgebrauch verschwindet ...

## Vorbemerkung

Die bisherigen Ausführungen thematisierten die mannigfachen Beziehungen zwischen dem Eigennamen und dem Subjekt. Nicht berücksichtigt blieb dabei die Konstellation, die sich ergibt, wenn das Subjekt in der Ich-Form, in der ersten Person Singular spricht. Ist dies der Fall, verschwindet der Eigenname aus dem Sprechen, während er beim Schreiben eines an andere gerichteten Dokuments in der Form der Unterschrift ans Ende gesetzt wird. Die Frage stellt sich, was mit ihm geschieht: Verliert er jegliche Bedeutsamkeit, oder bleibt er in der Latenz beim Sprechen? Wie auch immer die Erörterungen dazu ausfallen mögen, offensichtlich ist, dass mit dem Sprechen in der Ich-Form eine fundamentale Veränderung geschieht, weil sich das Subjekt eines Pronomens bedient, das keinen Bezug zu seiner Singularität hat, sondern für jedes Subjekt gilt, das sich als Sprechendes bezeichnet – dennoch ist es nicht so, dass es dabei anonym wird, denn es bleibt im Akt des Sprechens, in der Modulation seiner Stimme, in ihrer Klangfarbe, im Tempo des Sprechens, in seinem Rhythmus kenntlich. Analoges gilt für die Form des Du, der zweiten Person Singular. Auch hier verschwindet der Eigenname aus dem manifesten Diskurs; die angesprochene Person wird für das sprechende Subjekt zum Du (bzw. zum Sie), und da dieses Du hörender Adressat des sprechenden Subjekts ist, ist der Grad der Ungewissheit, ob die andere Person auch wirklich angesprochen wird, sich angesprochen fühlt, größer, als wenn nach dem sprechenden Subjekt gefragt wird.

Mit dieser ›Pronominalisierung‹ geht einher, dass das Repräsentiert-Sein der im Sprechen und Hören beteiligten Subjekte stärker zum Vorschein kommt. Im Eigennamen ist dieses Merkmal zwar auch gegeben, aber durch die Verankerung, die über das Symbolische hinaus ins Reale reicht, macht es sich nicht so deutlich bemerkbar wie im Gebrauch der Pronomina. Die Fokussierung auf die Repräsentation des Subjekts eröffnet nun die Möglichkeit, ein Konzept zu thematisieren, das aufs Engste mit der Lacan'schen Psychoanalyse verbunden ist: dasjenige des *Namens-des-Vaters*. Damit ist nicht so sehr der Eigenname des Vaters gemeint als vielmehr die Mittelbarkeit der Position des Subjekts, das von den Signifikanten repräsentiert wird. Mit diesem Konzept hat Lacan lange und sehr erfolgreich gearbeitet, bis es in seinen letzten Seminaren und anderen Arbeiten selber zu einem Symptom, genauer: zu einem *sinthome* wurde.

Die folgenden Erörterungen nehmen also ihren Ausgangspunkt in der Auseinandersetzung mit dem Pronomen Ich und gehen den Konsequenzen nach, die sich daraus für das Subjekt und seinen Eigennamen ergeben.

## IM EIGENEN NAMEN SPRECHEN

Gehen wir also von diesem Paradox aus, dass der Eigenname verschwindet, wenn das Subjekt im eigenen Namen spricht; *es nennt sich nicht mit seinem Namen, sondern spricht in der Ich-Form*. Sie bezeichnet den Sprechenden und nur den Sprechenden, wobei jedes sprechende Subjekt das Zeichen *Ich* verwendet. Der Name geht dabei buchstäblich unter, gerade dann, wenn das Subjekt im eigenen Namen spricht. Beim Schreiben ist das anders, da verwendet es zwar ebenfalls das Zeichen *Ich*; am Ende eines Schriftstücks, das sich an andere adressiert, unterschreibt es jedoch mit seinem eigenen Namen, setzt vielleicht noch den Ort, an dem es sich beim Akt des Unterschreibens befindet, und die entsprechende Zeit dazu. Allein dieser Unterschied zwischen dem Sprechen im eigenen Namen und dem Schreiben im eigenen Namen gibt zu denken! Man stelle sich vor, dass auch am Ende des Sprechens gesagt würde: »Ich, der ich *xy* heiße, habe gesprochen, an diesem Tag zu dieser Zeit.« Das wäre absurd, aber warum?

Offensichtlich findet im mündlichen Sprachgebrauch eine Substitution statt. Jemand, der spricht, lässt seine Stimme vernehmen, wendet sich an einen anderen oder an mehrere Menschen. Die Stimme ist dabei Ausdruck des Subjekts, ein sehr persönlicher, singulärer Ausdruck. Jede Stimme ist unverwechselbar. Man kann zwar, wenn man geübt ist, aus dem Hören einer Stimme entnehmen, woher das sprechende Subjekt stammt – jede Region hat ihre Besonderheiten, ihre Idiome –, darüber hinaus klingt jede Stimme anders, das Tempo, die Höhe, der Rhythmus, die Lautstärke, die Klangfarbe differieren erstaunlicherweise von einem Menschen zu anderen. Nun kann man Analoges von der Schrift sagen, auch wenn es schwieriger ist, Schriftzüge einzelnen Personen zuzuordnen. Es muss also noch einen anderen Grund dafür geben, dass beim Sprechen der Eigenname verschwindet, beim Schreiben jedoch nicht. Man könnte ihn in der Tatsache finden, dass heutzutage kaum mehr – und wenn, dann nur in besonderen Situationen und aus besonderen Anlässen – handschriftliche Dokumente verfasst werden. Dieses Argument würde jedoch nicht weit tragen, denn auch in früheren Zeiten, als handschriftlich verfasste Dokumente die Regel waren, überließ man das Identifizieren des schreibenden Subjekts nicht dem Glauben, dass dessen Schriftzüge allgemein bekannt wären und keiner Unterschrift bedürften. Der gesuchte zusätzliche Grund findet sich vielmehr, wenn man bedenkt, dass ein Sprechender in der Regel nicht nur hörbar, sondern auch sichtbar ist für andere, was bei der Schrift bzw. beim Lesen eines Dokuments nicht der Fall ist. Bei medial übermittelten Dokumenten muss entsprechend der Name des Sprechenden in geeigneter Weise kenntlich gemacht werden.

Die Schrift ist kontextunabhängiger. Ein Subjekt schreibt, aber der Adressat ist in der Regel abwesend, entfernt, nur in der Vorstellung anwesend. Deshalb können geschriebene Wörter und Texte die Singularität nicht in dem Ausmaß substituieren, wie dies die Stimme vermag, die sich darüber hinaus in der Regel direkt an den anwesenden anderen wendet. Diesbezüglich gibt es einen Einwand von graphologischer Seite: Ein geübter Graphologe kann, genauso wie ein Zuhörer die Stimme jemandem zuordnen kann, ein Schriftstück einem Subjekt zuordnen, ohne dass dieses seinen Namen dazusetzt. So zutreffend dieser Einwand ist, übergeht er doch die Tatsache, dass nicht jeder Leser graphologisch geschult ist; es kommt hinzu, dass graphologische Kenntnisse nur bei handschriftlichen Dokumenten angewendet werden können. Und schließlich muss die Situation des Schreibens im Vergleich zum Sprechen berücksichtigt werden: Das Schreiben eines Dokuments ist oft an viele Adressaten, die der Schreibende nicht in jedem Fall kennt, gerichtet, das Sprechen ist dagegen eher an die Anwesenheit von Sprechenden und Hörenden geknüpft, wobei es Ausnahmen gibt, etwa bei Radiosendungen, die dann strukturell ähnlich gelagert sind wie schriftliche Dokumente. Dem ›graphologischen‹ Einwand kann insofern entsprochen werden, als es bei der geforderten Unterschrift unter ein Dokument, womit die Authentizität beglaubigt werden soll, nicht genügt, sie in Maschinenschrift hinzusetzen, sondern die Handschrift unabdingbar ist. Sie gilt als persönlicher Ausdruck, dessen zeitliches und räumliches Moment ebenfalls festgehalten werden. In der Unterschrift vereinigen sich der Eigenname und bestimmte Ausdrucksarten des Subjekts, analog zu Ausdrucksarten einer stimmlichen Verlautbarung, wobei nicht vergessen werden darf, dass der persönliche Ausdruck der Handschrift Ergebnis von langen Übungen sein kann, die in Frage stellen, wie weit eine graphologische Analyse tatsächlich trägt.

Bleiben wir noch bei der Singularität der Stimme. Sie ist einerseits Trägerin von Bedeutungen, die sie anderen mitteilt, darin liegt ihre semantische Dimension. Zugleich überliefert sie eine Dimension, die sich davon unterscheidet und die mit dem Aussagen, mit der Art und Weise, *wie* etwas gesagt wird, zu tun hat. Wir sagten, das Wesen eines Subjekts, verkörpert im Eigennamen, drückt sich in der stimmlichen Artikulation aus, weshalb es die Nennung des Eigennamens nicht braucht. Dieser würde tatsächlich die Glaubwürdigkeit eines Sprechens nicht erhöhen, sie könnte ja eine pure Behauptung, eine Lüge sein. *Im eigenen Namen sprechen heißt somit, den eigenen Namen verlieren*, ihn in die Artikulation zu verlegen und den anderen, den Zuhörern, die Möglichkeit zu geben, ihn auf einen Körper zu beziehen.

Diese Erfahrung der Namenlosigkeit hat ein doppeltes Gesicht: Einerseits konfrontiert sie das Subjekt mit seiner Bestimmungslosigkeit, Freiheit, flößt ihm die Angst und den Schrecken ein, nicht mehr zu wissen, wer es ist, nicht mehr mit Namen ansprechbar zu sein. Andererseits ist sie nur möglich, wenn es doch den Namen als Rufnamen, als unverlierbaren Rufnamen in sich trägt, auch wenn er in der Latenz bleibt. Der Name des Subjekts ist *für es* relativ zeitlos; er war immer da, seit es von sich weiß, und er wird noch da sein nach seinem Tod, so dass es sich den Grabstein mit seiner Inschrift vorstellen kann. Aber im Akt des Sprechens, im Aussagen, weiß das Subjekt nichts davon, und deshalb ist er mit Angst, der Konfrontation mit der Freiheit und der Frage verknüpft, wer aus ihm spricht, in wessen Namen es spricht.

Die Entdeckung des Subjekts des Aussagens kommt einem cartesianischen Schritt gleich, insofern er nach der Gewissheit des Ichs fragt. Der Eigenname wird dabei ausgeblendet, kommt in der Reflexion möglicherweise wieder zum Vorschein, in der das Subjekt sich zu objektivieren versucht, sich thematisiert, als wäre es grammatisch in der dritten Person situiert. Mit jedem Sprechakt riskiert es gleichwohl, die gewohnten Orientierungen zu verlieren und den Schrecken der Freiheit zu erfahren.

## DIE LEERE BEIM SPRECHEN IM EIGENEN NAMEN UND IHRE FORMALISIERUNG

Es gibt eine von Lacan im *Seminar XI* erwähnte Aussage, die von einem kleinen Kind stammen könnte: »Ich habe drei Brüder, Paul, Ernst und mich,«[1] Sie weist erneut auf die Spaltung des Subjekts zwischen Aussage und Aussagen hin. Das Kind zählt zuerst seine beiden Brüder, Paul und Ernst. Dann stellt es fest, dass sie zu dritt sind, dass es auch einer der drei Brüder ist und zählt sich mit. Es sagt zwar nicht: »Ich habe drei Brüder, Paul, Ernst und Hans«, sondern es setzt an die Stelle seines Vornamens das Pronomen mich. Das heißt, es sieht sich als Subjekt, das zählt und in das Objekt, das gezählt wird, das auch es selbst, objektiviertes Subjekt, ist.

Diese Spaltung in ein Subjekt des Aussagens (*sujet de l'énonciation*) und ein Subjekt der Aussage (*sujet de l'énoncé*) ist keineswegs selbstverständlich. Es könnte ja sein, dass das Subjekt zunächst sich zählt und dann merkt, dass es als Subjekt des Aussagens nicht gezählt worden ist, sondern nur als Subjekt der Aussage, so dass es dem Unglück verfallen könnte, stets noch eine Eins, also ein Zählen des Aussagens, des Aussagens des Aussagens usw. hinzuzufügen, so dass es keinen Abschluss im Zählen finden könnte. Es würde dann in einen endlosen Regress fallen, wie er in folgendem Vers zum Ausdruck kommt:

1 *Das Seminar XI* ..., op. cit., S. 26.

»Es war einmal ein Mann, der hatte einen hohlen Zahn. Im Zahn war ein Kistchen, in dem Kistchen war ein Brief, auf dem stand: Es war einmal ein Mann, der hatte einen hohlen Zahn. Im Zahn war ein Kistchen, in dem Kistchen war ein Brief, auf dem stand: Es war einmal ein Mann, der hatte einen hohlen Zahn … usw.«

Man kann diese von Kindern oft erzählte Geschichte als eine auffassen, die mit der Unterscheidung zwischen dem Subjekt des Aussagens und dem Subjekt der Aussage spielt. Der Mann, der einen hohlen Zahn hat, stellt das Subjekt des Aussagens dar, die Fortsetzung gehört zur unabschließbaren Aussage, die den Mann des Aussagens nie definiert. Das Lustige daran ist aber, dass der Erzähler dieses Verses selber zum Subjekt des Aussagens wird, der mit dieser Geschichte nie zu einem Ende kommt.

Was hat es dabei mit dem Eigennamen auf sich? Wenn das Subjekt spricht, nennt es nicht selber seinen eigenen Namen; dieser wird also zum Subjekt der Aussage, das durch ein Pronomen im Akkusativ, d.h. *mich*, ersetzt werden kann. Das Subjekt des Aussagens darf sich nun selber nicht als nicht-identisch setzen und sich nochmals zählen, sonst gelangt es auf eine endlose Bahn; von ihm ist vielmehr gefordert, dass es sich als Leere auffasst, aus der es spricht, die nicht positiviert werden darf, obwohl doch das Pronomen *ich* an diese Stelle kommt und obwohl diese Leere Bedingung des Zählens seiner selbst ist.

Man könnte meinen, die Null sei eine adäquate Formalisierung dieser Leere, bezeichnet sie doch das Nichts und zugleich den Anfang einer Zahlenreihe. Aber Lacan geht nicht von der Null aus, weil sie noch Teil eines Ganzen wäre, was der Spaltung des Subjekts nicht gerecht würde. Vielmehr macht er sich in seiner Darstellung etwas zunutze, das der Mathematiker Leonhard Euler herausgefunden hatte, nämlich die *imaginäre Zahl i*. Ausgangspunkt ist die Unvollständigkeit der reellen Zahlen, die sich darin zeigt, dass es keine Lösung der rein quadratischen Gleichung gibt. Man kann das System der reellen Zahlen aber auch als unvollständig betrachten, weil es in ihm z. B. keine Lösung der rein quadratischen Gleichung $x^2 = -1$ gibt, denn es gibt keine reelle Zahl, deren Quadrat gleich - 1 ist. Die formale Lösung der Gleichung $x = \sqrt{-1}$ entspricht keiner reellen Zahl; sie wird in der Mathematik als *i*, als Einheit der imaginären Zahlen bezeichnet. Für sie gilt also $i^2 = -1$, oder auch $i = \sqrt{-1}$. Lacan schreibt dazu:

»[D]as Subjekt ist eine Funktion, das zu einer vollkommenen Stabilität tendiert; was aber interessant ist [...] nehmen Sie *i* und vertrauen Sie was den Wert betrifft, den diese Zahl genau in der Theorie der Zahlen, die man imaginär nennt, hat. [...] Dieser imaginäre Wert ist dieser: - 1. Sie kennen dennoch genügend elementare Arithmetik, um zu wissen, dass die Wurzel minus Eins keine reelle Zahl ist: Es gibt keine negative Zahl z.B. die in irgend einer Weise die Funktion ausfüllen könnte, die Wurzel irgendeiner Zahl zu sein, von der die Wurzel minus Eins der Faktor wäre.«[2]

Lacan geht es somit darum, den Ort des Unbewussten, den Ort des Verlusts, der entsteht, wenn das Subjekt im eigenen Namen spricht, als einen unvorstellbaren und damit auch uneinholbaren zu konzipieren. Das stellt er auch mit der Formel für den durchgestrichenen Anderen (Ⱥ) dar, die darauf hinweist, dass die Signifikanten etwas ausgrenzen, das unaussprechbar, uneinholbar ist – Ort des Unbewussten und des stets ausstehenden vollen Genießens.

## DAS SPRECHEN IM EIGENEN NAMEN UND DER *NAME-DES-VATERS*

Nun ist es nur noch ein Schritt bis zum Verständnis dessen, was Lacan mit dem *Namen-des-Vaters* meint. Er hat dieses Konzept vor allem in seiner frühen und mittleren Zeit verwendet. Wie wir noch sehen werden, hat er es revidiert, was dazu geführt hat, dass es seine einzigartige Stellung eingebüßt hat, was jedoch nicht identisch mit einem gänzli-

---

2 *Le Séminaire IX* ..., op. cit., Sitzung v. 10. Januar 1962 (Übers. d. Verf.). Der franz. Text lautet: »[L]e sujet est une fonction qui tend à une parfaite stabilité, mais ce qui est intéressant [...] prenez i en me faisant confiance pour la valeur qu'il a exactement dans la théorie des nombres où on l'appelle.... Cette valeur imaginaire est celle-ci: - 1. Vous savez quand même assez d'arithmétique élémentaire pour savoir que racine de moins un n'est aucun nombre réel : il n'y aucun nombre négatif [...] par exemple, qui puisse d'aucune façon, remplir la fonction d'être la racine d'un nombre quelconque dont racine de moins un serait le facteur.«
S. dazu auch M. Bousseyroux: *Noms et renoms du Père. Contribution à une théorie borroméenne de la nomination.* In: L'en-ja lacanien, Nr. 12, 1/2009, S. 25.

chen Bedeutungsverlust ist, sondern als eine Transformation zu verstehen ist.

Im vorherigen Abschnitt wurde gezeigt, dass die Signifikanten etwas ausgrenzen, was ebenso unvorstellbar wie uneinholbar ist, was dem Subjekt jedoch Anlass gibt, diese Leere zu füllen, zu imaginieren. Einerseits wird das Subjekt von den Signifikanten repräsentiert, andererseits subvertiert das Unbewusste diese Darstellung durch Bilder, Fehlleistungen, Buchstaben, deren Funktion auf das Genießen verweist. Der Name-des-Vaters hat die Funktion, die Differenz zwischen den Signifikanten und dem Signifikat aufrechtzuerhalten, die Repräsentation des Subjekts zu gewährleisten. Deshalb kann Lacan sagen, dass der Name-des-Vaters die Funktion hat, die symbolische Funktion zu stützen.[3] Die symbolische Ordnung und die Signifikanten sind Konzepte, die eng verwandt sind, teilweise als Synonyme verwendet werden. Vor allem in den frühen Arbeiten hat Lacan die symbolische Ordnung als mit dem Phallus verknüpft gedacht, auch mit den Stilfiguren der Metapher und der Metonymie, die Freud Verdichtung und Verschiebung nannte.[4]

Was die Herkunft der Signifikanten bzw. der symbolischen Ordnung betrifft, beruft sich Lacan weitgehend auf Freud. Bekanntlich hat der Begründer der Psychoanalyse in *Totem und Tabu* den Ursprung der Sprache zu erklären versucht, d.h. er ist davon ausgegangen, dass der von den Söhnen getötete und verzehrte Urvater der Urhorde, dem nachträglich Gehorsam geleistet wurde, gleichbedeutend ist mit der Entstehung des ersten Gesetzes. Die Sprache als toter Vater – das ist eine Redewendung, die Lacan von Freud übernimmt, allerdings mit einem Unterschied, der sich noch als bedeutsam herausstellen wird: Lacan glaubte weder an den Vatermord in prähistorischer Zeit noch an die Möglichkeit, Sprache herleiten zu können. Er geht davon aus, dass die Sprache nicht erklärbar ist und dass der Vater immer schon tot gewesen ist. Aus der Schuld, die bei Freud eine Folge der phylogenetisch tradierten Folgen des Urvatermordes ist, wird bei Lacan eine Schuld gegenüber der Sprache, eine symbolische Schuld, die nicht einlösbar ist. Allerdings ist es umstritten, ob Freud in *Totem und Tabu* tatsäch-

3 *Funktion und Feld des Sprechens und der Sprache.* In: Schriften I, Olten: Walter u. Quadriga 1973, S. 119.

4 *Über eine Frage, die jeder möglichen Behandlung der Psychose vorausgeht.* In: Schriften II, Olten: Walter u. Quadriga 1975, S. 88f.

lich an das empirische Faktum des Urvatermordes glaubte oder selber an die Niederschrift eines Mythos dachte; Lacan liest diese Arbeit jedenfalls als Mythos, der die Funktion hat, das Unerklärliche darzustellen, die Löcher zu stopfen, die sich beim Versuch ergeben, die psychische Realität von Neurosen und Perversionen herzuleiten.

Ausgehend von seiner Freud-Lektüre hat Lacan die Funktion des Vaters differenziert; er unterscheidet den symbolischen vom imaginären und realen Vater. Mit dem symbolischen Vater meint er den Vater, der die Gesetze gegeben habe, der jedoch immer schon tot sei, insofern es sich um die Gesetze der Sprache handle. Lacan argwöhnt, dass ein realer Vater, der glaubt, im eigenen Namen Gesetze zu geben, ein pathologischer, weil unwahrer Vater ist, weil niemand über dem Gesetz stehe. Der imaginäre Vater ist für Lacan eine Figur, die sich darin vom realen unterscheidet, dass jene als nicht-kastriert vorgestellt werde, als allmächtig wie der liebe Gott der Sonntagsschule. Den realen Vater fasst er als dem Gesetz unterstellt auf wie jedes Subjekt, mithin als den Regeln der Sprache und der Kultur unterworfen. Die symbolische Kastration des realen Vaters erkennt Lacan auch darin, dass er in einer Generationenreihe stehe, also nicht nur Vater, sondern auch Sohn sei.

Der reale Vater habe nun – wie auch die Mutter – die Funktion, für den symbolischen Vater einzustehen und auf diese Weise eine Trennung des Kindes vom Körper der Mutter, auch von ihrem phallischen Begehren zu ermöglichen. Beide, Vater und Mutter könnten in dieser Funktion, die der Aufrechterhaltung des Dritten gelte, versagen, die Mutter, wenn sie das Kind an sich binde, die Beziehung zum Vater verbaue, der Vater, wenn er lügenhaft oder größenwahnsinnig sei und auf diese Weise dem Kind keinen Zugang zur symbolischen Kastration ermögliche.

Die Psychose entstehe dann, wenn der Name-des-Vaters verworfen werde: »Die wesentliche Bedingung der Psychose ist die Verwerfung des Namens-des-Vaters am Platz des Andern und das Misslingen der väterlichen Metapher.«[5] Ein Sprechen im eigenen Namen sei dann nicht mehr möglich, es sei denn, das Subjekt bilde einen Wahn aus, innerhalb dessen es eine bestimmte Position einnehme, die ihm erlaube, »Ich« zu sagen, oder es verwende das Pronomen »Ich«, ohne dass damit auch ein »Du« impliziert werde. Lacan hat sein drittes Seminar dem Fall Schreber gewidmet, dessen Fallgeschichte, die er selbst in

5 Ibid., S. 108.

den *Denkwürdigkeiten eines Nervenkranken*[6] dargelegt hatte, schon von Freud kommentiert worden war. Beim Konzept der Verwerfung greift Lacan auf Freud zurück, der bereits in frühen Arbeiten diese Form der Abwehr von Verdrängung und Verleugnung unterschieden hat. Kennzeichnend für die Verwerfung sei, dass eine Vorstellung nicht in die symbolische Ordnung aufgenommen werde, sondern im Realen bleibe, in dem es keine Abgrenzung von Ich und Du gebe, was zu Halluzinationen und Wahnbildungen führe.

In Ausdrücken von Freud könnte man die Psychose als Auseinanderfallen von Wort- und Sachvorstellungen bezeichnen, wobei Freuds Dualismus erlaubt, zwei Formen von Psychose zu unterscheiden, nämlich Paranoia und Paraphrenie.[7] Lacan zufolge stürzt in der Psychose das Repräsentiert-Sein des Subjekts durch Signifikanten ein, es richtet sich vor allem in der Paranoia als Wahn wieder auf. Ob dann noch von einem Sprechen im eigenen Namen die Rede sein kann, bleibe dahingestellt; in vielen Fällen sind Delirien offensichtlich, wenn auch oft nur für Außenstehende, so dass die Unterscheidung von Wahn und Nicht-Wahn prekär bleibt.

Bei Neurosen und Perversionen bleibe der Name-des-Vaters intakt, die Subjekte sprächen auf der Ebene der Repräsentation, würden durch Signifikanten auf der Ebene des Anderen repräsentiert. Sogleich stellt sich die Frage, wer spricht, wenn sie in der ersten Person Singular sprechen. Der Name-des-Vaters wäre als Antwort untauglich, denn er hat die Funktionen, einen Abstand zum Realen zu gewährleisten, Agent des Anderen, der Repräsentation zu sein, die eine Offenheit bewirkt, auch eine Spaltung von Signifikant und Signifikat, von Subjekt und den anderen. Diese Frage führt weit über den Eigennamen hinaus, sie bindet ihn an das, was seit jeher das Göttliche oder Gott genannt wird, andererseits auch an den Trieb. Sowohl das Göttliche wie das Triebhafte übersteigen den innerweltlichen Bereich, der durch den Eigennamen und das Körperbild strukturiert wird.

---

6 S. dazu D.P. Schreber: *Denkwürdigkeiten eines Nervenkranken*, Frankfurt a.M.: Syndikat, 1985.

7 S. dazu: P. Widmer: *Paraphrenie, ein vergessenes Konzept Freuds*. In: Ders., M. Schmid (Hg.): *Psychosen: eine Herausforderung für die Psychoanalyse. Strukturen – Klinik – Produktionen*, Bielefeld: transcript 2007, S. 75–101.

# Namenlosigkeit und Unerreichbarkeit des Göttlichen

## VORBEMERKUNG

Mit dem Namen-des-Vaters hat Lacan eine Dimension angesprochen, die über das Empirische hinausreicht. Zu denken, sie wäre deshalb beiläufig oder gar ein Überbau im Sinne von Marx, wäre indessen irrig, denn der Name-des-Vaters macht das Empirische überhaupt erst möglich; er ist das, was die Bedingung der Möglichkeit von sprachlichen Aussagen und Sätzen ist, in denen sich die Subjekte repräsentieren. Nun hat der späte Lacan eine Topologie gesucht, die ihm erlaubt, den Namen-des-Vaters und die drei Register des Symbolischen, Imaginären und Realen darzustellen. Er hat sie im *borromäischen Knoten* gefunden. Bevor wir uns damit beschäftigen, wenden wir uns nochmals Derrida zu, der seine Aussagen zu Eigennamen ebenfalls nicht auf den zwischenmenschlichen Bereich beschränkt, sondern danach fragt, welche Namen dem Göttlichen zukommen, ob es überhaupt Namen dafür geben kann. Anders als Lacan geht Derrida nicht von der Frage aus, in welchem Namen das Subjekt spricht, wenn es sich in der ersten Person Singular vernehmbar macht, sondern er fragt als Philosoph nach den Grenzen und Rändern des Erkennbaren und des Bereichs des Glaubens. Seine Methode der Dekonstruktion führt ihn weder zu einer theologischen Konzeption noch zu einem Atheismus, vielmehr hält er die Fragen und Aporien, in denen sich das Denken verwickelt, wenn es ins Transzendente vorstößt, offen. Dabei zeigen sich bemerkenswerte Parallelen zu Lacans Namen-des-Vaters, nicht nur, weil auch Derrida von diesem Namen spricht, sondern weil er ebenfalls das Denken Gottes nicht mit der Möglichkeit von Religion verknüpft; seine Auffassung lässt sich als a-theologische Position bezeichnen. Zwei Arbeiten von ihm sollen veranschaulichen, was damit gemeint ist.

## DERRIDAS ARBEIT ÜBER GOTTES EIGENNAMEN (BABEL)

Mit seiner Arbeit *Babylonische Türme / Des tours de Babel* liefert Derrida ein beeindruckendes Beispiel für seine Methode der Dekonstruktion, die zu Paradoxien und Grenzen des Denkens vorstößt, dass einem dabei schwindlig werden könnte.[1] Er zeigt zunächst, dass Babel sowohl ein gewöhnlicher Name als auch ein Eigenname sei. Ausgehend von einem Text Voltaires zu diesem Thema, weist Derrida darauf hin, dass Babel nicht nur aus den Silben *Ba* (Vater) und *Bel* (Gott) bestehe, somit Gottvater bedeute – ein Name, der allen Hauptstädten gegeben worden sei –, sondern dass damit zugleich Konfusion, Verwirrung bezeichnet werde, denn Gott habe eingegriffen, als die Menschen in Babylon einen Turm hätten bauen wollen, um ihre Einheit auszudrücken.

Für Derrida wird die Geschichte des Turmbaus von Babel zum Mythos aller Mythen, zu ihrem Ursprung, der zugleich Verwirrung sei. Davon leitet er die Widersprüchlichkeit des Übersetzens ab, insofern dieses zugleich notwendig und unmöglich sei: notwendig, um sich zu verständigen, unmöglich, weil die einheitliche Sprache durch Gottes Eingriff verloren gegangen sei. So kann Derrida die Dekonstruktion Gott zuschreiben[2] und das Paradox festhalten, dass der Name Gottes die Verwirrung selbst sei, denn er trenne die Sprachen und halte sie mit der Verwirrung doch wiederum zusammen.

In welchem Verhältnis steht für Derrida der unaussprechbare Name Gottes, YHWH, zum Namen Babel? Da in der Genesis davon gesprochen wird, dass YHWH zu den Menschen niederstieg und ihre Sprachen verwirrte, fasst Derrida den Namen Babel zugleich als göttlichen Namen, als gemeinen Namen und als Namen der Verwirrung auf.

»Babel fassen wir heute als einen Eigennamen auf. Daran ist kein Zweifel; doch wovon ist dies ein Eigenname, wessen Eigenname ist es? Zuweilen ist Babel der Eigenname eines narrativen Textes, der eine mythische, symboli-

1 J. Derrida: *Babylonische Türme ...,* op. cit.

2 S. dazu ibid., S. 124f.: (»*Gott dekonstruiert*«).

sche, allegorische oder wie auch immer verfaßte Geschichte erzählt; Babel ist zuweilen der Eigenname einer Geschichte, in der der Eigenname einen Turm oder eine Stadt benennt (in diesem Fall ist er also nicht mehr einfach der Titel der Erzählung), einen Turm oder eine Stadt, die ihren Namen von einem Ereignis erhalten, von einem Geschehen, in dessen Verlauf YHWH ›seinen Namen ausruft‹. Dieser Eigenname, der bereits dreimal und drei verschiedene Dinge beim Namen ruft, hat als Eigenname auch die Funktion eines Gattungsnamens – darum geht es ja gerade, das macht ja gerade die Geschichte aus [...].«[3]

Die Geschichte des Turmbaus erzählt somit Derridas Auffassung gemäß den Ursprung der Sprachverwirrung, die Vielfalt der Idiome, die zugleich notwendige und unmögliche Aufgabe der Übersetzung. Zudem weist er darauf hin, dass wir als Leser diese Erzählung als Übersetzung läsen, wobei die Ursprache unbekannt bleibe. Der Name Babel bilde dabei eine Ausnahme, denn als Eigenname werde er nicht übersetzt, es sei daher fraglich, ob er überhaupt in das System der Sprache gehöre. Man sieht, in welche Verwirrung das Denken gestürzt wird, wenn es entdecken muss, dass der Ursprung der Sprachverwirrung selbst nicht zu einer Sprache gehört und dass die Notwendigkeit des Übersetzens von vornherein mit seiner Unmöglichkeit einhergeht.

## DAS ABSOLUTE RÄTSEL DES NAMENS DES NAMENS (*AUSSER DEM NAMEN/SAUF LE NOM*)

In einer späteren, 1993 erschienenen Arbeit, *Sauf le nom/Außer dem Namen*,[4] knüpft Derrida an seine Ausführungen zum Turm zu Babel an. Der Titel dieses fiktiven Dialogs enthält eine Doppeldeutigkeit: Das französische Wort *sauf* bedeutet sowohl *heil*, *gerettet* (vom Verb *sauver*), wie auch *außer*. Diese Doppeldeutigkeit zieht sich durch alle Ausführungen; einerseits ist der Name, der Name des Namens, unabdingbar, verweist auf das Heilige, andererseits kreist Derridas Bemühen darum, die Namen zu übersteigen, das Denken an einen ›Ort‹ zu führen, an dem es keine Namen mehr gibt, an dem sich die Hinfällig-

3 Ibid., S. 125f.

4 *Außer dem Namen (Post-Scriptum).* In: Ders.: Über den Namen ..., op. cit., S. 63–121.

keit von Namen zeigt, und seien sie auch solche, die das Absolute bezeichnen wollen.

Der Meister der Dekonstruktion stellt seine Gedanken weitgehend anhand des *Cherubinischen Wandersmanns* von Angelus Silesius dar, den er kommentiert. Darin finden sich erstaunliche Aussagen wie etwa:

»Geh hin/wo du nicht kanst: sih/wo du sihest nicht:
Hör wo nichts schallt und klingt/so bistu wo Gott spricht.«[5]

Das Unmögliche ist ein erster Versuch, sich dem absoluten Rätsel zu nähern. Vor ihm darf man Derrida zufolge nicht zurückweichen, sondern muss es ertragen. Seinen Ort, der vielmehr eine Ortlosigkeit ist, bezeichnet er mit dem griechischen Wort *Khôra*. Da er nirgends zu verorten ist, nicht existiert, kann Derrida sagen, dass er sich der Dekonstruktion entziehe, er spricht von einer »*indéconstructible Khôra*«, einer undekonstruierbaren *Khôra*. Das sei der ›Ort‹, der Anlass zu Babel gebe, die Verräumlichung der Dekonstruktion. *Khôra* wird somit ähnlich gedacht wie *différance*: Aus dem Substantif wird ein Agens; jenes eröffnet die Räumlichkeit, dieses die Unterschiedlichkeit.

Zitieren wir nochmals aus dem Cherubinischen Wandersmann:

»Der unerkandte GOtt.
Was GOtt ist weiß man nicht: Er ist nicht Licht/nicht Geist/
Nicht Wonnigkeit/nicht Eins/nicht was man Gottheit heist:
Nicht Weißheit/nicht Verstand/nicht Liebe/Wille/Gütte:
Kein Ding, kein Unding auch, kein Wesen/kein Gemütte:
Er ist was ich, und du, und keine Creatur/
Eh wir geworden sind was Er ist/nie erfuhr.«[6]

Am Ende dieser Verse wird die Zeitlichkeit thematisiert; die Vorzeitigkeit Gottes bewirke, dass alle Schrift Übersetzung, Wiederholung sei; Derrida spricht in diesem Zusammenhang von *post-scriptum*. Die Kehrseite davon sei das Begehren, die Unzulänglichkeit von Wiederholung, Übersetzung, Schrift, Sprache überhaupt zu überwinden. Der-

5 A. Silesius: *Cherubinischer Wandersmann*, Erstes Buch, 199, zit. nach: J. Derrida: *Außer dem Namen …*, ibid., S. 74.

6 Ibid., Viertes Buch, 21, zit. nach ibid., S. 82.

rida bringt es mit dem – unmöglichen – Erkennen Gottes in einen Zusammenhang. An dieser Stelle setzt seine Ethik an: Jedes Subjekt sei diesem absoluten Rätsel ausgeliefert, das sich in der Stille, im Verstummen manifestiere. Gerade das gelte es zu ertragen, hier setze die Liebe an, auch die Gelassenheit im Sinne Heideggers. Bei alldem sei nichts von einem göttlichen Eingreifen zu erwarten, denn, wie Angelus Silesius sagt:

»Der GOtt (versteh mich recht) nicht gibet Lob noch Preiß.«[7]

## LACANS *BORROMÄISCHER* KNOTEN

Kommen wir nun zur Topologie des *borromäischen Knotens*. Seinen Namen hat er, weil das Mailänder Geschlecht der Borromäer diese drei Ringe in seinem Wappen hat. Sie stellen die unverbrüchliche Loyalität der einzelnen Familienzweige dar, denn wenn einer der Ringe von den anderen gelöst wird, halten auch die beiden anderen nicht mehr zusammen. Dieses Wappen verweist natürlich auch auf die Trinität, auf die unlösliche Verknüpfung von Vater, Sohn und Heiligem Geist.

Lacan sieht in diesen drei Ringen die Darstellung der drei Register, des Realen, des Symbolischen und des Imaginären, mit denen er Freud liest. Er ist zunächst vorsichtig, benennt die Ringe nicht einzeln, sondern ordnet ihnen die Ziffern 1 bis 3 zu:

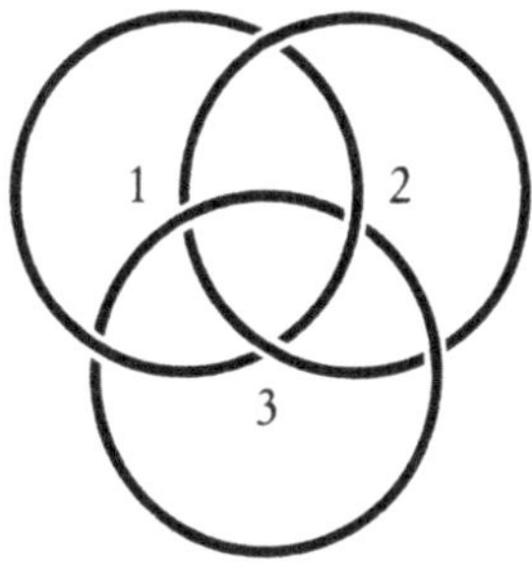


*Borromäischer Knoten*[8]

7 Ibid., Erstes Buch, 19 zit. nach ibid., S. 114.

8 Aus: *Das Seminar XX* …, op. cit., S. 142.

Das weist auf ihre Gleichwertigkeit hin; anders als beim frühen Lacan, als das Primat dem Symbolischen galt, behauptet es nun die Äquivalenz der drei Register. Sie zeige sich auch darin, dass jedes Register die anderen beiden mit enthalte. Das Sprechen vom Realen bedeute, ihm einen Namen zu geben, der sich mit einer Vorstellung verknüpfe, auch wenn diese Vorstellung dem Unvorstellbaren gelte. Analog dazu lasse sich nicht vom Imaginären sprechen ohne symbolisches und reales Register. »Ich schreibe also dieses Jahr R.S.I. als Titel; das sind nur Buchstaben, und als solche unterstellen sie eine Gleichwertigkeit.«[9]

Da der Vorrang nicht mehr dem Symbolischen, das so eng mit dem Namen-des-Vaters verknüpft ist, zukommt, werden im gleichen Zug auch die anderen Register ›vergöttlicht‹ – Lacan spricht fortan von den *drei Namen des Vaters*.

Wie verhalten sich nun diese drei Namen des Vaters zum Namen-des-Vaters, wie Lacan ihn in seinen früheren Arbeiten aufgefasst hat? Ist es so, dass die Bedeutung des Namens-des-Vaters mit der Topologie des borromäischen Knotens entfällt? Keineswegs. Die Verwirrung entsteht dann, wenn man versucht ist, die drei Register einzeln, für sich genommen, zu betrachten. Das gelingt nicht, da wie gesagt jedes Register die beiden anderen mit enthält. Lacan spricht dabei von drei Aspekten, die dem Knoten eigen sind: der *Konsistenz*, dem *Loch* und der *Ek-sistenz*;[10] er ordnet sie dem Imaginären, dem Symbolischen und dem Realen zu. Die Unauflöslichkeit des Knotens zeige sich eben darin, dass diese drei Aspekte ihn konstituierten. Der Name-des-Vaters manifestiere sich somit in der besonderen Art der Verknüpfung der drei Register,[11] als *ek-sistent* im Realen, als *gelöchert*, was das Wesen des Symbolischen zur Darstellung bringe, und als *konsistent*, was das

---

9 *Le Séminaire XXII (1974–1975). R.S.I.*, Sitzung v. 11. März 1975 (Übers. d. Verf.). Das franz. Original lautet: »Donc, R.S.I. j'écris, cette année, en titre, ce ne sont que des lettres, et comme telles, supposant une équivalence.«

10 »Ce n'est pourtant pas par hasard, mais c'est le résultat d'une certaine concentration, que ce soit dans l'imaginaire que je mette le support de ce qui est la consistance, que de même ce soit du trou que je fasse l'essentiel de ce qu'il en est du symbolique, et que je supporte spécialement du réel ce que j'appelle l'ex-sistence.« (*Séminaire XXIII* …, op. cit. Sitzung v. 16. Dezember 1975), S. 50.

11 S. dazu M. Bousseyroux: *Noms et renoms du père* …, op. cit., S. 22f.

Merkmal des Imaginären sei. Dieses gegenseitige Aufeinander-Angewiesen-Sein der Register bewirke auch, dass der borromäische Knoten erst als Dreiheit möglich sei; zwei Register können nicht borromäisch miteinander verknüpft sein. Lacan sagt deshalb an manchen Stellen, dass der Knoten eigentlich eher eine Kette genannt werden müsse, eine Kette, die mit weiteren Gliedern erweiterbar sei.

Der borromäische Knoten wird von Lacan als *Schrift* aufgefasst – als solche verweise sie auf das Reale des Psychischen. Seinem Wesen nach sei er dreidimensional, in seinem Zentrum, dort, wo sich die drei Register überschneiden, situiere sich das Objekt a. Die drei Register konstituierten das Subjekt. Der Effekt der Losgelöstheit jedes Registers lasse sich sogar dann herstellen, wenn eine Kette gebildet und ein einziges Element herausgenommen werde; sogleich würden alle anderen Elemente ihre Verknüpftheit verlieren, jedes für sich werde frei, wie die folgende Figur aus dem *Seminar XX,* zeigt:

*Viererkette*[12]

Solches geschehe in Psychosen. Ihre Auslösung lasse sich als Zerfall des Zusammenhalts der Elemente darstellen, was z.B. zu unvollständigen Sätzen und Neologismen führe.

Lacan betont, dass es keineswegs notwendig sei, die Register als Kreise darzustellen; er zeigt Figuren, die ebenfalls borromäisch verknüpft sind, jedoch ganz anders aussehen;[13] das wurde ja schon bei der eben gezeigten Kettenbildung deutlich.

12 Aus: *Das Seminar XX* …, op. cit., S. 135.

13 Ibid., S. 117ff.

## Der unbekannte Gott

Kommen wir nochmals auf den *Namen-des-Vaters*, auf jenes Versatzstück der Psychoanalyse, das so wichtig ist für jedes Subjekt und für die Frage, in welchem Namen es spricht. Der Name-des-Vaters, werde er nun aufgefasst anhand der frühen und mittleren Arbeiten Lacans oder anhand der Topologie des borromäischen Knotens als Dreieinigkeit von Realem, Symbolischem und Imaginärem, erscheint nicht im Bereich des Benennbaren, Positivierbaren. Da er ek-sistiert, Differenz schafft bzw. Differenz, Abstand *ist,* gibt es keinen Namen, der ihm entspricht, dieser Name des Namens ist ausstehend.[14] An seine Stelle kommen viele Namen – Lacan spricht dabei von Masken.[15]

Spricht Derrida von Babel, von Verwirrung, vom Begehren, über die Grenzen der Sprache hinaus zu denken, was sie doch wieder voraussetzt, so betont Lacan ganz ähnlich das Ausstehen des Namens des Namens. Wenn Unterschiede auszumachen sind, dann im Stil, im Bemühen um eine topologische Darstellung, vielleicht auch in der unterschiedlichen Akzentuierung der Verwirrung, die bei Derrida stärker herausgearbeitet wird.

Welcher Unterschied zeigt sich zum Denken Freuds? Der zunächst bedeutungslos scheinende Unterschied zwischen Freud und Lacan hinsichtlich der Auffassung des Beginns der Menschheitsgeschichte erweist sich nun als sehr bedeutsam. Vergegenwärtigen wir ihn uns nochmals: Freud stellt die Ermordung des Urvaters an den Anfang der Geschichte; diese Tat steht am Ursprung von Sprache und Schuld, und sie gibt auch den Bezugspunkt für die Frage nach der Wahrheit und für das, was Freud den Ödipuskomplex nennt, in dem sich symbolisch wiederholt, was sich einst tatsächlich zugetragen hatte. Für Lacan ist jedoch der Vater immer schon tot, d.h. nicht-existierend, er könne deshalb auch nicht getötet werden. Sprache liege jedem Menschen immer schon voraus, sie lasse sich nicht herleiten, weshalb Mythen geschaffen würden, um diesen Erklärungsnotstand zu beseitigen. Das heißt jedoch nicht, dass für Lacan das Thema Gott erledigt wäre, ganz im Gegenteil. Der borromäische Knoten zeigt ja, dass die drei Register miteinander auf bestimmte Weise verwoben sind, was empirisch nicht

14 S. dazu J. Lacan: *Préface à* L'Eveil du printemps. In: Autres Ecrits, Paris: Ed. Seuil 2001, S. 563.

15 Ibid.

herleitbar ist. Es muss also etwas Göttliches geben, das sich jedoch dem begrifflichen Erkennen entzieht. Lacan setzt Gott deshalb mit dem Unbewussten in eine enge Beziehung:

»[E]r ist insgesamt die Verdrängung in Person, er ist sogar die Person, der die Verdrängung unterstellt wird.«[16]

Wenn vom Unbewussten die Rede ist, so können wir auch an Lacans Formel $i = - 1$ denken, die noch einmal auf ihre Weise die begriffliche Unerreichbarkeit des Göttlichen darstellt. An seine Stelle kommt das, was Lacan *la jouissance* nennt und was nur behelfsmäßig mit *Genießen* übersetzt werden kann, weil in diesem Wort das Verb *ouïr/hören* steckt, das auch auf *bejahen* verweist (*oui*), sowie *le sens/der Sinn*. Das volle Genießen ist jedoch unmöglich, es wäre gleichbedeutend mit dem Einholen des Unbewussten, der Aufhebung des Ek-sistenten.

Indem Freud die Geschichte auf eine andere Grundlage stellt, kann für ihn Lacan zufolge der borromäische Knoten im Sinne einer Dreierstruktur, in der das Symbolische das Reale überlagert und vom Imaginären zusammengehalten wird, nicht gültig sein, denn der Name-des-Vaters ist für Freud keine strukturelle Gegebenheit, sondern eine Wirkung, Folge des Ödipuskomplexes. Diese Kritik an Freud erscheint ein Jahr nach dem *Seminar XX*, in dem der borromäische Knoten, der erstmals im *Seminar XIX* vorgestellt wurde, als topologische Figur des Subjekts dargestellt und erprobt wird. Als Folge davon reklamiert Lacan den borromäischen Knoten nicht für die Freud'sche Darstellung des Subjekts, sondern reserviert ihn für seine Auffassung, der die Unhintergehbarkeit des Symbolischen eigen ist. Über einen Umweg kommt Lacan jedoch etwas später doch noch zur Überzeugung, dass die Grundlagen des Freud'schen Denkens borromäisch dargestellt werden können. Das geschieht so, dass Lacan diese topologische Figur so denkt, dass das Reale das Symbolische überlagert.

»Das Reale muss, wenn ich so sagen kann, das Symbolische übersteigen, damit der borromäische Knoten realisiert wird.«[17]

---

16 *Le Séminaire XXII* …, op. cit., Sitzung v. 17. Dezember 1974 (Übers. d. Verf.). Das Zitat lautet im Original: »[E]n somme il est le refoulement en personne, il est même la personne supposée au refoulement.«

Das bedeutet, dass dem Realen das Primat zukommt, nicht dem Symbolischen, und Lacan sagt, dass es in der Analyse genau darauf ankomme, dies zu bewerkstelligen. Was aber ist mit dem Realen gemeint? In seinen späten Arbeiten und Seminaren hat Lacan zwei Aussagen gemacht, die als Negation formuliert sind und die etwas Reales anvisieren: *Il n'y a pas de rapport sexuel*/*Es gibt kein Geschlechterverhältnis*, und *La femme n'existe pas*/*Die Frau existiert nicht*. Damit wird gesagt, was das Reale nicht ist, und dies ist eine Folge der Unvollständigkeit des Symbolischen, das das Reale nicht zu erfassen vermag.

Nun stellt sich jedoch die Frage nach dem Ödipuskomplex, der für Freud so bedeutsam ist; wie und wo lässt er sich borromäisch verorten, sofern er eine solche Topologisierung überhaupt zulässt? Lacans Antwort besteht in der Erweiterung des borromäischen Knotens von einer Dreierstruktur zu einer Viererstruktur. Der Ödipuskomplex erscheint in dieser neuen Darstellung Lacans als Symptom – als *Symptom Freuds*.[18]

## Vom *Namen-des-Vaters* zum *sinthome*

Beginnen wir diesen Abschnitt gleich mit einem Zitat Lacans als Überleitung zur Erweiterung des Konzepts des borromäischen Knotens:

»Was hat Freud gemacht? Ah! Ich werde es Ihnen sagen. Er hat den Vierer-Knoten mit diesen Drei gemacht, diesen Drei, die ich ihm unterstelle, wie eine Banane unter den Füßen. Und dann ist er wie folgt vorgegangen: Er hat etwas erfunden, was er psychische Realität nannte.«[19]

Und Lacan fährt fort:

---

17 Ibid., Sitzung v. 14. Januar 1975 (Übers. d. Verf.). Das franz. Originalzitat lautet: »Il faut que le Réel surmonte, si je puis dire, le Symbolique pour que le nœud borroméen soit réalisé.«

18 S. dazu *Le Séminaire XXIII* ..., op. cit., S. 22.

19 *Le Séminaire XXII* ..., op. cit., Sitzung v. 17. Dezember 1974. Der franz. Text lautet: »Qu'est-ce qu'il a fait Freud ? Ah ! Je vais vous le dire. Il a fait le nœud à quatre avec ses trois, ces trois que je lui suppose peau de banane sous le pied.«

»Was er die psychische Realität nennt, hat einen Namen, das ist das, was man Ödipuskomplex nennt. Ohne den Ödipuskomplex hält nichts zusammen, nichts hält von der Idee zusammen, die er von der Art hat, wie die Schnüre des Symbolischen, des Imaginären und des Realen zusammengehalten werden.«[20]

Die Viererstruktur sieht nun wie folgt aus:

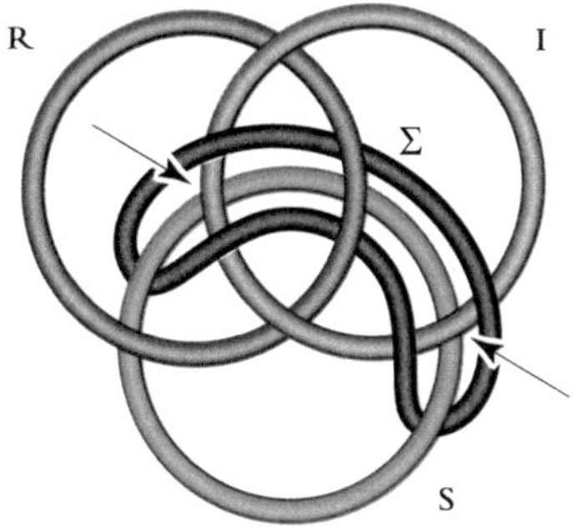


*Le sinthome*[21]

Das Symptom ist mit dem griechischen Buchstaben *Sigma* (Σ) bezeichnet. Wie man sieht, verknüpft es die drei Register, die zunächst nicht borromäisch verknüpft sind, sondern übereinander liegen, so, dass jedes frei wird, wenn eines weggenommen wird.

Um die besondere Bedeutung dieses Symptoms hervorzuheben, verwendet Lacan die alte Schreibweise für dieses Wort, er nennt es *sinthome*. Natürlich geschieht das nicht ohne die Herstellung von Mehrdeutigkeiten durch Assoziationen, die dieses Wort, das gleich ausgesprochen wird wie *symptome* und deshalb an Schrift denken lässt, erweckt: *Sin*, englisch gelesen, bedeutet Sünde; französisch ausgesprochen lässt *sin* aber auch an *saint* denken, was sich mit *heilig*

20 Ibid. Der franz. Text lautet: »Ce qu'il appelle la réalité psychique a parfaitement un nom, c'est ce qui s'appelle complexe d'Œdipe. Sans le complexe d'Œdipe, rien ne tient, rien ne tient de l'idée qu'il a de la façon dont il se tient à la corde du Symbolique, de l'Imaginaire et du Réel.«

21 S. dazu *Le Séminaire XXIII* ..., op. cit., S. 20 [Sigma-Zeichen v. Verf. ergänzt].

übersetzen lässt. Und schließlich evoziert das Aussprechen von *sinthome* den Heiligen Thomas von Aquin.

Mit dieser Konzeptualisierung und Darstellung des *sinthome* gelingt es Lacan, nicht nur den Ödipuskomplex, wie ihn Freud auffasste, zu interpretieren – wobei seine Deutung einer Kritik gleichkommt, die jedoch nicht dazu führt, dieses theoretische Versatzstück als obsolet zu erklären, sondern ihm eine relative Bedeutung zu geben, die sich von der unterscheidet, die Freud ihm verliehen hat, nämlich die, normativierend auf die Geschlechter einzuwirken –,[22] sondern auch Phänomene aus der Belletristik oder der Wissenschaft. Im *Seminar XXIII*, in dem er die Viererstruktur einführt, ist vor allem der Schriftsteller *James Joyce* Gegenstand von Lacans Kommentaren. Joyce habe durch sein Werk, vor allem durch *Finnegans Wake*, den Ausbruch einer Psychose vermieden. Lacan fasst das Werk von Joyce so auf, dass dieser sich als Symptom verwirklicht habe – sein Sein wird somit als Symptom, oder eben: als *sinthome*, aufgefasst, wobei der Anklang an das Heilige bei Joyce besonders angemessen erscheint, hat sich doch Joyce als Erlöserfigur gesehen.[23] Damit habe er die Karenz des Vaters kompensiert (*suppléé*), sich einen Namen gemacht und dem Namen des Vaters einen weiteren hinzugefügt. Was bei Joyce dazukommt, ist die Verknüpfung seines Eigennamens mit dem Genießen – *joy* lässt sich übersetzen mit Freude, Genuss, was dieser Schriftsteller sehr wohl wusste. Da nun der Name-des-Vaters wie angedeutet in seiner Unbekanntheit auf das Genießen verweist, ist es besonders pikant, wenn ein Schriftsteller mit dem Namen Joyce schreibt. »Mit jedem Wort genießt er«, sagt Michel Bousseyroux dazu.[24]

Die Anwendung des Konzepts des *sinthome* bleibt nicht auf Joyce beschränkt. Colette Soler hat es auch auf Fernando Pessoa und dessen Heteronyme bezogen, von denen bereits die Rede war, wie auch auf den *Rattenmann* Freuds: Sie sieht im Signifikanten *Ratte* ein *sinthome* für den Patienten Ernst Lanzer, das seiner psychischen Realität ent-

---

22 Lacans Kritik gilt letztlich dem im Ödipuskomplex enthaltenen Glauben an die Sexuierung, an das sexuelle Verhältnis. Er misst ihm jedoch insofern Bedeutung zu, als er eine Normativierung des Begehrens herstellt.

23 S. dazu *Le Séminaire XXIII* ..., op. cit., Kap. V., bes. S. 85.

24 M. Bousseyroux: *Noms et renoms du père* ..., op. cit., S. 29 (Übers. d. Verf.). Die entsprechende Stelle lautet: »C'est à chaque mot qu'il en jouit, qu'il en joyce dans Finnegans Wake.«

sprach.[25] Michel Bousseyroux hat es auf den Mathematiker Ernst Gödel bezogen, übrigens auch auf Serge Leclaires Formel *Poord'jeli*,[26] die hier ebenfalls in früheren Abschnitten kommentiert worden ist.[27]

## Borromäischer Knoten und Eigenname

Nun stellt sich die Frage: Was hat es mit dem Eigennamen im borromäischen Knoten auf sich? Einerseits schien er mit dem Auftreten des Namens-des-Vaters und vor allem mit seiner Darstellung im borromäischen Knoten zu verschwinden, andererseits tauchte er als *sinthome* wieder auf, jedenfalls im Fall von James Joyce. Gehen wir dieser Frage nach; dies eröffnet zugleich die Möglichkeit, bisher Gesagtes nochmals unter einem anderen Blickwinkel darzustellen.

Tatsächlich verschwindet der Eigenname in der Dreierstruktur des borromäischen Knotens. Die drei Register R, S, I bilden in ihrer Verknüpfung den Namen-des-Vaters, genauer gesagt: Sie stellen ihn dar, imaginieren ihn, jedoch so, dass das Rätselhafte erhalten bleibt; der Name des Namens – was gewöhnlich als Gott bezeichnet wird – bleibt unbekannt. Die drei Register bekommen nun, wie bereits gesagt, selbst eine göttliche Bedeutung: Lacan nennt sie die *drei Namen des Vaters*.

Andererseits taucht der Eigenname in der Viererstruktur des Knotens wieder auf, als *sinthome*, zumindest bei James Joyce. Aber – ist es derselbe Eigenname? Nein, einmal geht es um den Namen-des-Vaters, um den ausstehenden Namen Gottes, das andere Mal um den Eigennamen, heiße er nun Joyce, Rattenmann oder Ödipus. Es scheint somit, dass man von einer Empirisierung des Eigennamens sprechen kann, von einer Transformation des Eigennamens vom Namen Gottes zum Eigennamen als Familiennamen oder Symptomnamen. In der Viererstruktur übernimmt – jedenfalls in den genannten Beispielen – der Eigenname als *sinthome* die Funktion der borromäischen Verknüpfung der drei Register und damit auch der Stiftung der Repräsentation, des Abstandes zwischen den Registern.

25 S. dazu C. Soler: *Die Paradoxien des Symptoms in der Psychoanalyse*. In: RISS Nr. 71, 1/2009, S. 79–98.

26 Vgl. M. Bousseyroux: *Noms et renoms du père …*, op. cit.

27 S. 106–108 u. S. 176ff.

Kann man nun das Fazit ziehen, dass der Eigenname in der Topologie des borromäischen Knotens als Dreierstruktur nur negativ, als ausstehender Name vorkommt, während er in der Viererstruktur bedeutsam wird, insofern er in erkennbarer Gestalt, als Familienname, als Symptom oder eben als *sinthome*, die drei Register miteinander verknüpft? Nicht ganz. Wir haben bisher zwei Sachverhalte übergangen, ein dritter wird dazukommen: Erstens enthält ja der borromäische Knoten als Name selber einen Eigennamen, nämlich denjenigen des Mailänder Geschlechts der Borromäer, die ihn als Familienwappen verwendeten und damit die Loyalität der einzelnen Familienmitglieder darstellen wollten. Zweitens nimmt Lacan für sich in Anspruch, den borromäischen Knoten als topologische Figur für die Psychoanalyse entdeckt zu haben. Er sagt:

»Einen Namen begründen, das ist eine Sache, die ein wenig auf Ihren Eigennamen hinweist. Der einzige Name in alldem, das ist der meine. Die Ausdehnung von Lacan auf das Symbolische, auf das Imaginäre und auf das Reale ist das, was diesen drei Ausdrücken zu bestehen (*consister*) erlaubt. Ich bin nicht speziell darauf stolz, aber ich habe schließlich bemerkt, dass bestehen etwas heißen will, das heißt, dass man müsste, dass man von Körper(n) sprechen müsste, dass es einen Körper des Imaginären gibt, einen Körper des Symbolischen – das ist *lalangue* – und einen Körper des Realen, von dem man nicht weiß, wie er herauskommt.«[28]

Mit dem Lacan'schen borromäischen Knoten lässt sich also das Rätsel des Göttlichen in trinitarischer Form darstellen. Ansonsten trifft es zu, dass der Eigenname im Dreierknoten nicht vorkommt. Im Viererknoten ist das anders. Nicht nur kann Lacan auch die Urheberschaft für die

---

28 *Le Séminaire XXIV (1976–1977). L'insu que sait de l'une-bévue s'aile à mourre,* Sitzung v. 16. November 1976 (Übers. d. Verf.). Das franz. Zitat lautet: »Fonder un nom propre, c'est une chose qui fait monter un petit peu votre nom propre. Le seul nom propre dans tout ça, c'est le mien. L'extension de Lacan au symbolique, à l'imaginaire et au réel, est ce qui permet à ces trois termes de consister. Je n'en suis pas spécialement fier, mais je me suis après tout aperçu que consister, ça voulait dire quelque chose, c'est à savoir qu'il fallait, qu'il fallait parler de corps, qu'il y a un corps de l'imaginaire, un corps du symbolique, c'est lalangue, et un corps du réel, dont on ne sait comment il sort.«

psychoanalytische Verwendung des Viererknotens für sich reklamieren. Darüber hinaus kommen Eigennamen in den *sinthomes* vor, nicht als Rätsel des Göttlichen, sondern als Namen, die einen Familiennamen oder ein Symptom bezeichnen.

Nun drängt sich geradezu die Hypothese auf, dass die Viererstruktur die Funktion einer ›Empirisierung‹ der Dreierstruktur wahrnimmt, dass also das Rätsel des Göttlichen, der borrmmäisch verknüpften Trinität der Register eine Antwort in Gestalt der Viererstruktur erfährt, vor allem durch das *sinthome*. Die Hypothese lautet also: An die Stelle des unbekannten, ausstehenden Namens-des-Vaters tritt der Familienname oder etwas Vergleichbares, womit der in der Dreierstruktur dargestellte Mangel gedeckt und erträglich gemacht wird. Das Göttliche wird damit vermenschlicht, das Menschliche vergöttlicht. Wenn der Name Gottes unaussprechbar ist, keiner empirisch fassbaren Instanz entspricht, wenn die Subjekte für ihre Taten und ihr Sprechen selber die Verantwortung zu übernehmen haben, was stets auch bedeutet, offen zu sein für die Wahrheit, dann tritt das *sinthome* als Ersatz, Repräsentant, Agent an die Stelle eines Hüters der göttlichen Werte – Ehre, Wahrheit, Gerechtigkeit, Mitmenschlichkeit, Liebe – auch als Darstellung, Verkörperung für das begrenzte Genießen und nicht zuletzt als regulierende Instanz für die Beziehung der Geschlechter, ausgehend von dem in der Dreierstruktur dargestellten fehlenden Geschlechterverhältnis.

Für diese Ersatzfunktion des *sinthome* spricht vieles, die sozialisierende Rolle der Eltern für ihre Nachkommen, das Einstehen des Familiennamens für Echtheit, Wahrhaftigkeit, Aufrichtigkeit, was sich im so banal scheinenden Sachverhalt einer Unterschrift zeigt, die, nebenbei gesagt, bei juridisch relevanten Dokumenten nie durch den Vornamen allein gegeben werden kann, denn die Bürgschaft der Echtheit liegt im Geschlechtsnamen. Er ist Symbol der Authentizität, Zeichen, dass im Akt der Signatur nicht betrogen worden ist, dass alles mit rechten Dingen zugegangen ist.

Mit dieser Hypothese, die sich so nirgends bei Lacan findet, die durch die Lektüre seiner einschlägigen Arbeiten jedoch nahegelegt wird, lässt sich auch die Frage beantworten, ob die Dreierstruktur des borromäischen Knotens oder die Viererstruktur eine höhere Dignität hat. Beide haben ihre Notwendigkeit, sie lassen sich nicht gegeneinander ausspielen und noch weniger kann man sagen, dass der eine für die Normalität, der andere für die Pathologie zu verwenden ist. Wenn man in Betracht zieht, dass die Dreierstruktur des Knotens vom Namen-des-Vaters zusammengehalten wird, der selbst rätselhaft, unanschaulich bleibt, ist die Konkretisierung mittels des *sinthome* erforderlich, in dem das unergründliche Göttliche sich in etwas Menschliches transformiert, der Name-des-Vaters konkretisiert wird. In diesem Zusammenhang weist Lacan nicht nur auf Joyce hin, der seinen Geschlechtsnamen an die Stelle des Namens-des-Vaters setzte, sondern auch auf Wedekinds *Frühlings Erwachen*, auf den maskierten Mann, der Melchior vor dem Tod beschützt.[29] Der französische Analytiker Michel Bousseyroux liest, wie schon gesagt, Leclaires Formel *Poordj'eli* als *sinthome*[30] – die Beispiele ließen sich vermehren. Es geht dabei um den Versuch, den Namen-des-Vaters zu positivieren, weshalb der Eigenname in seinem Bezug zum Genießen – der (ausstehende) Name-des-Vaters wäre ja das volle, jedoch unmögliche Genießen – auftritt. Dies kann in vierlei Gestalt geschehen, als Geschlechtsname, als Kosename, als Name eines Symptoms (Rattenmann), einer Frau – letztlich geht es um eine Instanz, die dem Subjekt eine Orientierung gibt. Auch der Fall des Analytikers Foulkes lässt sich an dieser Stelle erwähnen:[31] Sein deutscher Name war *Fux*; als er nach England ging, nannte er sich *Foulkes*, was an *folk*/*Volk* denken lässt; bemerkenswert daran ist, dass die Änderung seines Namens mit der Änderung seiner Tätigkeit einherging, denn er begann in England als Gruppenanalytiker zu praktizieren. Das lässt darauf schließen, dass dieser Wechsel weit mehr war als nur eine Anpassung des deutschen Namens an die englischen Gegebenheiten.

So gesehen sind Dreierstruktur und Viererstruktur weder im Widerspruch noch in einer Skala unterschiedlicher Dignität anzusiedeln. Der Gang der Analyse führt den Analysanten dazu, nach dem Namen-des-Vaters zu fragen. Da dieser unerreichbar, unbegreifbar ist – für Lacan ist die Ek-sistenz Gottes nicht gleichbedeutend mit Re-ligion, mit Bindung –, geht es um die Entdeckung oder gar Konstruktion des *sinthome*, das der Abwesenheit, Unerkennbarkeit Gottes entgegentritt. Dabei verläuft der Gang der Analyse nicht von der Dreier- zur Viererstruktur; vielmehr kommt der Analysant mit seinen Symptomen in die Kur und erwartet ihre Auflösung. Was ihn jedoch erwartet, ist die Be-

29 S. dazu J. Lacan: *Préface à* L'Eveil du printemps, op. cit.

30 S. dazu M. Bousseyroux: *Noms et renoms du Père ...*, op. cit., S. 31.

31 Es war Dieter Nitzgen, der mich auf diese Geschichte aufmerksam machte.

gegnung mit der Abwesenheit der letzten Antworten, mit dem Nicht-Wissen, was es mit den Geschlechterbeziehungen auf sich hat, mit dem Mangel und dem fehlenden vollen Genießen. Er wird deshalb zurückgeworfen auf das Symptom, aber dessen Bedeutung für das Subjekt ist nun eine andere geworden; es erkennt seine Notwendigkeit, gewinnt dadurch eine andere Beziehung zu ihm. An diesem intimen Ort im Kern der Subjektkonstitution kommt dem Eigennamen eine hervorragende Bedeutung zu.

Am Ende dieses Abschnitts ist es angebracht, auf offene Fragen hinzuweisen. Eine grundsätzliche zielt auf die Gültigkeit des borromäischen Knotens als topologische Figur des Subjekts. Lacan hat immer wieder behauptet, dass eine Totalität erst dann sagbar ist, wenn es eine Ausnahme gibt, wenn also gilt: keine Regel ohne Ausnahme. Wie steht es diesbezüglich mit dem borromäischen Knoten, mit den drei Registern, die beanspruchen, das Reale des Psychischen zu erfassen? Einerseits beanspruchen die Register Vollständigkeit in der Erfassung des Psychischen, andererseits ist ebendiese Vollständigkeit nicht möglich ohne Ausnahme, die einen Außenstandpunkt bedingt. Ein solcher ist jedoch nicht in Sicht, was den verwirrenden Effekt hat, dass er sich immer wieder der Positivierung entzieht, darin vielleicht vergleichbar mit der Urschrift Derridas.

Die zweite Frage ist weniger grundsätzlich, aber nicht weniger von Bedeutung; Lacan hat sich selber darob monatelang den Kopf zerbrochen, wie er sagte.[32] Am Beispiel von Joyce erscheint die Viererstruktur als reparative Funktion, da die Dreierstruktur nicht als gegeben vorausgesetzt wird. Anders gesagt: Lacan behauptet bei Joyce eine psychotische Struktur, eine Unverbundenheit der drei Register, die erst mit dem *sinthome* in der Viererstruktur borromäisch verknüpft werden.

---

32 »Y-a-t-il possibilité avec ce nœud à trois de réaliser un nœud borroméen à quatre ? J'ai passé à peu près deux mois à me casser la tête sur cet objet, c'est bien là le cas de la dire, je n'ai pas réussi à démontrer qu'il ex-siste une façon de nouer quatre nœuds à trois d'une façon borroméenne.« *Le Séminaire XXIII* …, op. cit., S. 42. Deutsch: »Gibt es eine Möglichkeit, mit diesem Dreierknoten einen borromäischen Viererknoten herzustellen? Ich habe etwa zwei Monate damit verbracht, mir den Kopf über dieses Objekt zu zerbrechen, das muss ich wohl sagen; es ist mir nicht gelungen zu zeigen, dass eine Art der Verknüpfung ek-sistiert, vier Knoten zu dreien auf eine borromäische Art zu verknüpfen.« (Übers. d. Verf.)

Im selben Zug bezeichnet nun Lacan, wie bereits erwähnt, auch Freuds Auffassung des Ödipuskomplexes als *sinthome*, ohne jedoch von einer psychotischen Unverbundenheit der drei Register auszugehen. Andere Kommentatoren folgen ihm, indem sie *Poordj'eli* oder *Rattenmann* als *sinthome* sehen. Wie soll dieser Übergang von der Dreierstruktur zur Viererstruktur jedoch erfolgen, wenn die drei Register von Anfang an schon borromäisch verknüpft sind? Man versteht Lacans Not, als es ihm nicht gelang, die borromäische Dreierstruktur in eine Viererstruktur überzuführen. Muss man also annehmen, dass Subjekte, bei denen der Name-des-Vaters im Dreierknoten funktioniert, diesen zunächst zerschlagen müssen, um zur Viererstruktur zu kommen, oder muss man eher davon ausgehen, dass die beiden Knoten, die Dreier- und die Viererstruktur nebeneinander bestehen? Wäre es auch möglich, dass der Übergang gelingen kann, aber räumlich nicht vorstellbar ist? Als sicher gilt, dass die Viererstruktur eine doppelte Funktion erfüllt: diejenige des Reperativen – wie im Fall von Joyce und darüber hinaus bei psychotischen Voraussetzungen –, und diejenige der Normativierung, wie bei Freuds Ödipuskomplex und darüber hinaus bei allen Symptomen, die dem Subjekt eine Orientierung hinsichtlich seines geschlechtlichen und sozialen Seins geben.

Nachdem zur Zeit der Präsentation des *Seminars XXIII, Le sinthome*, dieser Übergang von der Dreier- zur Viererstruktur des Knotens figürlich nicht gelang, kam Lacan im darauf folgenden Jahr auf die Idee, ihn mittels Doppeldeutigkeiten, also verbal, ohne räumliche Darstellung, denkbar zu machen. Schon der Titel des *Seminar XXIV* weist darauf hin: *L'insu que sait de l'une bévue, s'aile a-mourre*;[33] wenn man den Lauten folgt, ergibt sich auch folgende ›Übersetzung‹: *L'insuccès de l'une-bévue, c'est l'amour*. Die erste Version lässt sich annäherungsweise übersetzen als: »Das Ungewusste, das vom Unbewussten weiß, beflügelt sich *a-mourre*«, wobei sich in dieser Wortbildung sowohl der Tod (*mort*), sterben (*mourir*), wie auch Liebe (*amour*)

33 In deutscher Übersetzung: »Das Ungewusste, das von dem Unbewussten weiß, beflügelt sich mit Wissen (gibt sich als Trägerin eines Wissens aus).« (Übers. d. Verf.) Die Übersetzung kann hier nicht wörtlich sein, sondern hat den poetischen Duktus zu berücksichtigen, um den es Lacan geht. Dazu gehört auch, dass sich das Verb *s'aile* nicht nur mit *sich beflügeln* übersetzen lässt, sondern zugleich lautlich auf *elle/sie* verweist, worauf Lacan explizit hinweist.

und – was rätselhaft bleibt – ein Spiel zu zweit, in dem es darum geht, die hinter dem Rücken des Spielpartners verborgenen ausgestreckten Finger zu erraten (*mourre*), verdichten. Die zweite Version, die den Lautbildungen folgt, ist einfacher übersetzbar: »Der Misserfolg (*L'insuccès*) des Unbewussten (*une-bévue*) ist die Liebe (*l'amour).*« Die erste Version, ausgehend von der Schrift, lässt sich nun vermutlich der Dreierstruktur des Knotens zuordnen, die zweite Version der Viererstruktur. Das Ungewusste bezieht sich zweifellos auf die Unmöglichkeit des Wissens, was es mit dem Anderen, dem Anderen Geschlecht, auf sich hat. Die Liebe ist es, die auf diesem Nicht-Wissen beruht und das fehlende Geschlechter*verhältnis* zu einer *Beziehung* der Geschlechter transformiert und damit eine Funktion der Regulierung übernimmt wie der Ödipuskomplex.

Auch wenn diese Interpretation, die bei Lacan in dieser deutlichen Form nirgends zu finden ist, mit Vorsicht zu genießen ist, scheint es doch plausibel, dass das *sinthome* die Funktion hat, strukturelle Verhältnisse, die das Subjekt mit einer Unmöglichkeit konfrontieren, lebbar zu machen. In diesem Zusammenhang ist noch einmal auf Lacans Interpretation von Wedekinds *Frühlings Erwachen* hinzuweisen, wo der maskierte Mann den Protagonisten Melchior vor dem Tod beschützt.[34]

## *Signorelli* zum Dritten: Von *Sigm.* zum *Sigma*

Lacan hat aus dem Symptom nicht nur das *sinthome* gemacht und mit dieser Bezeichnung auf seine Funktion hingewiesen, er hat dafür eine Abkürzung verwendet, nämlich den griechischen Buchstaben Sigma (Σ). Wenn wir dabei noch bedenken, dass er mit diesem Buchstaben den (aus dem Griechischen kommenden) Ödipuskomplex bezeichnet, so kann es nicht zweifelhaft sein, dass die Wahl dieses Buchstabens etwas mit Freud zu tun haben muss. Bei der Signorelli-Episode haben wir gesehen, welche Bedeutung die Silbe *Sig* hat; sie verweist nicht nur auf den ›vergessenen‹ Namen des Malers der Fresken von Orvieto, Signorelli, sondern auch auf den Vornamen Freuds. Nun kommt noch etwas dazu: Viele Briefe Freuds sind weder mit seinem ganzen Vor- und Familiennamen noch mit dem Initialbuchstaben seines Vornamens

34 S. dazu S. 212, Anm. 29.

mit nachfolgendem Familiennamen unterschrieben, sondern mit »Sigm.«.[35] Lacan hat somit, ohne dies explizit zu erwähnen, mit dieser Abkürzung von *sinthome* als *Sigma* Freuds Anlehnung an das Griechische aufgenommen.

Eine Recherche im Internet zeigte übrigens, dass diese Entdeckung keine Originalität beanspruchen konnte, denn diese *trouvaille* fand sich auf einer Internet-Seite, auf der der Pariser Psychoanalytiker Christophe Bormans sein Seminar *La Paranoïa Schreber. « Un rat est venu dans ma chambre »*[36] publizierte.

Für unsere Thematik des Vornamens heißt das, dass das *sinthome* nicht nur, wie im Falle von Joyce, einen Bezug zum Familiennamen haben kann, sondern auch zum Vornamen. Das ist insofern von Bedeutung, als der Vorname abgesehen von Ausnahmen sexuiert ist. Wenn also der Gang der Analyse ein Subjekt dazu führt, das Nicht-Verhältnis der Geschlechter zu entdecken, so wirkt sein Vorname im Gegenzug als Stütze für die Positionierung innerhalb der Geschlechterbeziehungen, auch wenn diese weitgehend von kulturellen Normen geprägt wird, wie sie eben im Ödipuskomplex perpetuiert werden.

Die Einsetzung des Vornamens als *sinthome* bewährt sich auch an unerwarteter Stelle, nämlich bei der Konstituierung der Phänomenologie Husserls, der sich bekanntlich auf Descartes beruft, dessen *cogito* er in den cartesianischen Meditationen um das *cogitatum* erweitert. Husserl steht bei der Begründung seiner Phänomenologie vor der Frage der Geltung der weltlichen Phänomene, die er wahrnimmt. Sind sie nur etwas subjektiv Empfundenes oder sind sie objektiv gegeben? An dieser Stelle taucht ein Wort, ein Signifikant auf, das das singuläre Subjekt Husserl mit der Welt verbindet, also auch zu beiden Arten des borromäischen Knotens gehört: *mundan*. Unmöglich, darin Edmund zu überhören! Sein Vorname fungiert hier als Körperbild im Symbolischen, und wie! Die von ihm wahrgenommenen Phänomene sind *ed-mundan*, subjektiv und zugleich objektiv; selbst wenn er an die Objektivität denkt, an *mundus*, kommt sein Vorname darin vor.

Ist nicht bei Descartes' Entdeckung des *cogito* auch sein Vorname im Spiel? *Re-natus*, der wiedergeborene; sein *cogito* ist eine Wieder-

---

35 S. dazu den Briefwechsel Freuds mit Fließ (op. cit.), wo Freud in aller Regel mit »Sigm.« unterschreibt (diesen Hinweis verdanke ich Adrienne van Wickevoort Crommelin).

36 S. dazu http://www.psychanalyse-paris.com/forums [22.07.2010].

geburt, die sich genauso dem Anderen der Sprache verdankt wie sein Vorname auch, obwohl es so aussieht, als wäre das *cogito* unhintergehbar und letztbegründend. Husserl hat an dieser Stelle angesetzt und gezeigt, dass das *cogito* ohne *cogitatum* nicht gedacht werden kann – kein *Renatus* ohne *Edmund*.

## DIE TRIEBE UND DAS GÖTTLICHE IM SPRECHEN

Die Thematisierung des Namens-des-Vaters vor und nach der Situierung im borromäischen Knoten evoziert die Frage nach dem Gegenpart, den Trieben – machen sie sich im Sprechen nicht ebenso geltend wie die Namen-des-Vaters? –, und nach dem Verhältnis der beiden.

Aussagen über Triebe basieren stets auf komplexen Annahmen, die, wie Freud sagte, bis ins Mythologische reichen. Zum einen sind die Triebe gegliedert in vier Momente – die Quelle, den Drang, das Ziel und das Objekt –,[37] zum anderen gibt es nur Partialtriebe, die mit erogenen Zonen in einem Zusammenhang stehen. Freud spricht von Gegensatzpaaren, Exhibitionismus – Voyeurismus, Sadismus – Masochismus, auch unterscheidet er die Richtungen der Triebe, solche, die sich gegen die eigene Person wenden, gegen andere oder reflexive Modi. Der Kern des Triebs gehört dem Urverdrängten an, nach dem berühmten Diktum Freuds: »Ein Trieb kann nie Objekt des Bewusstseins werden, nur die Vorstellung, die ihn repräsentiert.«[38] Man hat es beim Trieb also mit etwas Unerreichbarem zu tun, das sich in Vorstellungen, Triebrepräsentanzen, manifestiert, und deshalb stellt sich die Frage nach dem Zusammenhang mit dem Namen-des-Vaters, der ja ebenfalls unbewusst ist, besonders eindringlich.

Zunächst ist man geneigt, die beiden als Extreme, als Gegensatzpaare darzustellen, wobei man zugestehen mag, dass der Trieb, der sich vom Instinkt dadurch unterscheidet, dass das Objekt variabel ist, nicht ohne seinen Gegenpart vorkommt, ist es doch der Name-des-Vaters, der das Repräsentiert-Sein des Subjekts durch Signfikanten ermöglicht und dadurch die Voraussetzungen für das Entstehen von Trieben schafft, die sich in der Leerstelle einnisten. So gesehen, sind die Triebe das füllende Element als Folge der höhlenden Wirkung des

37 S. Freud: *Triebe und Triebschicksale*. In: G.W. X, S. 214.

38 S. Freud: *Das Unbewußte*. In: G.W. X, S. 275.

Namens-des-Vaters. Aufgrund der trennenden Wirkung der Signifikanten bleibt dem Subjekt die volle Erfüllung beider versagt.

Die Frage stellt sich, ob der unzugängliche Ort des Namens-des-Vaters derselbe ist wie der sich dem Bewusstsein entziehende Ort der Triebe. Sind nicht beide ausgegrenzt durch das Symbolische? Hier gilt es zu unterscheiden zwischen unterschiedlichen Leerstellen: Das Loch im Symbolischen ist nicht dasselbe wie das Loch im Realen, in dem die Triebe eingelagert sind. In Freuds Unterscheidung des Es vom Ich und Über-Ich wird dies deutlicher als in Lacans Aussagen des Anderen, der unterschiedliche Dimensionen der Andersheit enthält – reale, imaginäre und symbolische.

Dieser Unterschied wird deutlicher, wenn man von Freuds spätem Dualismus zwischen *Eros* und *Thanatos* ausgeht. Lacan sagt dazu, dass jeder Trieb virtuell Todestrieb sei, da er das unmögliche Ganze, das Diesseits der Sprache intendiere.[39] Die Ethik der Psychoanalyse fasst er als eine des *Bien-Dire/des guten Sagens*[40] auf, das das Schweigen des Todestriebs aufbricht, dem Verschwiegenen, Verdrängten Ausdruck verschafft, ohne jedoch ein Höchstes Gut zu bezeichnen.

Im Sagen ist die Stimme enthalten, also jenes Objekt, das von Lacan zum Triebobjekt konzeptualisiert worden ist und das das Verhältnis des Subjekts zu den Trieben kompliziert.[41] Als Ort der Sublimierung, die Freud als eines der möglichen Triebschicksale bezeichnet, verknüpft die Stimme die Ebene der Signifikanten mit der Ebene der Triebe, seien diese nun als oraler, analer, phallischer, skopischer oder als Todestrieb aufgefasst; sie greift sie auf, artikuliert und sublimiert sie. Das ist der Grund, warum Lacan die Psychoanalyse als Ethik des Begehrens auffassen kann, dieser Form des Wunsches – die er vom Bedürfnis und vom Verlangen unterscheidet –, die sich zwischen dem Namen-des-Vaters und einem Objekt situiert, das dem Begehren nicht wesenseigen, jedoch zu seiner Aufrechterhaltung notwendig ist.[42] Im Begehren treffen sich der Name-des-Vaters und das Objekt a; es ist die

39 S. dazu *Das Seminar XI* ..., op. cit., Sitzungen v. 13. Mai (S. 186f.) u. 17. Juni 1964 (S. 270f.).

40 S. dazu J. Lacan: *Television.* In: Ders.: Radiophonie. Television, Weinheim u. Berlin: Quadriga 1988, S. 74.

41 S. dazu *Das Seminar XI* ..., op. cit. Kap. XV, (S. 196–210).

42 S. dazu *Das Seminar VII (1959–1960). Die Ethik der Psychoanalyse,* Kap. XXIV, Weinheim u. Berlin: Quadriga 1978, S. 371–388.

Stimme, die das Begehren in Worte fasst, den Trieb, der zum Ganzen tendiert, sublimiert.

Der Unterschied zwischen Trieb und Name-des-Vaters sollte nun deutlich geworden sein. Beide visieren ein Genießen an, der Trieb ein körperliches Sein, das die Schranken der symbolischen Kastration überwindet, der Name-des-Vaters eine Identität, die unmöglich zu erreichen ist und die sich im brennenden Dornbusch mit den Worten manifestierte: *»Eye asher eye«,* was Lacan mit *»Ich bin was ich bin«* übersetzte – Worte, die das Rätsel Gottes nicht lösen, sondern im Gegenteil intakt lassen. Im Zwischenbereich situiert sich die Stimme, die die an die erogenen Zonen gebundenen Partialtriebe aufgreift, zur Sprache bringt und sie damit mit der vom Namen-des-Vaters induzierten symbolischen Kastration vermittelt. Das Begehren ist an die menschliche Stimme, an seine Artikulation durch Worte gebunden, mithin hat sie eine repräsentierende Funktion – repräsentiert wird das Urverdrängte der körpergebundenen Partialtriebe wie auch das Urverdrängte des Namens-des-Vaters. Beide kulminieren in der Unmöglichkeit des vollen Genießens. Dabei kann es sein, dass das ausstehende volle Genießen eines Partialtriebs dasjenige des göttlichen Genießens substituiert, so dass das Sexuelle vergöttlicht wird. Jedoch ist auch das Umgekehrte möglich, eine Sexualisierung des Göttlichen – vielleicht macht das sogar die Perversion aus.

Die Kombination von artikulierten Triebansprüchen und Begehren nach der symbolischen Kastration zeigt sich exemplarisch in der Grundregel der Psychoanalyse, die den Analysanten auffordert, das zu sagen, was ihm gerade durch den Kopf geht. Die Triebobjekte werden im Sprechen, durch das Sprechen sublimiert. Verdeckt bleibt dabei der triebhafte Aspekt der Stimme selbst, die Lacan zufolge in die Reihe der Triebobjekte gehört, insofern sie zunächst diesseits von Bedeutung und Sinn, außerhalb des Symbolischen, situiert ist. Dadurch, dass sie den Anderen der Signifikanten artikuliert, tritt diese Dimension des Nicht-Sinns hinter dem, was gesagt wird, zurück.

Was hat das mit dem Eigennamen zu tun? Ziehen wir dazu ein Zitat Lacans heran:

»[I]nsofern das Subjekt spricht, kann es nicht anders als in der Kette, in der Abwicklung der Aussagen, immer weiter voranzukommen; wenn es sich aber auf die Aussagen zu bewegt, so lässt es etwas aus, das es eigentlich nicht wissen kann, d.h. der Name dessen, was es als Subjekt des Aussagens ist.«[43]

Lacan ordnet also dem Sprechen des Subjekts einen Namen zu, der sich erst hinterher erweisen wird, wenn überhaupt. Das Zitat lässt offen, ob sich dieser Name überhaupt jemals enthüllt oder unbekannt bleibt. Es lässt auch offen, welche Triebe sich dabei geltend machen – die Stimme mit ihrer sublimierenden Funktion oder die anderen Partialtriebe, die sich dem Sprechen widersetzen. Da der Name für den Sprechenden aussteht, ist das Unbewusste nicht nur der Ort, von dem her es spricht, sondern auch der Ort der antizipierten oder ausstehenden Erfüllung. So gesehen, artikuliert sich das Unbewusste vom Anderen her zum anderen, zum Nebenmenschen, um seine Bestimmung wieder in ihm zu finden – eine Art Schleife, die Lacan auch in topologischen Figuren dargestellt hat.[44] Was das für ein verborgener Name ist, mit dem das Subjekt des Aussagens sich bezeichnet, bleibt offen, es kann ein Eigenname sein – der Vor- oder Familienname –, es kann auch ein zu einem *sinthome* befördertes Symptom sein, das dem Subjekt eine Orientierung gibt, wie in den vorhergehenden Abschnitten gezeigt worden ist. Im Sprechen treffen sich Triebansprüche und die vom Namen-des-Vaters bewirkte symbolische Kastration, die Stimme wird zum Kampfplatz der beiden Formen des Genießens, die als absolute unmöglich, unerreichbar, unbewusst sind. Mit den Beschränkungen des Genießens tun sich die Menschen ebenso schwer wie mit den Grenzen des Wissens. In Fehlleistungen fallen diese Schranken für einen Moment weg, um sich gleich wieder zu schließen und der Erfahrung Platz zu machen, dass es doch nichts war mit der Aufhebung der Schranken – nichts außer einem Begehren nach dem Unmöglichen.

---

43 J. Lacan: *Le Séminaire IX …*, op. cit., Sitzung v. 10. Januar 1962 (Übers. d. Verf.). Die Passage lautet im franz. Original: »*[E]n tant que le sujet parle*, il ne peut faire que de s'avancer toujours plus avant dans la chaîne, dans le déroulement des énoncés, mais que, se dirigeant vers les énoncés, de ce fait même dans l'énonciation, *il élide quelque chose qui est à proprement parler ce qu'il ne peut pas savoir, à savoir le nom de ce qu'il est en tant que sujet de l'énonciation.*«

44 Als Beispiel einer solchen topologischen Figur sei der *Torus* genannt, der zwei Leerstellen enthält, die den Mangel darstellen. Das Sprechen kann man sich als Bewegung vorstellen, das die Figur eines Kranzes bildet.

Freud schreibt dazu: »Wollen wir zu unserer Wertskala zurückkehren, so müssen wir sagen: Nicht nur das Tiefste, auch das Höchste am Ich kann unbewußt sein.«[45] Entscheidend für die Psychoanalyse ist nicht so sehr das Phantasma der vollen Erfüllung, sondern die Art, wie es imaginiert wird. Im Bereich der Triebe ist es nur die Stimme, die eine Sublimierung erlaubt, nicht nur eine, die sie selbst betrifft, insofern sie das Schreien überwindet, sondern auch eine, die die anderen Partialtriebe zur Artikulierung bringt. Ansonsten widersetzen sie sich dem Sprechen, weil dieses zu einem Verlust an Genießen führen würde. Auf das Ertragen dieses Verlusts setzt die Psychoanalyse, im Namen des nicht einholbaren, ausstehenden Vaters. Ein Zug des Zukünftigen durchzieht so die Lacan'sche Lehre, auch wenn es nicht Sache der Psychoanalyse ist, Weltanschauungen zu entwerfen oder Utopien auszumalen – es genügt, dass sie dem Sprechen der Subjekte stattgibt.

45 S. Freud: *Das Ich und das Es*. In: GW. XIII, S. 255.

# Klinische Strukturen, Übertragung und die ethische Dimension des Eigennamens

## Vorbemerkung

In diesem abschließenden Teil wird der Frage nachgegangen, welche Bedeutung dem Eigennamen in den Neurosen, Perversionen und Psychosen zukommt – hat er im Hinblick auf die klinischen Strukturen überhaupt eine besondere Bedeutung? Es wird sich erweisen, dass es möglich ist, ihn als strukturierenden Faktor anzusehen. Wenn dem so ist, dann muss sich dies im Geschehen innerhalb der analytischen Kur – in der Übertragung – zeigen. Anhand von Beispielen lässt sich das konkretisieren, wobei teilweise auf solche zurückgegriffen wird, die bereits vorgestellt worden sind. Der Zugang zur Funktion des Eigennamens in der Übertragung erfolgt über die These, dass der Eigenname selber immer schon Übertragung ist, auch außerhalb des analytischen Geschehens. Was ist aber der Sinn der Übertragung, in welche Zusammenhänge wird der Eigenname gestellt? Und um welchen Eigennamen geht es dabei, um den des Analysanten, um den des Analytikers oder um andere?

In den vorherigen Ausführungen ist gezeigt worden, dass der Eigenname, zumindest im Sprechen, verschwindet, wenn das Subjekt in der ersten Person Singular spricht; heißt das, dass er seine Bedeutung für den Sprechenden, für den Hörenden verliert? Eine Antwort kann wiederum auf dem Feld der Übertragung erhofft werden, denn das Sprechen in der Analyse ist nicht nur strukturiert durch ein Begehren, sondern auch von ihm angeleitet, insofern es etwas intendiert, das man vielleicht mit einer vollen Präsenz umschreiben könnte – was nicht bedeutet, dass eine solche auch erreichbar wäre.

Ausgehend von den analytischen Erfahrungen im Kontext der Übertragung, wird im abschließenden Kapitel versucht, die klinischen Strukturen, also Neurosen, Perversionen und Psychosen, auf die doppelte Seite des Eigennamens, auf den Namen-des-Vaters wie auch auf den Vor- und Familiennamen, zu beziehen. Gefragt wird danach, wie, auf welche Weise Eigennamen ihre Subjekte beeinflussen.

In der Verknüpfung von Sprechen, Eigennamen und Begehren ist eine Ethik enthalten, deren Merkmale und Eigenheiten, deren missbräuchliche Formen es herauszuarbeiten gilt. Es wird sich zeigen, dass die Verwendung des Eigennamens dort von der Ethik der Psychoanalyse abweicht, wo er entweder zu einer Hybris verkommt oder wo seine Dimension der Nichtigkeit ignoriert wird.

## DER EIGENNAME IST ÜBERTRAGUNG

Die psychoanalytische Kur zeichnet sich dadurch aus, dass die Übertragung, also das Geschehen zwischen Analysant und Analytiker, ihr Dreh- und Angelpunkt ist. Die Frage ist, ob dabei dem Eigennamen eine besondere Bedeutung zukommt oder nicht. Stellen wir aus grundsätzlichen Erwägungen gleich an den Anfang die These, die sich nicht aus dem Studium von Fallgeschichten, wohl aber aus den bisherigen Ausführungen ableiten lässt: *Der Eigenname ist Übertragung.*

Dieser These sind eine objektive und eine subjektive Dimension inhärent, deren Erläuterung sie plausibel machen: Die objektive fokussiert die Gabe, Weitergabe des Eigennamens über Generationen hinweg, wobei phantasmatische und geschichtliche Dimensionen der Namensgeber oder sogar ihrer Vorfahren mit einfließen, von denen das betroffene Subjekt (noch) nichts weiß (daher die Rede von der objektiven Dimension). Die subjektive besteht in der Aneignung, Interpretation dieses Eigennamens, wobei sowohl der Vor- als auch der Familienname gemeint sind. Die subjektive Dimension ist für das psychoanalytische Geschehen bedeutsamer, wobei die Aneignung des Eigennamens keineswegs immer problemlos geschieht. Das hängt nicht nur mit dem Urteil über den erhaltenen Namen zusammen, ob er gefällt oder nicht – das ergibt sich im Vergleich zu anderen Namen –, sondern auch mit der Beziehung zu den Namensgebern, insbesondere zum Namen, den der Vater trägt. Die Übertragung konkretisiert sich an diesem Problem der subjektiven Aneignung; sie kann so weit gehen, dass der Eigenname abgelehnt wird – sei es, dass sich das Subjekt mit anderen Namen identifiziert, sei es, dass es den eigenen Namen verdrängt oder sich darüber hinwegsetzt, als wäre es namenlos oder mit einem bedeutungslosen Etikett versehen.

Vom Moment an, wo das Subjekt entdeckt, dass der reale Vater keineswegs der allmächtige ist, wie es geglaubt hat, dass es einen Unterschied gibt zwischen dem imaginären und dem realen Vater, erleidet es einen Verlust, der es auf den symbolischen Vater verweist, der sich zwar dem begrifflichen Erkennen entzieht, der jedoch die Instanz ist, die bewirkt, dass der reale Vater vom Mangel betroffen ist wie jeder andere Mensch. Dieser Verlust hinterlässt seine Spuren – als Phantasma der Allmacht, aber auch als Phantasma eines Namens, der unbeschadet vom Mangel bleibt. Obwohl jedes Subjekt erfährt, dass auch der wohlklingendste Name mit einem Mangel behaftet ist, insofern er einer unter vielen ist und die Marke des Symbolischen in sich trägt, hängt es doch an dieser Matrix der Vollkommenheit. An ihm misst es sein Schicksal, wenn es zu Beginn einer Analyse fragt, wer es sei und ob es den Ansprüchen, die die Kultur der Männlichkeit, der Weiblichkeit stellt, zu genügen vermag. Liliane Fainsilber schreibt dazu:

»[M]it den Buchstaben seines Eigennamens, des Namens seines Vaters, webt das Subjekt rund um das Begehren des auf diese Weise symbolisierten Anderen den Lebensfaden seines eigenen Begehrens, das es in seinen Symptomen, seinen Sublimierungen, seinen Liebeswahlen, einschließlich desjenigen seines Psychoanalytikers, manifestiert.«[1]

Die Pariser Analytikerin hat hier offensichtlich den Familiennamen im Auge, den es zu symbolisieren gilt – wie sonst könnte sie den Eigennamen mit dem Namen des Vaters des Subjekts gleichsetzen. Im Familiennamen sieht sie den Kristallisationspunkt des Begehrens des Analysanten, für den es erstens nicht selbstverständlich ist, diesen vor-

---

1 L. Fainsilber: *L'alphabet du désir inconscient avec les lettres du nom propre* (Übers. d. Verf.). Das Zitat lautet im franz. Original: »[A]vec les lettres de son nom propre, du nom de son père, le sujet, tisse autour de ce désir de l'Autre ainsi symbolisé, la trame de son propre désir qu'il manifeste dans ses symptômes, ses sublimations, ses choix amoureux, y compris celui de son psychanalyste.« S. unter: http://pagesperso-orange.fr/liliane.fainsilber/pages/nom_propre.htm [16.07.2010].

gegebenen Namen auch wirklich zu akzeptieren und der zweitens ohnehin der zusätzlichen Symbolisierung bedarf, denn ein Name allein ist arm an Bestimmungen. Deshalb kann sie sagen, dass die Konfrontation mit dem Eigennamen das Begehren strukturiert, das sich in Symptomen, Sublimierungen und sogar Liebeswahlen manifestieren kann.

Fainsilbers Ausführungen lassen sich bestätigen und zugleich erweitern, wenn man nochmals an den Eigennamen als Körperbild denkt, wie dies in früheren Abschnitten dargestellt worden ist. Die doppelte Erfahrung des Eigennamens, als Vorname, der das Subjekt in eine Position der Sexuierung bringt, und als Familienname, der das Subjekt in eine Linie von Generationen einschreibt, stößt nicht auf einen Schlag auf Akzeptanz. In der Übertragung zeigt sich das, was im werdenden Subjekt noch nicht abgeschlossen ist, es hält an einem Ideal, an Phantasmen fest, um dem im Eigennamen enthaltenen Verlust entgegenzutreten, ihn zu verdrängen. Es kommt dazu, dass ja der Eigenname das Subjekt nicht determiniert, er zeigt ihm lediglich seine geschlechtliche Position bzw. seine Zugehörigkeit zu einer Generationenfolge an. Damit bleiben die entscheidenden Fragen nach dem Sein und nach dem Geschlechtsideal nicht beantwortet, der Name erweist sich als unzureichend für eine Seinsbestimmung, wie sich dies auch im Abschnitt über die Diskursformationen gezeigt hat. Obwohl der Sprachgebrauch beide Versionen auf die Frage nach dem Eigennamen zulässt – man kann sowohl antworten: »ich *bin* xy«, als auch: »ich *heiße* xy« –, geht daraus keine zureichende Seinsbestimmung hervor, im Gegenteil, der Mangel kommt zum Vorschein. Er lässt sich damit abwehren, dass das Subjekt glaubt, aus seinem Eigennamen etwas Semantisches ablesen zu können, der Redensart *nomen est omen* Recht zu geben.

Damit kommen wir zu einzelnen Beispielen. Wir sind in einem früheren Abschnitt auf die Beiträge von Wilhelm Stekel und Karl Abraham gestoßen: *Die Verpflichtung des Namens*[2] bzw. *Über die determinierende Kraft des Namens.*[3] Die darin enthaltenen Kurzfassungen von Falldarstellungen, die von der Überzeugung geleitet sind, dass Neurotiker einen besonderen Umgang mit ihrem Eigennamen haben, können nun im Kontext der Übertragung gelesen werden. Dass die einen eine Verpflichtung daraus ableiten, während andere damit spielen,

2 S. dazu S. 89, Anm. 1.

3 S. dazu ibid., Anm. 2.

wieder andere ihren Namen ablehnen und versuchen, ihm zu entkommen, ist nicht einfach ein Faktum, das bloß ein singuläres Subjekt betrifft, sondern auch ein Resultat des Übertragungsgeschehens. Um noch einmal Liliane Fainsilber zu zitieren:

»Aber die geheime Chiffer seines Begehrens setzt sich aus den Buchstaben des Namens seines Vaters zusammen, eines Namens, den das Subjekt als sein kostbarstes Gut behält, denn er konstituiert für es ein Zeichen der Anerkennung.«[4]

Hier könnte man sicher ergänzen, dass die Anerkennung zwei Seiten umfasst, nicht nur diejenige der Eltern gegenüber ihrem Kind, sondern auch diejenige des Kindes gegenüber seinen Eltern. Gelingt sie, drückt sich das in der Akzeptierung des Eigennamens aus; misslingt hingegen die Anerkennung, so manifestieren sich Enttäuschung, Protest, Auflehnung in Entstellungen des Eigennamens, in Abwandlungen, Zerstückelungen, aber auch in heimlichen Annäherungen. Die im Abschnitt *Transformationen des Eigennamens*[5] aufgelisteten Möglichkeiten lassen sich hier anwenden; die Tabelle zeigt, welche Wege das Subjekt einschlagen kann, sich in ein Verhältnis zu seinem Eigennamen zu setzen.

Nicht zu vergessen ist dabei die Frage, was mit dem Eigennamen geschieht, wenn das Subjekt in der ersten Person Singular spricht. Die bisherigen Ausführungen haben gezeigt, dass deswegen der Eigenname nicht bedeutungslos wird, vielmehr rückt er in die Position des Signifikats, das dem Sprechenden nicht bewusst zu sein braucht. Es gibt hier eine Dialektik zwischen dem Sprechen in der ersten Person Singular und dem Eigennamen; dieser dient einerseits als implizite Referenz, der andererseits auf den Sprechenden zurückwirkt – in diesem Sinne kommt dem Eigennamen auch signifikante Bedeutung zu. Man kann hier das Beispiel eines schriftlichen Dokuments als Illustration herbeiziehen. In diesem setzt der Schreibende am Ende seine Unterschrift darunter. Der Sprechende tut dies nicht, er nennt seinen Namen nicht.

4 L. Fainsilber: *L'alphabet du désir* …, op. cit. (Übers. d. Verf.). Das Zitat im franz. Original lautet: »Mais le chiffre secret de son désir se composera des lettres du nom de son père, nom qu'il gardera comme son bien le plus précieux, car il constitue pour lui un signe de reconnaissance.«

5 S. dazu S. 167–171.

Gleichwohl ist er latent in seinem Sprechen vorhanden, wenn er sich anderen, die ihn hören, zu sehen gibt, sich vernehmbar macht. An die Stelle der Schriftzüge treten sein Ausdruck, seine Erscheinung, seine Art und Weise, sich anderen zu präsentieren, so dass die anderen wissen: Das ist unverwechselbar derjenige oder diejenige. Die Beurteilung dessen, was und vor allem wie ein Sprechender sich äußert, wird dabei nicht nur von den anderen, von den Hörern geleistet, sondern ist als Habitus dem Sprechenden eingeschrieben, ohne dass diese Schrift anders lesbar wäre als im performativen Akt des Sprechens.

Auch die anderen bereits vorgestellten Ausschnitte aus Falldarstellungen von Freud, Leclaire, Julien sind in einem Übertragungsgeschehen entstanden und müssten unter diesem Aspekt neu gelesen werden. Nun ist es wohl nicht sinnvoll, sie alle nochmals neu zu untersuchen und zu kommentieren, dies umso weniger, als bereits anlässlich von Freuds Signorelli-Episode auf die Übertragung hingewiesen worden ist, nämlich auf die Beziehung Freuds zu dem Juristen, dessen Namen er in einem der Briefe an Fließ bekanntgab. Wir greifen *pars pro toto* nochmals Leclaires Falldarstellung aus *Das Reale entlarven* auf, weil es dazu einen Kommentar von René Major gibt, der die Dimension der Übertragung eigens thematisiert und auf diese Art das Geschehen deutlicher konturiert, und weil es zudem einen Kommentar zu diesem Kommentar von Philip Bousseyroux gibt, der das Geschehen der Übertragung noch einmal deutlicher hervortreten lässt. Dazu wenden wir uns nochmals der Falldarstellung von Philippe Julien zu, die bislang unkommentiert geblieben ist. Schließlich füge ich eine bisher nicht erwähnte Vignette aus der eigenen Praxis dazu.

## René Majors Kommentar zu *Poord'jeli*:

Erinnern wir uns nochmals an die wichtigsten Punkte von Leclaires Falldarstellung. Im Mittelpunkt steht eine Traumerzählung, die man als *Traum vom Einhorn* kennzeichnen könnte, worin Silben und Buchstaben vorkommen, die in einem Zusammenhang stehen mit dem phantasmatischen Namen *Poord'jeli*, sowie eine zweite Traumerzählung, in deren Mittelpunkt eine *Hippe* (*serpe*) steht, mit der sich der Träumende entgegen dem Anschein nur geringfügig verletzt hatte. René Major schreibt dazu:

»In derjenigen [Sitzung], in der ich dabei war [...], hob ich die Kriterien hervor, die Leclaire verwendete, um die schriftliche Transkription von Philipps Grundphantasma zu bewerkstelligen oder um eine Graphematik (Schreibart) zu entsiegeln, von der das Phantasma selber die Übersetzung wäre. [...] Ich wollte den drei Grundbegriffen, der Wiederholung, dem Trieb und dem Unbewussten, denjenigen der Übertragung beizufügen, und so kam ich zur Verschränkung der Buchstaben und Laute des Eigennamens von Georges Philippe Elhyani mit denjenigen des Eigennamens seines Analytikers in den beiden Träumen. Von der Erzählung des Traumes mit dem Einhorn greife ich tatsächlich heraus: ›Wir gehen alle drei auf eine Lichtung (*clairière*) zu, die man weiter unten erahnt‹, und vom Traum mit der Hippe: ›Ich suche (es handelt sich um ein Objekt, an dem Philippe sich verletzte), und denke dabei an einen rostigen Nagel. Das sieht eher einer Hippe (*serpe*) ähnlich.‹
Die Laute von *›clairière‹* wiederholen sich in *›l'eau claire‹* des Traumes, wie diejenigen der Hippe sich mit den Spuren der im Wald angetroffenen Hirsche (*cerfs*) wiederholen. Es ist bekannt, dass das Einhorn durch den Körper eines Pferdes und der Kopf durch den eines Hirsches dargestellt wird. Ich ließ die Losbindung/Verbindung einiger Laute erscheinen, das Klare des Wassers (*le clair de l'eau*), die Lichtung (*la clairière*), und stützte mich dabei in der Übertragung auf den Namen des Analytikers und auf Loslösungen und Substitutionen von Buchstaben, wie *›pe‹* von serpe und das *›je‹* von *ser-je,* was den Vornamen betrifft. Der Rebus des Traums erwies sich als Rebus der Übertragung, das Zerbrechen/die Artikulation der Eigennamen geschah im Dienste eines ganzen Übertragungsdiskurses: ›Auf der Spur eines Hirsches (*cerf*) komme ich, um klares Wasser (*eau claire*) des guten Sprechens von demjenigen zu trinken, von dem ich mich zum Knecht mache, ich bin das Horn (*corne*) [...], dieser schöne Körper von Lili dient nur mir, nur '*moi-je*', wie man Philipp gerne nannte.‹«[6]

---

6 R. Major: *L'archonte, l'archi-trace, l'archive ...*, op. cit., S. 29f. (Übers. u. Kursivsetzungen d. Verf.). Die Stelle lautet im franz. Original: »Dans celle que je commis [–], je relevais les critères que paraissait avoir retenus Leclaire pour opérer la transcription graphique du fantasme fondamental de Philippe ou pour desceller une graphématique dont le fantasme serait lui-même la traduction. [...]. Souhaitant ajouter aux trois concepts fondamentaux de répétition, pulsion et inconscient celui de transfert, j'en venais à l'intrication des lettres et phonèmes du nom propre de Georges Philippe Elhyani avec celles et ceux du nom propre de son analyste dans les deux rêves. Du récit du rêve à la licorne, j'extrayais en effet : ‹ Nous marchons

René Major erkennt also einen Zusammenhang des Eigennamens dieses Analysanten mit einem in einem erweiterten Sinne oralen Begehren, das der Klarheit, dem guten Sprechen, dem Durst nach Wahrheit gilt.

Mit René Majors Kommentar ist die Diskussion um diesen Fall *Poord'jeli* keineswegs abgeschlossen. In einer brillanten Arbeit, die zugleich eine Hommage an Leclaire ist, zeigt Michel Bousseyroux, dass Philippe Georges Elhyani, bzw. Poord'jeli kein anderer gewesen ist als Serge Leclaire selbst, der seine eigene Analyse in diesem Seminar seinen Kolleginnen und Kollegen präsentierte, in Anwesenheit seines Analytikers Jacques Lacan.[7] Für Bousseyroux ist das mehr als bloß eine Verstellung, ist doch – im Unterschied zu Freuds Vorgehen – der Analysant bei Lacan in gewissem Sinne derjenige, der interpretiert. Bousseyroux erkennt in Leclaires Vorgehen so etwas wie die *passe*, also die theoretische Verarbeitung und Präsentation des eigenen Erfahrungsweges in der analytischen Kur, die viele Jahre später in der von Lacan gegründeten *Ecole freudienne* institutionalisiert wurde. Auch sieht er in Traumelementen, wie etwa der Silbe *li* den ehemaligen Namen Leclaires, Liebschutz, den der Vater angenommen hatte, um im 2. Weltkrieg seine jüdische Herkunft vor den Nazis zu verstecken. Das zeigt nochmals exemplarisch, welche Bedeutung dem Namen und dem Begehren des Namens, wie René Major es dargestellt hat, zukommt.

---

tous les trois vers une *clairière* que l'on devine en contrebas ›, et du rêve à la *serpe* : ‹ Je cherche [il s'agit d'un objet contre lequel Philippe se serait blessé], pensant à un clou rouillé. Cela ressemble plutôt à une serpe. › Les phonèmes de la clairière viennent se répéter dans *l'eau claire* du rêve comme ceux de la serpe se réitèrent avec les traces de *cerfs* rencontrés dans la forêt. On sait que la licorne est représentée avec le corps d'un cheval et la tête d'un cerf. Je faisais apparaître la déliaison/liaison de certains phonèmes, le clair de l'eau, la clairière, comme prenant appui, dans le transfert, sur le nom de l'analyste et sur des détachements et substitutions de lettres, comme le ‹ pe › de serpe et le ‹ je › de ser-je, pour le prénom. Le rébus du rêve se faisant rêbus à transfert, la brisure/articulation des noms propres se mettait au service de tout un discours transférentiel : ‹ A la trace d'un *cerf*, je viens boire *l'eau claire* de la bonne parole [...], de celui dont je me fais le serf, je suis la corne [...], ce joli corps de Lili ne sert qu'à moi, qu'á *'moi-je'*, comme on aimait nommer Philippe. ›«

7 S. dazu M. Bousseyroux: *Philippe le Clair, le parlêtre au clair de la lettre*. In: l'érès/L'en-je lacanien Nr. 11, 2/2008, S. 81–96.

## Philippe Juliens Falldarstellung

Auch in dieser Falldarstellung stehen Träume im Mittelpunkt, es sind deren drei. Im ersten sah der Träumende einen Löwen in einem Käfig, der eine Schlange anblickte, die entfloh. Im zweiten sah er, wie ein Chamäleon eine Schlange biss. Im dritten spielte *chalumeau/Strohhalm, Schilfrohr, Schalmei* eine zentrale Rolle.

Julien sieht in diesen drei Träumen das Buchstäbliche am Werk, das hinter dem Bildlichen verdeckt bleibe und erst beim Hören der Traumerzählung zum Vorschein komme. Dieses Buchstäbliche bezieht er in einem zweiten Schritt auf den Analysanten, d.h. auf dessen Vater, dessen Vorname Camille gewesen sei. Der Analytiker hört also *lion/Löwe, caméléon/Chamäleon, chalumeau/Strohhalm* als Signifikanten eines Phantasmas, das wiederum – wie bei Leclaire – oraler Art ist und das sich, entsprechend der Lacan'schen Auffassung des oralen Triebs, mit *sich beißen lassen* übersetzen ließe. Der Analysant versuche damit, dem Begehren des Anderen zu entsprechen, ihm zu gefallen, und dies impliziere, sich beißen zu lassen. An die Stelle des Anderen, dessen, der beiße, trete der Vater des Analysanten, Camille. Darin manifestiere sich ein Genießen, insofern der Träumende das Begehren des Anderen erfüllen wolle.

In der Übertragung rückt somit der Analytiker an die Stelle des Vaters, von dem der Analysant gebissen werden möchte, um sein Phallus zu sein. Dies geht weniger aus den Traumbildern hervor als aus den lautlichen Signifikanten, die einigermaßen präzise anzeigen, dass hier *Camille* gemeint ist, dessen Platzhalter der Analytiker ist. Im Unterschied zu Leclaire geht es somit nicht um den Namen des Analysanten, sondern um den (Vor-)Namen des Vaters, wobei offen bleibt, wie sehr hier Julien diesen Ausschnitt aus einer Fallgeschichte entstellen musste, um nicht etwas preiszugeben, was nicht an die Öffentlichkeit gehört.

## Eigene Falldarstellung: Was in der Ovomaltine alles enthalten ist

Die folgende Vignette stammt nicht aus einer von mir durchgeführten Analyse, sondern von einer Falldarstellung eines Kollegen im Rahmen von Fallbesprechungen. Vieles, was dazu erhellend wäre, muss ich aus

Gründen der Diskretion verschweigen, ich hoffe aber, dass das, worum es hier geht, dennoch zur Darstellung kommt.

Es handelt sich um eine knapp 30-jährige Frau, die wegen Beziehungsproblemen einen Analytiker aufgesucht hatte. Im Laufe der ersten Gespräche erzählte sie eine Begebenheit aus der Kindheit: Ihr Vater war aus beruflichen Gründen ein Frühaufsteher, der erst wieder abends nach Hause kam, so dass die Patientin wenig Gelegenheit hatte, ihn zu sehen, mit ihm zusammen zu sein. So kam es, dass sie sich ab und zu wecken ließ, um mit ihm zu frühstücken, das habe sie jeweils sehr genossen, sagte sie. Sie kam dann auf die Speisen und Getränke zu sprechen und wusste plötzlich nicht mehr, was sie getrunken hatte. Der Analytiker meinte daraufhin, das sei ja egal, aber die Patientin bestand darauf, dass das wichtig sei. Schließlich fand sie den gesuchten Namen: *Ovomaltine*, ein in der Schweiz beliebtes Getränk, bei dem Kakaopulver in die Milch gegeben wird. Anschließend an diese Erinnerung kam sie auf Schwangerschaftsphantasien zu sprechen. Zur Verblüffung des Analytikers sagte die Analysantin einige Wochen später, sie sei tatsächlich schwanger.

Erst in der Fallbesprechung zeigte sich, wie grundlegend der zunächst ›vergessene‹ Name des Kakaos – *Ovomaltine* – war. Der Name des Analytikers, Silvio Voser,[8] enthielt nämlich genau die drei Buchstaben in der richtigen Reihenfolge, mit denen dieses Getränk abgekürzt wird: OVO. Zu diesen drei Buchstaben gibt es viel zu sagen: OVO ist ein italienisches Wort, das sich mit *Ei* übersetzen lässt. Visuell stellen die drei Buchstaben eine symmetrische Figur dar, wobei man am ehesten an zwei Augen und eine Nase oder auch eine Brille mit einer Nase, also an ein Gesicht denkt.

Nun wird klar, dass die Patientin ein Schwangerschaftsphantasma artikulierte, das in der Übertragung den Eigennamen des Analytikers involvierte, von dem sie ein Kind begehrte. Ihr Begehren galt seiner Fruchtbarkeit, die ja ein Merkmal des Namens-des-Vaters ist. Es machte sich fest an einzelnen Buchstaben von dessen Eigennamen. Man kann darin nicht nur das Begehren nach einer Schwangerschaft erkennen, sondern auch das Begehren, den Namen des Analytikers zu tragen – unverkennbar war hier Liebe im Spiel. Da es sich um eine

8 Dieser Name ist natürlich erfunden, er hat hier lediglich die Funktion eines Buchstabenlieferanten, eine Funktion, die der tatsächliche Name ebenfalls erfüllte.

junge Frau mit Beziehungsproblemen handelte, die Geschichte zudem 20 Jahre zurückliegt, also zu einer Zeit spielt, als die Frauen noch nicht so häufig ihren angestammten Namen bei der Heirat behielten, ist es plausibel, dass sie sich auch den Namen des Analytikers aneignen wollte. Ein phallisches Begehren manifestiert sich hier, das in der Folge mit einem anderen Mann realisiert wurde, wobei zu dieser Realisierung anzumerken ist, dass es sich wohl um ein *acting-out* gehandelt hatte, als Folge der zu spät eingetroffenen analytischen Intervention, d.h. einer adäquaten Deutung. In der Tat war der Analytiker zu wenig auf das Hören der Signifikanten und zu sehr auf das Nachvollziehen einer erzählten Handlung eingestellt. So kam es, dass er prompt die Signifikanz, die in OVO beschlossen war, überhörte – mit beträchtlichen Folgen, wie sich zeigte.

## NEUROSEN, PHOBIEN, PERVERSIONEN UND PSYCHOSEN IN IHREM BEZUG ZUM EIGENNAMEN

### Der Eigenname in den Neurosen

Zunächst gilt es, plausibel zu machen, dass der Eigenname in den Neurosen überhaupt von Relevanz ist. Gibt es nicht zahlreiche Verläufe von Analysen, in denen der Eigenname kaum thematisiert wird? Und sagt nicht Lacan selber, dass der Neurotiker jemand ohne Namen sei?[9] Was nach Belanglosigkeit aussieht, ist in Wirklichkeit ein Indiz für die Sache selber, um die es geht: Der Neurotiker hat Probleme mit seinem Eigennamen, sei es, dass er ihn völlig übergeht, sei es, dass er ihn hasst, ablehnt, ein Substitut sucht. Der Eigenname wird nicht einfach hingenommen als Zeichen der Singularität, als Marke des Verlusts, den das Subjekt mit dem Eintritt in die symbolische Ordnung bezahlt, als unauslotbares Rätsel seiner Existenz, sondern der Eigenname gerät unter die Räder der Abwehr in ihren unterschiedlichen Formen.

9 »Sein Eigenname macht ihm zu schaffen, […] der Neurotiker ist im Grunde genommen ein Namenloser.« Der franz. Text lautet: »Son nom propre l'importune, […] le névrosé est au fond un Sans-Nom.« *Subversion des Subjekts und Dialektik des Begehrens*. In: Schriften II, op. cit., S. 203.

Wenden wir uns zunächst den Erfahrungsberichten zu, die uns einen Hinweis zu der Frage geben, was die Neurotiker mit ihrem Eigennamen machen. Bei den Zwanghaften ist kaum zu bestreiten, dass sie ihren Eigennamen hintanstellen oder ihn behandeln, als bezeichnete er eine Sache, als wäre er ein gemeiner Name. Die Verwendung des Eigennamens in der Wissenschaft gibt vielleicht das Modell für diesen Umgang ab: Der Eigenname existiert in der symbolischen Dimension; er dient zur Identifizierung von Dokumenten, zur Unterscheidung von Mein und Dein. In der analytischen Kur taucht der Eigenname in diesem Sinne bei der Begrüßung auf, Analysant und Analytiker nennen sich bei ihrem Namen, auch bei der Verabschiedung nach einer Sitzung, geben sich möglicherweise die Hand. Im Falle von Zwangsneurosen taucht der Eigenname während der Sitzungen nur ausnahmsweise auf. Die imaginäre Dimension wird vernehmbar, wenn der Eigenname substituiert wird, wenn andere, besser klingende Namen erwähnt werden; wahrscheinlicher ist jedoch, dass gar keine Eigennamen erwähnt werden, weil sie an den Vater erinnern, mit dem die Zwanghaften nichts gemeinsam haben wollen. Wird schon die imaginäre Dimension des Eigennamens unter Verschluss gehalten, so erst recht die reale, denn sie evoziert die Intimität des Eigennamens, an der die Intimität der Beziehung zur Mutter, zu den Geschwistern und zum Vater hängt. Letztere wird besonders stark abgewehrt, weil sie das ganze Dispositiv des Zwanghaften in Frage stellt, darüber hinaus das Subjekt in eine passive Position bringt, was Kastrationsangst, Angst vor Homosexualität weckt – Freud hat das ja alles unübertrefflich beschrieben.

In seiner Pose der Wissenschaftlichkeit stößt der Zwanghafte nicht nur auf die unliebsame, ihn an die Singularität erinnernde Dimension seines Eigennamens, nicht weniger schlimm ist für ihn das Sprechen in der ersten Person Singular. Da begegnet er seinem Alleinsein, dem Mangel, der Verantwortung für sein Leben – das gibt ihm Anlass, sich an den anderen zu wenden, so dass er die Werte seines Ichs (*moi*), das den gesunden Menschenverstand, den *bon sens* widerspiegelt, über das, was sich ihm in seiner singulären Existenz vom Anderen her zuspricht, stellt. Das zeigt sich in der Widerständigkeit, dem Sprechen freien Lauf zu lassen, im Begehren nach Kontrolle, sich nicht auszuliefern an die Einfälle, die beim Sprechen unvorhergesehen und unerwartet auftauchen.

Verdrängt bleibt bei den Zwanghaften die Intimität des Eigennamens, also sein Reales. Gelingt es, dorthin vorzustoßen, so wird dieser Erfolg begleitet von starken Affekten, die das Subjekt aus dem Gleichgewicht bringen, jedoch Kräfte frei machen, die es für die Abwehr verwendet hatte.

Anders gehen die Hysterischen mit ihrem Eigennamen um. Sie teilen mit den Zwanghaften die Ablehnung, sein Empfinden als Last. Im Unterschied zu den Zwanghaften, die versuchen, den Eigennamen so weit wie möglich als gewöhnliche Bezeichnung aufzufassen, suchen die Hysterischen ein Substitut, das die Nichtigkeit ihres herkömmlichen Namens überdeckt. Die bereits erwähnte Novelle Gottfried Kellers *Der Schmied seines Glücks* bietet dafür ein eindrückliches Beispiel. Bei seinen Versuchen, zum begehrten Ansehen zu kommen, spielt der Eigenname wenigstens bei seinen ersten beiden Anläufen eine zentrale Rolle: bei der Namensänderung von *Kabis* in *Kabys*, und bei der Heirat, durch die er sich den Zusatznamen *Oliva* erhofft und sich dabei jedoch den Namen *Häuptle* einhandelt. Beim dritten Anlauf, der Reichtum verheißt, muss er dagegen seinen Namen wegen des in Aussicht gestellten Erbes eintauschen, was ebenfalls misslingt. Das weist immerhin darauf hin, dass ein schöner, vollklingender Name für die Hysterischen nicht in jedem Falle das höchste Ziel ist, vielmehr können Reichtum und Ansehen noch höher in ihrer Rangordnung stehen. Das Ideale wäre natürlich das Zusammentreffen all dieser Dimensionen.

Die Problematik des Eigennamens bei den Hysterischen weist auf etwas hin, das bei den Zwanghaften verdeckt bleibt, nämlich das Genießen. Während diese alles tun, um dem bedrohlichen Genießen zu entkommen, ist es im Begehren der Hysterischen eingeschrieben, was zeigt, dass sie einen anderen Ausgangspunkt haben als die Zwanghaften. Freud hat schon in einem Brief an Fließ auf diesen Sachverhalt hingewiesen.[10] Er hat den Zwang als Erinnerung an ein sexuelles, also lustvolles Erlebnis bezeichnet, die Verdrängung dagegen als Folge einer erlittenen Unlust, und dabei den Zwang später angesetzt als die Verdrängung. Der schöne Name wäre somit ein Zeichen für das Genießen, allerdings um den Preis der Ablehnung oder Zurückstellung des eigenen Namens.

---

10 Brief 112 v. 6. Dezember 1896. In: S. Freud: *Briefe an Wilhelm Fließ ...*, op. cit., S. 220.

Wie ließen sich nun der Umgang der Zwanghaften und Hysterischen mit dem Eigennamen im Kontext der Topologie des borromäischen Knotens darstellen? Bei beiden kann die Dreierstruktur, der Name-des-Vaters, vorausgesetzt werden; seine Besonderung erhält er im Viererknoten. Wenn wir den Rattenmann als Beispiel für eine Zwangsneurose zu Rate ziehen, so bemerken wir, dass sein Name, Ernst Lanzer, nirgends auftaucht. Dagegen nimmt der Ausdruck *Rattenmann* den Platz des *sinthome* ein, gibt einen Hinweis auf die Besonderheit dieses jungen Mannes. Es ist allerdings ein Name, der nicht von ihm selbst gegeben wurde, sondern von Freud, der erkannte, dass der Signifikant *Ratte* eine entscheidende Funktion in der psychischen Ökonomie seines Patienten hat.

Bei der Hysterie bekommt das *sinthome* eine ganz besondere Funktion, wenn man von der traditionellen Übernahme des Familiennamens des Mannes durch die Frau ausgeht. Die Frauen, die dieser Ordnung verpflichtet sind, erleiden zunächst einen Verlust, den der Mann nicht zu tragen hat, wenn sie bei der Heirat ihren angestammten Namen verlieren bzw. aufgeben. Der Name des Mannes lässt sich nun mit Fug und Recht als *sinthome* auffassen, das ihnen eine neue Position gibt und darüber hinaus ausdrückt, dass sie den Namen ihres Mannes stützen, was für die Erziehung der Kinder von großer Bedeutung ist. Diese stützende Funktion weist übrigens darauf hin, dass die Diskussion um die Familiennamen, d.h. welchen die Frauen tragen sollen, nicht nur unter dem Aspekt der Unterdrückung geführt werden kann; die Übernahme des Namens des Mannes ist ein Akt, der auch den Mann verpflichtet, wenn es darum geht, dass der Familienname den Namen-des-Vaters konkretisiert, d.h. für Werte einsteht, an denen sich die Kinder orientieren können. Kommt die Übernahme des Namens des Mannes durch die Frau einem Sachverhalt gleich, der sich gewiss nicht auf ein neurotisches Verhalten reduzieren lässt, so zeigt sich die hysterische Seite an der besonderen Wahl eines solchen Namens: Dieser muss exquisit sein, adlig oder mit Reichtum, besonderem Ansehen verknüpft. Man braucht nur nach Hollywood zu schauen, um zu sehen, wie viele wohlklingende Namen es dort gibt, die man in der eigenen Umgebung nicht findet. Da ist die Dimension des Genießens greifbar, und es ist auch erkennbar, dass sie dazu da sind, den Mangel, der sich im Eigennamen ausdrückt, vergessen zu machen.

Wenn man den Umgang der Neurotiker mit dem Eigennamen auf eine kurze Formel bringen müsste, so könnte man sagen, dass sie in erster Linie die symbolische Dimension des Eigennamens, in zweiter Linie die imaginäre betonen, besonders die Hysterischen, die reale Dimension dagegen verdrängen.

## Der Eigenname in den Phobien

Die Phobien nehmen in der Klassifikation der Psychoanalyse eine eigenartige Stellung ein. Sie werden meistens den Neurosen zugerechnet, überschneiden sich dabei mit der Hysterie, so dass der Name Angst-Hysterie nicht selten vorkommt. Lacan sieht in den Phobien die radikalste Form der Neurose.[11]Andererseits gibt es Phobien, die eher zu den Perversionen oder sogar zu den Psychosen zugerechnet werden. In diesem Zusammenhang spricht Lacan von Phobien als Drehscheibe,[12] die keiner klinischen Einheit entsprächen. Da es hier nicht um klassifikatorische Probleme geht, konzentrieren wir uns auf das Verhältnis der Phobien zum Eigennamen.

Ein Zugang eröffnet sich, wenn man die Phobie, wie ja ihr Name sagt, mit Angst in Beziehung bringt. Angesichts dieser als Bedrohung empfundenen Situation droht das Subjekt, seinen Namen zu verlieren, Objekt des Begehrens des Anderen zu werden.

Die Angst ist dabei kompliziert strukturiert und keineswegs identisch mit der Empfindung eines als gefährlich empfundenen Objekts, dieses ist vielmehr das Ergebnis des Versuchs, die Angst vorstellbar zu machen. Mehrere Ebenen sind zu unterscheiden: die Angst vor dem phallischen Begehren der Mutter, das sich angesichts der Rätselhaftigkeit, Unsichtbarkeit ihres Geschlechts nirgends festmachen kann und deshalb ein Objekt sucht. Die Angst davor, die jedes Kind empfindet, ist unsagbar, sie gilt der Leere, die als bedrohlich empfunden wird, weil jeder Versuch, sie zu füllen, darauf hinausläuft, Phallus der Mutter zu sein, was die Strukturen des Subjekts zerstören müsste. So gesehen, kann der Glaube an den Phallus der Mutter gleichbedeutend mit der Leugnung der Geschlechterdifferenz, eine Abwehr gegen das mütterliche Begehren sein, um den Preis der Unwahrheit und der Angst vor ihrer Aufdeckung. Was daraus resultiert, ist Fetischismus, dessen Bezug zur Phobie damit deutlich wird. Die zweite Ebene der Angst

11 S. dazu *Das Seminar VIII …*, op. cit., S. 445f.

12 S. dazu *Le Séminaire XVI …*, op. cit., S. 307.

resultiert just aus dem Versuch, der bedrohlichen Nähe zum mütterlichen Körper zu entkommen: Wenn sich das Kind an den Vater wendet, von dem es Hilfe erhofft oder mit dem es sich identifiziert (wenn es so sein will wie er), so ist die Erfahrung der Kastrationsangst unvermeidlich. Gilt sie auf der ersten Ebene der Mutter, deren Kastration gefürchtet – insgeheim auch begehrt – wird, wenn sich das Kind von ihr löst, so richtet sie sich auf der zweiten Ebene gegen das Subjekt selbst, es kommt ihm vor, als drohe der Verlust seines Geschlechts. Wir sind hier mitten in der Problematik des Ödipuskomplexes, in dem das werdende Subjekt einen Weg hindurch durch die widersprüchliche Situation finden muss, die Freud so kennzeichnet: »So wie der Vater *sollst* du sein, ... so (wie der Vater) *darfst* du *nicht* sein.«[13] Das Subjekt sieht sich bedroht, wenn es sich in die passive Position gegenüber dem Vater begibt oder wenn es sich mit der Mutter identifiziert, aber ebenso empfindet es Kastrationsangst, wenn es mit dem Vater rivalisiert. Dabei ist es nicht so, dass die Kastrationsangst aus einer ausgesprochenen Drohung des Vaters resultiert, vielmehr ist die Sexualität des Vaters, auch sein Begehrt-Werden durch die Mutter, bedrohlich für es. Es findet seinen Weg nur, wenn es beide Positionen aufgibt, diejenige des Phallus-Seins für die Mutter wie diejenige der ödipalen Verstrickung mit dem Vater.

Die Phobien sind sodann zeitlich mehrschichtig strukturiert. Ihre Wurzeln reichen bis in die frühe Kindheit, bis zu den frühen Erfahrungen des mütterlichen, dann des väterlichen Begehrens, ausgelöst werden sie dennoch oft erst im Erwachsenenalter, wenn aktuelle Ereignisse unerledigte, verdrängte Konflikte reaktivieren. Es ist jedoch bekannt, dass jedes Kind mehr oder weniger intensiv phobische Phasen durchmacht, sei es in der Form von Alpträumen, von Ängsten vor Dunkelheit oder vor harmlosen Tieren. Aber schon diese frühkindlichen Ängste sind meistens kompliziert aufgebaut und durchsetzt mit Blockaden und Sackgassen, die es schwer machen, sich darin nicht zu verlieren.

Dieser Ausweg, der einer bedeutsamen Eröffnung einer eigenen Position gleichkommt, verläuft nicht ohne Hass und Enttäuschung, die beiden Elternteilen gelten. Freuds Fallbeispiele des Rattenmanns, des Kleinen Hans, aber auch Doras oder der homosexuellen Patientin – die ödipale Problematik gilt ja für beide Geschlechter, wenn auch mit Un-

---

13 S. Freud: *Das Ich und das Es* ..., op. cit., S. 262.

terschieden, die hier nicht thematisiert werden, – geben hierfür eindrückliche Illustrationen.

Was ist nun mit der Phobie? Das phobische Objekt bzw. die phobische Situation, die manchmal so merkwürdige Züge annimmt – ein Pferd beim Kleinen Hans, ein Schmetterling beim Wolfsmann, eine Schlange, Wespe, Spinne oder gar eine Maus bei alltäglichen Phobien, andererseits ein Marktplatz, eine Brücke, ein Aufzug – ist das Ergebnis von Kompromissen unterschiedlicher Strömungen: der Angst vor der mütterlichen Leere, vor der Feminisierung des Subjekts, dem kastrierenden Vater und dem Verlust des männlichen Geschlechts, wobei man hier noch differenzieren müsste zwischen Phallus und Penis. Insgesamt hat die Phobie als Hintergrund die Angst vor der Weiblichkeit, die ja auch das männliche Geschlecht in mehrfacher Hinsicht betrifft, sei es als visuelle Konfrontation oder als Erfahrung des durch die Signifikanten bedingten Mangels. Die Weiblichkeit ist das, was der erträumten Ganzheit ein Ende macht: Nicht nur gibt es die Teilung der Geschlechter, sondern darüber hinaus ist kein Geschlecht ganz, obwohl im Unbewussten der Jungen diese Vorstellung unzerstörbar ist. Der Körper der Mutter erweist sich als der Kastration unterworfen, der Vater ist ebenfalls nicht allmächtig, sondern einer Generationenreihe unterworfen und damit ein sexuelles, begehrendes Wesen, schließlich muss das nachkommende Subjekt erfahren, dass es weder Phallus des Anderen sein kann noch selber den Phallus im Sinne einer imaginären Ganzheit hat. Es kommt hinzu, dass das werdende Subjekt alle möglichen Schwierigkeiten antrifft, zwischen den Registern des Realen, Symbolischen und Imaginären unterscheiden zu können, sich darin zurechtzufinden. Die symbolische Kastration erscheint ihm als reale, der Mangel an Sein und an Haben als Defizit, der Vater als umso allmächtiger, je weniger er es mit seinen Fragen und Problemen im Stich lässt.

Solange wie das Subjekt den Ausweg aus den Sackgassen des Ödipus nicht gefunden hat, ist sein Name bedroht, wobei die Unterscheidung von Vornamen und Familiennamen bedeutsam ist. Die Identifizierung mit dem Familiennamen ist dann möglich, wenn sich das Subjekt in die Generationenreihe einordnen kann, was voraussetzt, dass das mütterliche Begehren nicht dem Kind als Phallus gilt, und was ebenfalls voraussetzt, dass das Kind seinen Vater in seiner Rolle als Mann der Mutter akzeptiert. Freuds Ausdrücke *Rattenmann* und *Wolfsmann* weisen darauf hin, dass die betreffenden Subjekte diesen Schritt zur Zeit ihrer Analyse bei Freud nicht gemacht hatten. Gérard

Pommier spricht in diesem Zusammenhang vom Totem, das als phobisches Objekt den sexuellen Vater darstelle.[14] Der kastrierende Teil des Vaters werde als Tier entstellt, Liebe verwandle sich in Hass, ein innerer Konflikt verwandle sich in einen äußeren, gelte dem Totem.

Das lässt sich am Beispiel des Rattenmanns gut sehen: Das Subjekt wird in seiner Phantasie sodomisiert, die Ratten verweisen auf den Vater, der sein Begehren verraten, d.h. nicht die Frau seiner Liebe geheiratet hatte, um des Geldes willen. Auffallend ist dabei die regressive Form in diesem animalisch-triebhaften Szenario; sie ist auch beim Kleinen Hans erkennbar, in seiner Angst, von einem Pferd gebissen zu werden, oder beim Wolfsmann.

Pommier erkennt eine zu dieser brutalen Seite gegensätzliche Symbolisierung, die den Übergang zur Akzeptierung des Eigennamens ermögliche, was in der animalischen Welt nicht gelingen könne. Dies geschehe mittels des Sprechens, des Erkennens der wahren Zusammenhänge, die hinter dieser Errichtung des Totem ständen, in dem sich das Subjekt entstellt repräsentiere: in Liebe und Hass, in Projektionen und Identifikationen, in Schuld und Begehren. Durch die Artikulation dieser Verstrickungen gelange das Subjekt dazu, die phobischen Blockaden zu lösen und das Begehren auf sich zu nehmen – um den Preis der Erfahrung des Mangels.

Dem Familiennamen kommt dabei in Pommiers Darstellung eine entscheidende Funktion zu; er kann erst richtig angeeignet werden, wenn sich das Subjekt aus seinen Ängsten im Übergang von Natur zu Kultur, Familie und Gesellschaft befreit hat. Aber auch dem Vornamen, so kann man hinzufügen, kommt bei diesen Trennungsschritten eine wichtige Funktion zu, gibt er doch den Weg vor, den das Subjekt zu beschreiten hat, um zu einer sexuierten Position zu kommen, zunächst in der Familie, dann in der Gesellschaft, deren Zugang primär durch die Aneignung des Familiennamens ermöglicht wird.

Auf einen kurzen Nenner gebracht, drückt die Phobie den Hang zum Eintauchen in die Unmittelbarkeit, in die Aufhebung der symbolischen Kastration (der Mutter, des Vaters, des Subjekts) sowie den Kampf dagegen aus, wobei die inneren Konflikte externalisiert und der Eigenname als Totem symbolisiert werden. In diesem Sinne nehmen die Phobien eine Position zwischen Psychose und Sublimierung ein.

14 S. dazu G. Pommier: *Du monstre phobique au Totem, et du Totem au Nom-du-Père*. In: La clinique lacanienne, Nr. 9, 2/2005, S. 42.

## Der Eigenname in den Perversionen

Zunächst ist eine Bestimmung dessen notwendig, was Perversionen kennzeichnet und wie sie sich von Neurosen abgrenzen. Ein erster Hinweis gilt dem Zusammenhang mit der Sexualität; Freud nennt sie ganz allgemein polymorph-pervers. Er visiert dabei den Bezug zu den Partialtrieben an, die sich um die erogenen Zonen – Körperöffnungen – gruppieren. Damit wird klar, dass das, was mit Perversion gemeint ist, sich gerade nicht auf Sprachliches bezieht, sondern auf das, was die Sprache, die symbolische Ordnung unterläuft. Perversion bezieht sich auf Lust, Genuss, wie auch immer man diesen Zusammenhang denkt, auf Körperlichkeit, auf Ausschaltung von Differenzen, die mit der symbolischen Ordnung ins Spiel kommen.

Zusätzlich zu diesen Merkmalen definiert Freud das als pervers, was von der Genitalität und dem Ziel der Fortpflanzung abweicht, was nicht von ihr integriert wird. Der Genitalität traut er das Vermögen zu, die Partialtriebe zu synthetisieren, wobei er wohl weiß, dass das Ganze, Einheitliche unerreichbar bleibt. Die Perversion wird mit diesem Konzept stark normativiert, sie erscheint als das Widerständige, das sich den höheren Werten der Genitalität nicht fügt. Freud spricht in diesem Zusammenhang von den Gegensatzpaaren Exhibitionismus und Voyeurismus, Sadismus und Masochismus.

Gehört die Verdrängung zur Neurose, so die Verleugnung zur Perversion. Diese Abwehrform sieht Freud vor allem im Fetischismus gegeben, in dem das Subjekt die Differenz der Geschlechter leugnet. Die Verleugnung ist andererseits von der Verwerfung, der der Psychose eigenen Abwehr, zu unterscheiden. Bei jener ist – wie bei der Verdrängung – unbewusst ein Wissen um den wahren Sachverhalt da, bei der Psychose ist diese Spaltung von Bewusst und Unbewusst nicht mehr gegeben.

Lacan hat sich *cum grano salis* bis zu seinem Spätwerk an Freuds Ausführungen zur Perversion gehalten. In seiner Formel $\$ <> a$, an der er immer festgehalten hat, rückt vor allem das Objekt a ins Zentrum der Aufmerksamkeit, denn es ist der Ort der Triebe und der Phantasmen, also dessen, was nicht oder nicht ganz im Symbolischen situiert ist. Die Formel des Subjekts in der Perversion lässt sich deshalb umgekehrt darstellen: $a <> \$$ Das geht z.B. aus Lacans Analyse hervor, die Sartres Beispiel des Voyeurs gilt, der beim heimlichen Belauschen oder beim Gucken durch das Schlüsselloch von einem Fremden überrascht wird.[15] Lacan zeigt, dass das Subjekt erst am Ende des voyeuristischen Aktes auftaucht, in dem Augenblick, in dem es vom Fremden überrascht wird. Das Begehren findet im Aufflackern der Scham des überraschten Subjekts eine unerwartete Erfüllung, das Subjekt realisiert sich am Ende der Bahn des Schautriebs. Auch in Bezug auf den Sadismus hat Lacan Differenzierungen eingeführt und dabei Skepsis angemeldet hinsichtlich der Annahme einer Symmetrie von Masochismus und Sadismus. Beim Sadismus sieht Lacan nämlich eine Dreierstruktur am Werk: Zum Opfer und zum Peiniger kommt noch eine dritte Instanz hinzu, auf die hin das Opfer gequält wird – es geht darum, ihr ein Genießen zu verschaffen. Gewiss ist der Peiniger mit dieser dritten Instanz, Repräsentant des Anderen, identifiziert, genießt demzufolge phantasmatisch die Szene mit, die er veranstaltet.

Aus der Distanz heraus betrachtet, lässt sich die Perversion wegen des Hanges zum Triebhaften als Neigung zur Anonymität auffassen; der Perverse ist nicht daran interessiert, sich als singuläres Subjekt zu zeigen oder sich gar einen Namen zu machen. Die Triebhaftigkeit äußert sich auch in der fehlenden Ernsthaftigkeit des Perversen, der unter der Maske eines kulturellen Interesses stets an seine Triebwünsche denkt und sie zu realisieren sucht. Damit geht eine Erniedrigung des Symbolischen einher, wobei der Ausdruck *Erniedrigung* von Freud da verwendet wird, wo er über die Sexualität im Liebesleben spricht.[16]

Wird nun der Eigenname in der Perversion fokussiert, so ist von vornherein klar, dass der Perverse kein Interesse an seiner symbolischen Dimension manifestiert. Vielmehr geht es darum, diese einzuebnen, eine naturgemäße Ordnung herzustellen, wie sich *de Sade* ausdrücken würde,[17] in der Schmerz und Lust vorherrschen. Vielleicht kann man daher die These aufstellen, dass der Perverse das Reale des Eigennamens anvisiert, das Reale, das unerreichbar, unvorstellbar ist und dessen Annäherung das betroffene Subjekt mit einem Genießen

15 S. dazu *Das Seminar XI* ..., op. cit., S. 190ff. S. dazu auch P. Widmer: *Vom Mysterium zum Sprachversagen. Lacans Beiträge zur Scham.* In: A. Schäfer, A., Ch. Thompson (Hg.): Scham, Paderborn: F. Schöningh 2009, S. 51–74.

16 S. dazu *Über die allgemeinste Erniedrigung des Liebeslebens*. In: G.W. VIII, S. 78–91.

17 S. dazu Marquis de Sade: *Philosophie im Boudoir*, München: Heyne 1977, S. 139ff.

bezahlt, das Schmerz, Qual, Lust und Ekstase umfasst. Es geht dabei um Leben und Tod, jedenfalls um eine Annäherung an den Tod, um ein Vorstoßen an die Grenze des Lebens. Die Nekrophilie ist dann eine extreme Form des Todbringenden, eine Konsequenz aus dem Hass, der dem Leben des anderen gilt, den der Perverse nicht erträgt.

Nun gibt es das bereits erwähnte Beispiel von Jean Genet, das vielem von dem, was eben behauptet worden ist, zu widersprechen scheint: Genet, uneheliches Kind, Dieb, Deserteur, war nicht nur Autor von Gedichten, Romanen und Theaterstücken, sondern auch ein Poet, der sich Gedanken zu seinem Eigennamen, d.h. zum Familiennamen, machte. Erwähnen wir nochmals die entscheidenden Sätze aus dem früher erwähnten Zitat:

»Wenn ich auf der Heide [...] auf Ginsterblüten *(fleurs de genêt)* treffe, empfinde ich für sie eine tiefe Sympathie. Ich betrachte sie ernst, mit Zärtlichkeit. Meine Erregung scheint von der ganzen Natur verfügt zu sein. Ich bin allein auf der Welt, und ich bin nicht sicher, ob ich nicht der König – vielleicht die Fee – dieser Blüten bin. Im Vorbeigehen erweisen sie mir die Ehre, neigen sich, ohne sich zu verneigen, doch sie erkennen mich. [...] Sie sind mein natürliches Emblem, aber durch sie habe ich meine Wurzeln in diesem Boden Frankreichs, der genährt ist vom Knochenstaub der Kinder, der Jünglinge, die von Gilles de Rais vergewaltigt, massakriert, verbrannt worden waren.«[18]

Genet bringt seinen Namen mit der Ginsterpflanze (*genêt*) in einen Zusammenhang. Also ist der Eigenname für die Perversen doch sehr wichtig! In seiner Heimatlosigkeit sieht Genet in dieser Pflanze ein Zeichen seiner Verankerung auf französischem Boden. Was bedeutet diese Sympathie für Ginsterpflanzen für Genet anderes, als dass er wie jedes Subjekt, das nicht der Psychose verfallen ist, gespalten war, dass er auch eine andere, zu den Trieben gegensätzliche Seite hatte? Seine perversen Seiten mit der ihnen inhärenten Abwehr des Symbolischen waren wohl Bedingung dafür, dass er schreiben konnte und solche eindrücklichen Erfahrungen und Phantasien schilderte, die ihm doch einen symbolischen Halt im Realen gaben. Ausgangspunkt ist jedoch nicht das Symbolische, sondern das Triebhafte, Psychosennahe, das ihn dazu brachte, die Rettung da zu suchen, wo er dem Mangel begegnete, nämlich im Symbolischen.

---

18 Zit. nach J. Derrida: *Glas*, op. cit., S. 203.

Nun hat der späte Lacan in der Perversion eine andere Bedeutung gesehen als die bisherige, weitgehend auf Freud zurückgehende. Er hat diesen Ausdruck buchstäblich gelesen und daraus *version du père/ Version des Vaters* gemacht. Einmal mehr taucht hier ein Genitiv auf, der beladen ist mit der doppelten Bedeutung des *subjectivus* und des *objectivus*. Lacan betont dabei eher den *genitivus subjectivus*, was bedeutet, dass es nicht so sehr um den Vater als Urheber der Geschichte des Subjekts geht, sondern vielmehr um das Subjekt, das sich dem Vater zuwendet oder gar seinen Platz einnimmt. James Joyce dient dabei wiederum als Paradigma. Im Kontext des borromäischen Knotens, d.h. der Viererstruktur, nennt Lacan den irischen Schriftsteller ›das Symptom‹; er präzisiert dann, dass Joyce nicht ein Symptom habe, sondern das Symptom *sei*, d.h. dass er sich als Symptom verwirklicht habe. Damit habe er die Karenz des Vaters aufgefangen, sei ihr entgegengetreten. Lacan spricht von einem Gleiten vom Namen-des-Vaters zum Vater des Namens.[19] Anders gesagt: Joyce war sein eigener Vater und zugleich der notwendige Sohn.[20]

Die Perversion verliert damit ihren normativ-moralischen Gehalt, den sie in der anderen Auffassung, die sich mit Freud verknüpft, hatte. Auch kann man nicht von Pathologie sprechen, da ja diese Version des Vaters das Subjekt vor der manifesten Psychose mit ihren Auswirkungen des Zerfalls, der Halluzinationen, des Wahns, bewahrt.

Wenn man den Umgang der Perversen mit dem Eigennamen ebenfalls auf eine kurze Formel bringen sollte, so könnte man sagen, dass sie das abwerten, was die Neurotiker betonen, nämlich seine symbolische Dimension. Sie stoßen zum Realen des Subjekts vor, an den Ort, wo der Eigenname ins Unergründliche übergeht und sich mit dem Namenlosen vermischt. Unbewusst bringen sie jedoch die symbolische Seite hervor, die sie vor der Psychose schützt und die das Imaginäre mit sich zieht.

---

19 S. dazu C. Soler: *Les noms de l'identité*. In: Revue Mensuel Nr. 28, November/2007, S. 15.

20 Ibid.

## Der Eigenname in den Psychosen

Wenn es so ist, dass der Eigenname in die symbolische Ordnung gehört, und wenn es ebenfalls zutrifft, dass sich die Struktur der Psychose dadurch auszeichnet, dass das Subjekt die symbolische Ordnung verworfen hat, dann muss man daraus schließen, dass auch sein Eigenname von der Verwerfung betroffen ist. Allerdings kann dies auf sehr unterschiedliche Weise geschehen. Das Subjekt kann seinen Namen so verwenden, dass nichts von einer Störung zu bemerken ist, und doch ist das Gefüge des Namens nur äußerlich intakt; es kann aber auch sein, dass der Name des Subjekts entstellt wird, substituiert wird oder verloren geht. Am Beispiel der Verwendung der Pronomina Ich und Du soll zunächst dargestellt werden, wie sehr die Psychose in die symbolische Ordnung eingreift, sie zum Einsturz bringt. Die folgenden Ausführungen greifen diejenigen im Abschnitt *Das Sprechen im eigenen Namen und der Name-des-Vaters*[21] nochmals auf und erweitern sie.

Ich und Du sind zunächst lautliche Zeichen. Im alltäglichen Gebrauch situieren sie sich auf der Ebene der Repräsentation. Das sprechende Subjekt markiert den Akt seiner Artikulation mit dem Pronomen ich. Sein Eigenname wird dabei nicht ausgesprochen, die Singularität fließt in die Intonation ein, in die Konstruktion der Sätze, in die Selektion der Wortwahl, in die Gestik, die die Artikulation begleitet. Das sprachliche Ich spricht vom Ort des Anderen her, aus dem Schatz der Signifikanten fließen ihm Aussagen zu, die es an ein Du wendet. Dieses ist der Adressat des Sprechens des singulären Subjekts. Das Du ist als ein hörendes vorausgesetzt, das Du-Subjekt situiert sich ebenfalls auf der symbolischen Ebene. Mit dem Hinweis auf den Anderen, auf den Ort der Sprache, wird das Sender-Empfänger-Modell erweitert. Das sprechende Subjekt spricht zwar in seinem eigenen Namen, aber da ihm die Einfälle vom Anderen her kommen, der entweder im Du oder in einer anonymen Instanz repräsentiert wird, ist dieses sprechende Ich zugleich ein antwortendes.[22] Jedes Sprechen knüpft irgendwie an das an, was ihm vorausgegangen ist. Deshalb ist das Subjekt, das man Sender nennen kann, zugleich Empfänger und das angesprochene Du vom sprechenden Subjekt aus gesehen ein Sender. Es gibt

21 S. dazu S. 193–196.

22 S. dazu J. Lacan: *Funktion und Feld des Sprechens ...*, op. cit.

somit eine Reziprozität im Sprechen, die sich z.B. in Dualismen wie Herr – Knecht, Gattin – Gatte, Suchen – Finden ausdrückt: Ich kann von meiner Gattin nur als Gatte sprechen, ebenso wie die Wahrheit des Herrn im Knecht liegt und ich nichts suchen würde, wenn ich es nicht schon gefunden hätte.

Dieses Spiel im Symbolischen ist in der Psychose fundamental gestört, weil die Ebene der Repräsentation, die konstitutiv für das Symbolische ist, nicht erreicht wird. Das Sprechen kann nach zwei Seiten abgleiten: Entweder fallen die Signifikate weg, d.h. die Bedeutungen der Wörter verschwinden, oder die Phantasien beginnen wahnhaft zu wuchern, die Wörter werden mitgerissen und verlieren ihre strukturierende Funktion. Im ersten Fall spricht Freud von Paraphrenie, dann, nachdem sich dieser Ausdruck nicht durchgesetzt hat, von Schizophrenie, im zweiten Fall von Paranoia.[23] Auch die Freud'sche Unterscheidung von Wortvorstellungen und Sachvorstellungen bewährt sich hier. Entweder reduzieren sich die Wortvorstellungen auf bloße Laute, sie verlieren damit ihre Funktion der Repräsentation und verfallen einem Delirium. Oder die Sachvorstellungen nehmen überhand, ziehen die Wortvorstellungen ins Wahnhafte. Die Krankengeschichte des Senatspräsidenten Daniel Paul Schreber gibt dafür ein eindrückliches Beispiel.[24] Die verworfene symbolische Kastration, gleichbedeutend mit dem Ausfall der begrenzenden und strukturierenden Funktion der symbolischen Ordnung, hat zur Folge, dass die Phantasien ins Unendliche wachsen und schließlich in Gott, der Schreber zum Weib nehmen will und deshalb seine Entmannung anordnet, kulminieren.

Auch die Pronomina Ich und Du sind vom Einsturz der symbolischen Ordnung betroffen. In der paranoiden Version wird das Ich zur Instanz der Allmacht, ohne Begrenzung, ohne Subjektivierung durch den Anderen, während die paraphrene Version zu einem Ich führt, das aus einem Zeichen besteht, das im Realen situiert ist und damit seine Funktion der Repräsentation verliert. Nun gilt es noch, die Restitution zu berücksichtigen, die diese Unterscheidung teilweise unkenntlich macht und auch bewirken kann, dass die Psychose larviert bleibt. Freud erkannte, dass nicht die Wahnbildungen das eigentliche Problem der Psychose bilden, sondern ein ungelöster und schwerwiegender Konflikt, der mit dem Ödipuskomplex zu tun hat, der nicht bewältigt

23 S. dazu P. Widmer: *Paraphrenie* ..., op. cit.

24 S. dazu D.P. Schreber: *Denkwürdigkeiten* ..., op. cit.

wird. Die Wahnbildungen bilden sozusagen den Überbau über diesem Konflikt, vergleichbar den sekundären Bearbeitungen der Traumgedanken. In der Restitution kommt das Verworfene entstellt zum Vorschein: Die Paranoia halluziniert eine Figur, die das Gesetz verkörpert, sei das Gott, ein Richter oder Polizist – das Subjekt konstituiert sich dann wahnhaft als angeklagtes –, während die Paraphrenie von Erlösung und umfassender Harmonie träumt – das Subjekt ist dann Teil einer friedlichen Ordnung, wenn nicht sogar ihr Stifter. Die beiden Versionen vermischen sich, denn der Ausfall des einen Registers – in der Paranoia des Symbolischen, in der Paraphrenie des Imaginären – führt dazu, dass auch die anderen beiden in den Strudel der Psychose gezogen werden.

Zurück zur Frage, wie Psychose und Eigenname verknüpft sind. Es stellt sich natürlich die Frage, ob der Vorname oder der Geschlechtsname oder gar beide von der Verwerfung betroffen sind. Die Antwort lautet: Alles ist möglich! Es gibt psychotische Subjekte, die beide Namen verlieren und einen Tiernamen annehmen (»ich bin ein Puma«), woraus ersichtlich wird, dass zwar etwas von der symbolischen Ordnung da ist, dass jedoch die Singularität auf der Ebene des Humanen, Kulturellen fehlt. Lacan lässt im *Seminar I* einen Fall von einer Kollegin, Rosine Lefort, darstellen, in dem sich das Subjekt auf den Signifikanten *Der Wolf* reduzierte.[25] Andere erfinden neue Namen, um den Verlust der im ursprünglichen Namen angelegten, aber verworfenen Einzigartigkeit zu kompensieren. So schreibt Stuart Schneiderman über einen Patienten:

»Gerard Primeau, ein hospitalisierter Patient, gibt in einem Interview Auskunft über seine Umbenennung. Da er die Sprache als geschichtet auffaßt (›*strata/substrata*‹), kann er seinen Namen dekomponieren, was ihn zu *Geai Rare Prime Au* (Seltener Häher Erster In) macht. Wie beim Anagramm erscheinen auch hier die Merkmale von Zerstörung und Aufbau innerhalb der Vorgabe eines gegebenen Materials.«[26]

25 S. dazu *Das Seminar I (1953–1954). Freuds technische Schriften*, Olten: Walter u. Quadriga 1978, S. 117–139

26 Zitiert nach einer im Internet publizierten Arbeit von G. Schmidt: *Unica Zürn. Die Ruhe im Unglück*, s. unter: http://www.medienaesthetik.de/literatur/zuern.html. [16.07.2010].

Die französische Psychoanalytikerin Chantal Allier hat Zeugnisse des französischen Schriftstellers Antonin Artaud untersucht und dabei dargestellt, wie sehr sich die Psychose in der Beziehung des Subjekts zum Eigennamen bemerkbar machte.[27] Aus ihrer Arbeit geht hervor, dass der Name eine Zeitlang durchaus intakt bleiben kann, bevor er zerfällt und zum Objekt von Neuerfindungen wird.

»Das Schicksal des Eigennamens in der Psychose bestätigt es in breitem Ausmaß: die schreckliche Last einer Bedeutung enthüllt sich dort, die als opake um so fixierender ist; für Artaud ist sie auf dem Höhepunkt der Krise verfolgend und vernichtend.«[28]

Sie zählt dann die Strategien auf, die Artaud mobilisierte, um mit dieser Last des Eigennamens zurechtzukommen:

»[…] beschwörende Eigenproklamation (›Ich, Antonin Artaud ..‹), wilde Lächerlichmachung des Namens, anagrammatische Arbeit, die zu einer wirklichen Rekonstruktion des Eigennamens führen: der selbe und jeder andere indessen.«[29]

Später nennt die Autorin auch die Anbindung des Eigennamens an das Reale, womit Artaud versuchte, seinen Namen in einer Art von natürlicher, uralter und unberührbarer ›Realität‹ zu verankern, als Mittel, diese Krise zu bewältigen.[30]

Ebenfalls interessante Beobachtungen, die den Bezug von Psychose zum Eigennamen betreffen, entnehmen wir den Arbeiten von Stéphane Thibierge. Er stellt das Erkennen des Spiegelbildes bzw. defiziente Formen ins Zentrum seiner Untersuchung. Dabei arbeitet er mit den Begriffspaaren des Namens und des Bildes, der Identifizierung und des

---

27 S. dazu Ch. Allier: *Avatars du nom propre dans la trajectoire d'Antonin Artaud.* In: Revue Essaim, Nr. 16, 1/2006, S. 7ff.

28 Ibid. (Übers. d. Verf.). Das Zitat im franz. Original lautet: »Le destin du nom propre dans la psychose le confirme amplement: s'y dévoile la charge terrible d'une signification d'autant plus fixante qu'elle est opaque; pour Artaud, durant l'acmé de la crise, elle est persecutrice et anéantisante.« S. 9.

29 Ibid., S. 10.

30 Ibid., S. 42.

Erkennens, des Doppelgänger- und des Frégoli-Syndroms. Sein Ansatz lässt sich so beschreiben, dass er von einem Auseinanderfallen von Bild und Namen ausgeht. Wie lassen sich nun die beiden Formen, das Doppelgänger- und das Frégoli-Syndrom unterscheiden? Dazu schreibt Stéphane Thibierge:

»Das Doppelgängersyndrom setzt zuvorderst das, war wir als ein Bild bezeichnen können, das sich dem Subjekt ohne Namen aufdrängt – ein Bild, zu dem der Name nicht in Verbindung gebracht werden kann – das Frégoli-Syndrom umfasst grundsätzlich die Bezeichnung eines Namens durch das Subjekt, der sich ihm ohne Bild aufdrängt, in dem Sinne in dem dieser Name irgendein Bild bezeichnen kann.«[31]

Thibierge drückt den Unterschied auch mittels des Begriffspaars von Identifizieren und Erkennen aus:

»Die Störungen, die wir untersuchen, entfalten sich tatsächlich innerhalb zweier schematischer Grenzen: der einen, in der das Subjekt erkennt, aber nicht identifiziert, nämlich im Syndrom der Illusion der Doppelgänger; der anderen, in der das Subjekt identifiziert, aber nicht erkennt, nämlich im Frégoli-Syndrom.«[32]

Mit *Frégoli* ist ein Schauspieler gemeint, der offenbar besonders geschickt war in der Fähigkeit, verschiedene Rollen zu spielen, und dessen Name einst von einem Kranken verwendet wurde, um jemanden

---

31 S. Thibierge: *Pathologie de l'image du corps. Etude des troubles de la reconnaissance et de la nomination en psychopathologie*, Paris: PUF 1999, S. 26 (Übers. d. Verf.). Das Originalzitat lautet: »Le syndrôme des sosies mettrait au premier plan ce que nous pouvons désigner comme une image s'imposant au sujet sans nom – une image à laquelle le nom ne peut plus être lié – le syndrôme de Frégoli comporterait principalement la désignation par le sujet d'un nom s'imposant à lui sans image, au sens ou ce nom peut indifféremment nommer n'importe quelle image.«

32 Ibid., S. 90 (Übers. d. Verf.). Das Originalzitat lautet: »Les troubles que nous considérons se déploient en effet dans deux limites schématiques: L'une où le sujet reconnaît mais n'identifie pas, dans le syndrôme d'illusion des sosies; l'autre où le sujet identifie mais ne reconnaît pas, dans le syndrôme d'illusion de Frégoli.«

zu bezeichnen, der hinter verschiedenen Erscheinungen steckt und ein heimlicher Drahtzieher ist, der für alle möglichen Einflüsse verantwortlich gemacht wird. Bei diesem Syndrom handelt es sich um die *Identifizierung mit einem Namen ohne Bild*, infolgedessen tritt irgendein Bild an die Stelle des fehlenden Repräsentanten. Beim Doppelgänger-Syndrom ist es umgekehrt; in diesem Falle kann von einem namenlosen Bild gesprochen werden, dessen Name überall gesucht wird.

Man kann die beiden Formen der Paranoia bzw. der Paraphrenie/ Schizophrenie zuordnen – das Doppelgänger-Syndrom der Paranoia, das Frégoli-Syndrom der Paraphrenie. Bedeutsam in unserem Kontext ist die Rolle des Eigennamens in diesen beiden Formen: Beim Frégoli-Syndrom wird der Name besetzt, der für eine unsichtbare Gestalt steht, die in verschiedene Gestalten schlüpfen kann. Dagegen wird im Doppelgänger-Syndrom der Name gesucht. Beide Male ist er der Schlüsselfaktor, wenn es darum geht, ein anderes Subjekt zu erkennen.

Thibierge bemerkt zu seinen begrifflichen Dualitäten, dass infolge der fehlenden Zuordnung vom Namen zum Bild das Bild selber Veränderungen erfährt:

»In der Illusion des Doppelgängers kann derselbe andere in zwei verschiedenen Augenblicken nicht als ›derselbe‹ vom Subjekt ausgesagt werden: Die Variationen und sich folgenden Erscheinungen in der Zeit werden zu Verdoppelungen im Raum.«[33]

Diese Bemerkung weist darauf hin, dass das Auseinanderfallen von Name und Sprache nicht einfach einer Zweiteilung gleichkommt, in der Bild und Name an sich intakt, jedoch unverbunden bleiben, sondern dass zumindest das Bild sekundär Entstellungen erleidet; ob dies auch für den Namen zutrifft, ist eine offene Frage, man findet bei Thibierge dazu keine Hinweise.

Obwohl der Ansatz zur Erklärung der Psychosen beim Spiegelstadium, beim Verhältnis des Bildes zum Namen einleuchtend ist, ist es offenbar nicht gesetzmäßig so, dass der Eigenname in der Psychose substituiert, verworfen, entstellt wird. Bei Schreber finden sich meines

33 Ibid., S. 110. Das Originalzitat lautet: »Dans l'illusion des sosies, le même autre à deux moments distincts ne peut être dit ›le même‹ par le sujet : les variations et occurences successives dans le temps deviennent réduplications dans l' espace. La reconnaissance se défait.«

Wissens keine solchen Spuren, dies wohl deshalb, weil es Schreber eher um die Auseinandersetzung mit der Allmacht ging, die mit seinem Namen verknüpft war. Sie zeigte sich im Wahn, die Menschenwelt zu erneuern und »neue Menschen aus Schreberschem Geiste« zu erschaffen.[34] So bleibt es der einzelnen Ausprägung der Psychose überlassen, welchen Einwirkungen der Eigenname unterworfen wird. Seiner Verankerung im Realen wegen kann er den Auflösungstendenzen in der Paraphrenie oder den Wahnbildungen in der Paranoia widerstehen.

Wenn man auch den Umgang der Psychotiker mit dem Eigennamen auf eine kurze Formel bringen müsste, so könnte man sagen, dass die Formel des Subjekts $\$ \diamond a$ auseinanderbricht – sei es, dass sich das Symbolische ablöst, verselbständigt, sei es, dass sich das Objekt a in wahnhaften Formen Ausdruck verschafft und auf diese Weise das Subjekt zu restituieren versucht.

## ENTSTELLUNGEN, INITIALEN, HETERONYME, ANAGRAMME

Die Eigennamen treten in den analytischen Kuren selten unverstellt auf. Viel häufiger kommen sie in veränderter Form vor – sei es dass einzelne Buchstaben auftreten, sei es dass die Namen entstellt werden, in Mischformen oder in vertauschter Reihenfolge ihrer Buchstaben auftauchen. Warum ist das so? Der Name ist doch nichts Anstößiges, braucht nicht wie ein verpönter Wunsch verdrängt zu werden?

Zwar lässt sich der Eigenname nicht mit einem Inhalt gleichsetzen, der vom Bewusstsein verbannt wird, dennoch ist er mehr als bloß eine harmlose Etikette eines Subjekts. Wir haben schon gesehen, dass Eigennamen Idealisierungen enthalten, solche ästhetischer Art, aber auch solche ethischer Natur: Sie werden als mit Würde und besonderen Tugenden ausgestattet gedacht. Genügt der eigene Name diesen Wertvorstellungen nicht, trachtet das Subjekt nach einem anderen Namen, nach einem, der es aus der Mittelmäßigkeit heraushebt; der eigene Name wird dabei entstellt, abgewertet. Das kann sich so zeigen, dass es ihn mit dem Namen eines anderen, es braucht nicht der Name eines Analytikers zu sein, vermischt. Der Wunsch nach einem anderen Na-

34 D.P. Schreber: *Denkwürdigkeiten* ..., op. cit., S. 82.

men wird dabei halbwegs versteckt, weil er eine Kritik an den Eltern impliziert, die ihm in den Augen des Subjekts einen hässlichen Vornamen gegeben oder einen Familiennamen überliefert haben, der den Ansprüchen des Subjekts nicht zu genügen vermag.

Ein Grund für die Namensentstellungen liegt somit in der Kritik des Eigennamens, in dem damit zusammenhängenden Versuch, sich einen anderen Namen zu geben, und in den mit diesem Wunsch verbundenen Affekten von Scham und Schuld, die gegenüber den Eltern als Namensgeber empfunden wird.

Ein zweiter Grund geht von der umgekehrten Voraussetzung aus: Nicht der eigene Name wird kritisiert, als unwert empfunden, sondern der Name des Analytikers wird Gegenstand des Spottes oder gar des Hohns. Der Name kann dabei stellvertretend für die Person des Analytikers stehen, die Kritik am Namen eigentlich einer Intervention von ihm gelten, auch einer Gewohnheit von ihm, seiner Praxiseinrichtung, seiner Kleidung usf. Der Eigenname des Analysanten wird dabei von diesen Abwertungen verschont, dient im Gegenteil als Repräsentant von Maßstab von Wahrheit, Stil und Geschmack. Welcher Analytiker hat sich nicht schon solche Entwertungen anhören müssen; sie kommen ebenso vor wie die Abwertungen der eigenen Namen seitens der Analysanten.

Wiederum anders stellt sich die Sache dar, wenn Initialen auftreten. Diejenigen des Russen Sergej Pankejew sprechen dabei für sich: *S* und *P*, Elemente von *Wespe*, der im Traum ein Flügel ausgerissen wird, verweisen zum einen auf die Kastrationsdrohung, die er einst von der Gruscha erhalten hatte und für die er sich Freud zufolge nun rächt, zum anderen aber auf das Subjekt selbst, auf sein Sein, das als Wespe dargestellt ist. Initialen können andererseits auch diejenigen des Analytikers sein. Der Kontext muss dann im Einzelfall zeigen, was damit gemeint ist, ob sich damit ein Triebwunsch oder eine Identifizierung oder etwas anderes verknüpft.

Dass Triebwünsche sich an das Buchstäbliche eines Eigennamens heften, ist gar nicht außergewöhnlich, das Beispiel der Analysantin mit der Ovomaltine hat es gezeigt. Solche Triebwünsche können sich auch darin zeigen, dass der erste Buchstabe weggenommen wird, was bei gewissen Namen zu einer Substituierung führt, die auf einen Kastrationswunsch des Patienten schließen lässt. Wenn ein Analytiker z.B. Linder heißt und in den Träumen eines Patienten Inder vorkommen, so ist er gut beraten, nicht nur an die Reiselust des Analysanten zu denken, sondern daran zu denken, was es bedeuten könnte, dass der erste Buchstabe seines Familiennamens weggelassen worden ist. Man sieht, es geht bei den Namensentstellungen nicht anders zu, als es Freud in der Traumdeutung beschrieben hat. Auch die Angst vor dem Analytiker kann sich in solchen Spielen mit Buchstaben manifestieren, etwa wenn der Eigenname des Analytikers an einen Zahnarzt oder an einen anderen Beruf oder eine Tätigkeit denken lässt, zu der die gefürchtete Kastration assoziiert wird.

Was Heteronyme anbetrifft, so haben sie bisweilen keinen erkennbaren Bezug zum Eigennamen des Subjekts. Fernando Pessoas Heteronyme: Alberto Caeiro, Ricardo Reis, Alvaro de Campos und Bernardo Soares, zeigen dies. Vielleicht würden genaue Untersuchungen doch auf Zusammenhänge mit dem Eigennamen des Schriftstellers hinweisen, dies muss hier offen bleiben.

Anagramme lassen an Poesie denken. Sie betonen dadurch das Buchstäbliche, dass die einzelnen Buchstaben in vertauschter Reihenfolge in neuer Gestalt wieder erscheinen. Es gibt Schriftsteller, die wahre Meister im Auffinden solcher Anagramme sind, mit denen sich bekanntlich auch der Genfer Linguist und Zeitgenosse Freuds Ferdinand de Saussure beschäftigte. Freud waren die Anagramme ebenfalls bekannt, wie das folgende Beispiel aus dem *Rattenmann* zeigt:

»Ein andermal sprach er [der Rattenmann, d. Verf.] von seinem Hauptzauberwort, das er zum Schutze gegen alle Anfechtungen aus den Anfangsbuchstaben aller heilkräftigsten Gebete zusammengesetzt und mit einem angehängten *Amen* versehen hatte. Ich kann das Wort selbst nicht hierhersetzen aus Gründen, die sich sogleich ergeben werden. Denn, als ich es erfuhr, mußte ich bemerken, daß es vielmehr ein Anagramm des Namens seiner verehrten Dame war; in diesem Namen war ein *S* enthalten, welches er ans Ende und unmittelbar vor das angehängte *Amen* gesetzt hatte. Er hatte also – wir dürfen sagen: seinen Samen mit der Geliebten zusammengebracht, d.h. mit ihrer Person in der Vorstellung onaniert. Diesen aufdringlichen Zusammenhang hatte er aber selbst nicht bemerkt; die Abwehr hatte sich vom Verdrängten narren lassen.«[35]

35 *Bemerkungen über einen Fall von Zwangsneurose*. In: G.W. VII, S. 442f.

## DER EIGENNAME ZWISCHEN SEINSBESTIMMUNG UND NICHTIGKEIT. ETHIK DES EIGENNAMENS

»Sie müssen stets darauf achten, wie Ihr Patient heißt. Das ist niemals gleichgültig. Und wenn Sie nach den Namen in der Analyse fragen, so ist das etwas viel Wichtigeres als die Entschuldigung, die Sie dem Patienten deswegen geben können, weil sich alle Arten von Dingen hinter dieser Art von Verstellung oder Auslöschung verbergen können, die es mit dem Namen die Beziehungen betreffend gibt, die er mit einem anderen Subjekt herstellen soll.«[36]

Lacans Ratschlag an die Analytiker weist zunächst auf die ethische Seite hin, die den Analytiker betrifft, wenn er nach den Namen seiner Patienten fragt. Zunächst sei es wichtig, dass er überhaupt danach frage, denn der Eigenname sei nie ohne Bedeutung. Obwohl wir bisher eine Menge von Material zusammengetragen haben, die die Wichtigkeit des Eigennamens belegen, stellt sich doch die Frage, was denn der Analytiker damit macht und was er damit machen soll. Wie heikel der Umgang mit dem Eigennamen ist, zeigt die berühmte Episode, in der Herder Goethes Namen verspottete: »Der du von Göttern stammst, von Gothen oder von Kothe«, was Goethe nach seinem eigenen Zeugnis zutiefst kränkte. Nun, Herder war nicht Goethes Analytiker; aber das Beispiel zeigt, dass sich eine Ethik des Eigennamens keineswegs auf die analytische Situation beschränken kann.

Was ist das Begehren des Analytikers, wenn es um den Umgang mit dem Eigennamen geht? Eine bündige Antwort scheint angesichts der unterschiedlichen Voraussetzungen, die die Patienten mitbringen, nicht möglich zu sein: Ein Zwangsneurotiker, der seinem Eigennamen in seinem Sprechen keine Bedeutung zumisst, weckt beim Analytiker ein anderes Begehren als ein hysterisches Subjekt, das große Namen verehrt, und wiederum ein anderes als bei Perversionen oder gar Psy-

---

36 *Le Séminaire IX* ..., op. cit., Sitzung v. 20. Dezember 1961 (Übers. d. Verf.). Das franz. Originalzitat lautet: »Vous devez toujours faire attention à comment s'appelle votre patient. Ce n'est jamais indifférent. Et si vous demandez les noms dans l'analyse, c'est bien quelque chose de beaucoup plus important que l'excuse que vous pouvez en donner au patient, à savoir que toutes sortes de choses peuvent se cacher derrière cette sorte de dissimulation ou d'effacement qu'il y aurait du nom, concernant les relations qu'il a à mettre en jeu avec tel autre sujet.«

chosen, wo Namen lächerlich gemacht, abgewertet oder gar verworfen werden.

Ein entscheidendes Kriterium ist wohl der unbewusste Inhalt, den das Subjekt in seinem Eigennamen verbirgt; ihn gilt es zur Artikulation zu bringen, was einer Reduktion seiner unbewussten Bedeutung gleichkommt. Für den Analytiker bedeutet das, nicht nur auf die manifeste Rede zu hören, sondern in dieser auf das zu achten, was sich als *Chiffre* verrät und das bewusste Sprechen transzendiert, was als Schrift, als Lettern durch dessen Textur hindurchscheint, oder was sich zwischen den Zeilen, oft auch zwischen Wörtern, lesen lässt. An diesem Ort verknüpfen sich je nach klinischer Struktur die Intimität des Eigennamens mit dem uneinholbaren Realen, die Imagination, wie sich das Subjekt in der Welt fühlt und wiedererkennt, mit den Symbolisierungen, die Elemente des Eigennamens mit Vorstellungen des eigenen Körpers.

Das Aufdecken der unbewussten Dimensionen des Eigennamens führt auf Seiten der Analysanten weder zu einer Glorifizierung noch zu einem Urteil der Nichtigkeit. Diese beiden Formen weisen dagegen auf Probleme der Subjekte mit der symbolischen Kastration hin. Erhoffen sich die einen von der Exaltierung des Eigennamens die Beseitigung des Mangels, die Überwindung der ins Unbewusste verdrängten Erfahrung, dass der Eigenname Marke des Verlusts ist, den die Kultur dem Menschen zufügt, so suchen andere in der Anonymität – also in der Namenlosigkeit – das Mittel, der gefürchteten und insgeheim zumindest geahnten Kennzeichnung als Subjekt zu entkommen.

Damit sind wir bei der Frage nach dem Umgang mit dem eigenen Namen, sowohl in einer analytischen Kur als auch außerhalb. Viele Beispiele zeigen, dass Eigennamen dazu verwendet werden, daraus Seinsbestimmungen herauszulesen. Was ist denn daran zu kritisieren, wenn aus einem großartigen Namen auf ein großartiges Sein geschlossen wird oder wenn aus einem Eigennamen eine berufliche Neigung oder sonst eine Eigenschaft herausgelesen wird? Das Problem besteht offensichtlich im Glauben, dass das Sein eines Subjekts im Namen, durch den Namen, festgelegt ist. Es steckt etwas Missbräuchliches in solchen Verwendungen, weil solche Ableitungen die strukturellen und geschichtlichen Voraussetzungen, die bei einer Namensverleihung im Spiel sind, übergehen – Phantasien sind nicht zu verwechseln mit dem Realen! Mit ihrer Aufdeckung verlieren sie ihre hybride Bedeutung, werden zu einem Faktor unter vielen, die das Sein des Subjekts, vor allem aber: den Seinsmangel des Subjekts ausmachen. Es gilt also, dem Sachverhalt zu entsprechen, dass die geschichtlichen Gegebenheiten dazu geführt haben, dass die Eigennamen nicht mehr Träger von Bedeutungen sind; die semantische Dimension ist verloren, bis auf die Ausnahme der Sexuierung, die im Vornamen beschlossen ist – selbst auf diesem Feld gibt es Ausnahmen. Wenn dennoch Phantasien, die sich um Seinsbestimmungen ranken, unvermeidlich sind, so darum, weil Eigennamen bis an die Wurzeln der individuellen Biographien reichen, weil Rufnamen stets eingebettet sind in phantasmatische Zusammenhänge, die als imaginäre kaum zu unterscheiden sind von realen Faktoren.

In den Sprachwissenschaften begegnet man der Rede von der Unlesbarkeit des Eigennamens. Das hört sich zunächst paradox an, denn der Eigenname ist doch das Zeichen, mit dem das Subjekt aufgewachsen ist und das es geprägt hat. Wie also könnte er unlesbar sein? Manfred Musch schreibt dazu:

»[I]m Vorgang des Benennens, der ein Individuum als einzigartig(es) bestimmbar machen soll, wird dieses Individuum bereits, und zwar durch diesen Prozess des Anrufens selbst, in eine klassifikatorische Ordnung innerhalb einer sozialen Ökonomie, mithin in ein System von Differenz(ierung)en überführt – Einschreibung also in ein spezifisches System von Spuren und Marken, Ablösung von dem, was das Eigentümliche bzw. Einzigartige bei sich selbst hält, offen mithin für eine Trauerarbeit. Doch kann ein Text nur ›existieren‹, widerstehen, fortbestehen, verdrängen, sich lesen oder schreiben lassen, wenn er bearbeitet wird durch die Unlesbarkeit eines Eigennamens […].«[37]

Der Autor, der sich hier auf eine Arbeit von Philippe Forget beruft,[38] macht hier ausgerechnet die Sprache selbst geltend, die die volle Lesbarkeit des Eigennamens verhindert. Er sieht in der Sprache, in der Verleihung von Eigennamen, einen klassifikatorischen Akt, der dazu da ist, Differenzierungen herzustellen. Musch argumentiert somit struk-

37 M. Musch: *Name und Differenz. Zur Problematik des Eigennamens bei (und nach) Jacques Derrida*, s. unter: http://parataktika.de/schriften/name.html [16.07.2010].

38 S. dazu P. Forget: *Diskursanalyse versus Literaturwissenschaft?* In: J. Fohrmann, H. Müller (Hg.): *Diskurstheorien und Literaturwissenschaft*, Frankfurt a.M.: Suhrkamp 1988, S. 311–329.

turell, die semantische Bedeutung kommt gar nicht in Betracht, da sie ihm zufolge ein historisches Relikt ist. Es kommt dazu, dass die Eigennamen den Subjekten nicht gehören, ihnen vielmehr verliehen werden. Das heißt, dass andere Subjekte denselben Eigennamen haben können, sei es zu gleicher Zeit oder zu einer anderen Zeit, früher oder später. Der Schluss ist deshalb zwingend, dass die Singularität eines Subjekts mit dem Eigennamen nicht festgelegt ist – Lacan spricht an dieser Stelle wie bereits erwähnt von *Verstellung*. Der Eigenname erweckt nur den Anschein einer Seinsbestimmung, er kennzeichnet die Individualität, nicht aber das Subjekt, das in seinen realen Dimensionen nicht einholbar ist. Vielleicht müsste man präziser nicht von der Unlesbarkeit des Eigennamens sprechen, sondern von der Unlesbarkeit des Subjekts, die sich im Namen ausdrückt. Das ist es, was der Ethik des Eigennamens ihre Ausrichtung gibt, in der Anwendung auf sich selbst wie auch in Bezug auf die anderen.

# Literatur


Abraham, Karl: *Über die determinierende Kraft des Namens*. In: Ders.: *Psychoanalytische Studien zur Charakterbildung und andere Schriften*. Frankfurt a.M.: S. Fischer 1969 (Conditio humana), S. 39–40.

Agamben, Giorgio: *Idee der Prosa*, übers. v. Clemens-Carl Härle u. Dagmar Leupold, Frankfurt a.M.: Suhrkamp 2003.

Allier, Chantal: *Avatars du nom propre dans la trajectoire d'Antonin Artaud*. In: Revue Essaim, Nr. 16, 1/2006, S. 7–53.

Austin, John L.: *Zur Theorie der Sprechakte (How to do things with Words)*, dt. Bearbeitung v. Eike v. Savigny, Stuttgart: Reclam 1972.

Bachmann, Ingeborg: *Der Umgang mit Namen*. In: Werke, hg. v. Christine Koschel, Inge von Weidenbaum u. Clemens Münster. Vierter Band: Essays, Reden, Vermischte Schriften, Anhang, München, Zürich: Piper 2000, S. 238–254.

Balmary, Mary: *Le sacrifice interdit. Freud et la Bible*, Paris: Grasset 1986.

Benjamin, Walter: *Goethes Wahlverwandtschaften. Essay nach Goethes Roman* Die Wahlverwandtschaften. In: Goethe, Johann Wolfgang: Die Wahlverwandtschaften, Frankfurt a.M.: Insel 1981, S. 253–333.

— *Das Passagen-Werk*, Frankfurt a.M.: Suhrkamp 1982.

— *Über Sprache überhaupt und über die Sprache des Menschen*. In: Ders.: *Sprache und Geschichte. Philosophische Essays*. Stuttgart: Reclam 1992, S. 30–49.

Besch, Werner; Betten, Anne; Reichmann, Oskar et al. (Hg.): *Sprachgeschichte. Ein Handbuch zur deutschen Sprache und ihrer Erforschung*, 4. Teilband, Berlin: de Gruyter, 2. überarb. Aufl. 2004.

Blévis, Jean-Jacques: *La possibilità du sujet*, s. unter: http://www.in-sistance.org/uploads/la%20possibilit%C3%A9%20du%20sujet%20 [16.07.2010].

Bloch, Ernst: Das Prinzip Hoffnung, Frankfurt a.M.: Suhrkamp 1959.

Bormans, Christophe: *La Paranoïa Schreber. »Un rat est venu dans ma chambre«*, s. unter: http://www.psychanalyse-paris.com/forums [16.07.2010].

Bousseyroux, Michel: *Philippe le Clair, le parlêtre au clair de la lettre*. In: Revue L'en-je lacanien, Nr. 11, 2/2008, S. 81–96.

— *Noms et renoms du Père. Contribution à une théorie borroméenne de la nomination*. In: Revue L'en-ja lacanien, Nr. 12, 1/2009, S. 21–38.

Brüggemann, Diethelm: *Kleist. Die Magie*, Würzburg: Königshausen & Neumann, 2004.

Cackett, Robin: *»Schade, dass man sich fürs Intimste immer den Mund verschließt.« Zur Abwesenheit des Herrn Signorelli*. In: Jankowiak, Tanja; Pazzini, Karl-Josef, Rath, Claus-Dieter (Hg.): Von Freud und Lacan aus: Litaratur, Medien, Übersetzen, Bielefeld: transcript 2006, S. 210–226.

Debus, Friedhelm: *Aspekte zum Verhältnis Name – Wort*, Groningen: J.B. Wolters 1966.

Delahousse, Jean: *Le Silence et le Nom*, s. unter: http://www.psychanalyse-in-situ.fr/boîte_a/delahousse.html [15.07.2010].

Derrida, Jacques: *Freud und der Schauplatz der Schrift*, übers. v. Rodolphe Gasché. In: Ders.: Die Schrift und die Differenz. Frankfurt a.M.: Suhrkamp 1976, S. 302–350.

— *Signatur, Ereignis, Kontext*, übers. v. Günther Sigl. In: Ders.: Randgänge der Philosophie, Wien: Passagen 1988, S. 291–314.

— *Der Schacht und die Pyramide. Einführung in die Hegelsche Semiologie*, übers. v. Günther Sigl. In: Randgänge der Philosophie, ibid., S. 85–118.

— *Babylonische Türme. Wege, Umwege, Abwege*, übers. v. Alexander García Düttmann. In: Hirsch, Alfred (Hg.): Übersetzung und Dekonstruktion, Frankfurt a.M.: Suhrkamp 1997, S. 119–165.

— *L'aphorisme à contre-temps*. In: Ders.: *Psyche. Inventions de l'autre*, Paris: Gallimard 1998, S. 131–144.

— *OTOBIOGRAPHIEN – Die Lehre Nietzsches und die Politik des Eigennamens*, übers. v. Friedrich Kittler. In: Ders.; Kittler, Friedrich: Nietzsche – Politik des Eigennamens. Wie man abschafft, wovon man spricht, Berlin: Merve Verlag 2000, S. 7–63.

— *Über den Namen. Drei Essays*, übers. v. Hans-Dieter Gondek u. Markus Sedlaczek, Wien: Passagen 2000.

— *Außer dem Namen (Post-Scriptum)*, übers. v. Markus Sedlaczek. In: Ders.: Über den Namen ..., ibid., S. 63–121.

— *As if I were dead/Als ob ich tot wäre*, hg. u. übers. v. Ulrike Oudée Dünkelsbühler, Thomas Frey, Dirk Jäger, Karl-Josef Pazzini, Rahel Puffert u. Ute Vorkoeper, Wien: Turia + Kant 2000.

— *Glas. Totenglocke*, übers. v. Hans-Dieter Gondek u. Markus Sedlaczek, München: W. Fink-Verlag 2006.

Descartes, René: *Meditationes,* neu hg. v. Artur Buchenau, Hamburg: Meiner 1959.

Doblhammer, Klaus: *Das Sprechen der Sprache. Frühkindlicher Spracherwerb im Lichte der Psychoanalyse Jacques Lacans.* Dissertation, Universität Wien, s. unter: http://www.t0.or.at/~kdobl/diss/paed.htm [14.07.2010].

Dolto, Françoise: *Das unbewußte Bild des Körpers*, übers. v. Elisabeth Widmer, Weinheim u. Berlin: Quadriga, 1984.

Duguet, Claire: *Quelques notes sur le père dans RSI et Le Sinthome*, s. unter: http://www.google.ch/#hl=de&q=claire+duguet%2C+quelques+notes&aq=f&aqi=&aql=&oq=claire+duguet%2C+quelques+notes&gs_rfai=&fp=3e8b4b91bdf39ca1 [14.07.2010].

Ebtinger, Pierre: *Névrose et psychose.* In: Carnets cliniques de Strasbourg, Nr. 7, 5/2008, S. 129–149.

Edwards, Ian: *Derrida's (Ir)religion: A Theology (of Différance).* In: Janus Head, 6, 1/2003, S. 142–153.

Eichler, Ernst; Hilty, Gerold; Löffler, Heinrich; Steger, Hugo; Zgusta, Ladislav (Hg.): *Namenforschung. Name studies. Les noms propres. Ein internationales Handbuch zur Onomastik*, 1. Teilband 1995, 2. Teilband 1996, Berlin u. New York: de Gruyter (Handbücher zur Sprach- und Kommunikationswissenschaft 11).

Fainsilber, Liliane: *L'alphabet du désir inconscient avec les lettres du nom propre*, s. unter: http://pagesperso-orange.fr/liliane.fainsilber/pages/nom_propre.htm [14.07.2010].

— *Notes sur le nom propre dans les séminaires de Lacan*, s. unter: http://pagesperso-orange.fr/liliane.fainsilber/pages/nom-propre1.htm [14.07.2010].

Février, James G.: *Histoire de l'Ecriture*, Paris: Payot 1984.

Fingas, Andreas: *Namen und Personenbezeichnungen bei Goethe am Beispiel der »Wahlverwandtschaften«.* Studienarbeit, Universität Bamberg, Sommersem. 2006, Verlag für Akademische Texte, Dokument Nr. V113112.

Forget Jean-Marie: *Le Nom propre comme littoral.* In: La revue lacanienne, Nr. 2, 2/2008, S. 122–127.

Forget, Philippe: *Diskursanalyse versus Literaturwissenschaft?* In: Fohrmann, Jürgen; Müller, Harro (Hg.): Diskurstheorien und Literaturwissenschaft, Frankfurt a.M.: Suhrkamp 1988, S. 311–329.

Foucault, Michel: *Was ist ein Autor?* In: Ders.: Schriften zur Literatur, übers. v. Karin von Hofer, Frankfurt a.M.: Fischer 2003, S. 7–32.

Fraenkel, Béatrice: *La signature. Genèse d'un signe*, Paris: Gallimard 1992.

— *La signature : du signe à l'acte.* In: Revue Sociétés & Représentations, Nr. 1, 2008, S. 13–23.

Frege, Gottlob: *Über Sinn und Bedeutung*, Göttingen: Vandenhoeck & Ruprecht 1994.

Freud, Sigmund: *Zum psychischen Mechanismus der Vergesslichkeit.* In: G.W. I., S. 517–527 [hier und im Folgenden: Frankurt a.M.: Fischer 1960ff.].

— *Die Traumdeutung.* Studienausgabe [=StA], Bd. II, Frankfurt a.M.: Fischer 1972 (Conditio humana).

— *Zur Psychopathologie des Alltagslebens.* G.W. IV.

— *Der Witz und seine Beziehung zum Unbewußten.* G.W. VI.

— *Analyse der Phobie eines fünfjährigen Knaben.* In: G.W. VII, S. 243–277.

— *Bemerkungen über einen Fall von Zwangsneurose*, ibid., S. 379–463.

— *Über die allgemeinste Erniedrigung des Liebeslebens.* In: G.W. VIII, S. 78–91.

— *Totem und Tabu.* In: StA, Bd. IX, S. 287–444, Frankfurt a.M.: Fischer 1974 (Conditio humana).

— *Triebe und Triebschicksale.* In: G.W. X, S. 209–232.

— *Das Unbewußte.* In: G.W. X, S. 263–303.

— *Aus der Geschichte einer infantilen Neurose.* In: G.W. XII, S. 29–157.

— *Das Ich und das Es.* In: GW. XIII, S. 235–289.

— *Die infantile Genitalorganisation.* In: G.W. XIII, S. 293–298.

— *Notiz über den »Wunderblock«.* In: G.W. XIV. S. 3–8.

— *Einige psychische Folgen des anatomischen Geschlechtsunterschieds*. In: G.W. XIV, S. 19–30.

— *Über die weibliche Sexualität*. In: G.W. XIV, S. 517–537.

— *Konstruktionen in der Analyse*. In: G.W. XVI, S. 43–56.

— *Entwurf einer Psychologie*. In: G.W. Nachtragsband, S. 387–486.

— *Briefe an Wilhelm Fließ, 1887–1904*, hg. v. J.M. Masson, Frankfurt a.M.: S. Fischer 1986.

Grimmelshausen, Hans Jakob Christoffel von: *Abenteuerlicher Simplicius Simplicissimus,* eingel. v. Kurt Waselowsky, München: Goldmann o.J.

Hamacher, Werner: *Die Geste im Namen. Benjamin und Kafka.* In: Ders.: Entferntes Verstehen. Frankfurt a.M.: Suhrkamp, S. 280–323.

Hartmann, Eduard: *Philosophie des Unbewussten*. In: Digitale Bibliothek, Bd. 2: Philosophie, Brasov: Directmedia Publishing o.J. S. 60168/9.

Hegel, Georg Wilhelm Friedrich: *Phänomenologie des Geistes,* Hamburg: F. Meiner [6]1952.

Heidegger, Martin: *Sein und Zeit*, Tübingen: Niemeyer, 1967.

— *Zollikoner Seminare*, Frankfurt a.M.: Klostermann 1987.

Husserl, Edmund: *Cartesianische Meditationen*, Hamburg: Meiner [3]1995.

Jean, Georges: *Langage de signes. L'écriture et son double*, Paris: Découvertes Gallimard Archéologie 1989.

Julien, Philippe: *Le retour à Freud de Jacques Lacan*, Toulouse: Ed. Erès 1986.

— *Du symptôme au sinthome : la psychose lacanienne*. In: Revue La clinique lacanienne, Nr. 5, 1/2000, S. 63–67.

Kant, Immanuel: *Grundlegung zur Metaphysik der Sitten*. In: Digitale Bibliothek, Bd. 2: Philosophie, Brasov: Directmedia Publishing o.J., S. 24947–25095.

Keller, Gottfried: *Der Schmied seines Glücks* (aus: Die Leute von Seldwyla). In: Sämtliche Werke, München: Hanser [4]1979, S. 297–323.

Klein, Melanie: *Die Rolle der Schule in der libidinösen Entwicklung des Kindes (1923)*. In: Gesammelte Schriften, Bd. I, Teil 1. Schriften 1920–1945, hg. v. Ruth Cycon unter Mitarbeit v. Hermann Erb, mit Übers. Aus d. Engl. v. Elisabeth Vorspohl, Stuttgart-Bad Cannstadt: fromman-holzboog 1995, S. 139–162.

Kleist, Heinrich von: *Amphitryon,* In: Sämtliche Werke und Briefe, hg. v. Helmut Sembdner, zweibändige Ausgabe in einem Band, München: dtv 2001, S. 245–320.

Kong, Philippe: *Une lettre d'»a«mour : nœud borroméen et fin d'analyse.* In: Revue Figures de la psychanalyse, Nr. 15, 1/2007, S. 101–108.

Kripke, Saul: *Name und Notwendigkeit*, übers. v. Ursula Wolf, Frankfurt a.M.: Suhrkamp, 1981.

Kutschera, Franz von: *Sprachphilosophie,* München: Wilhelm Fink, [2]1975.

Lacan, Jacques: *Das Seminar über E.A. Poes »Der entwendete Brief«*, übers. v. Rodolphe Gasché. In: Schriften I. Olten u. Freiburg i.Br.: Walter-Verlag 1973, S. 7–60.

— *Das Spiegelstadium als Bildner der Ichfunktion*, übers. v. Peter Stehlin. In: Schriften I, ibid., S. 61–70.

— *Funktion und Feld des Sprechens und der Sprache*, übers. v. Klaus Laermann. In: Schriften I, ibid., S. 71–169.

— *Über eine Frage, die jeder möglichen Behandlung der Psychose vorausgeht*, übers. v. Chantal Creusot, Norbert Haas u. Samuel M. Weber. In: Schriften II, Olten u. Freiburg i.Br.: Walter-Verlag 1975, S. 61–117.

— *Subversion des Subjekts und Dialektik des Begehrens im Freudschen Unbewußten*, übers. v. Chantal Creusot u. Norbert Haas. In: Schriften II, ibid., S. 165–20.

— *La troisième. Intervention au Congrès de Rome* (31.10.1974/ 3.11.74). In: Lettres de l'Ecole freudienne, Nr. 16, 1975, S. 177–203.

— *Television*, übers. v. Jutta Prasse u. Hinrich Lühmann. In: Ders.: Radiophonie. Television, Weinheim u. Berlin: Quadriga 1988, S. 55–98.

— *Préface à* L'Eveil du printemps. In: Autres Ecrits, Paris: Ed. Seuil, 2001, S. 561–563.

— *Das Seminar I (1953–1954). Freuds technische Schriften*, Olten: Walter u. Quadriga 1978.

— *Das Seminar III (1955–1956). Die Psychosen*, übers. v. Michael Turnheim, Weinheim u. Berlin: Quadriga 1997.

— *Das Seminar VII (1959–1960). Die Ethik der Psychoanalyse*, übers. v. Norbert Haas, Weinheim u. Berlin: Quadriga 1978.

— Das Seminar *VIII (1960–1961). Die Übertragung*, übers. v. Hans-Dieter Gondek, Wien: Passagen 2008.

— *Le Séminaire IX (1961–1962). L'identification*, s. unter: http://www.staferla.free.fr/S9/S9.htm [22.07.2010].

— *Das Seminar XI (1964). Die vier Grundbegriffe der Psychoanalyse*, übers. v. Norbert Haas, Olten u. Freiburg i.Br.: Walter u. Quadriga 1978.

— *Le Séminaire XII (1964–1965). Problèmes cruciaux de la psychanalyse,* s. unter: http://www.staferla.free.fr/S12/S12.htm [22.07.2010].

— *Le Séminaire XVI (1968–1969). D'un Autre à l'autre*, Paris: Ed. Seuil 2006.

— *Le Séminaire XVII (1969–1970). L'envers de la psychanalyse*, Paris: Ed. Seuil 1991.

— Das *Seminar XX (1972–1973). Encore*, übers. v. Norbert Haas, Vreni Haas u. Hans-Joachim Metzger, Weinheim u. Berlin: Quadriga 1986.

— *Le Séminaire XXII (1974–1975). RSI*, s. unter: http://www.staferla.free.fr/S22/S22.htm [22.07.2010].

— *Le Séminaire XXIII (1975–1976). Le Sinthome*, Paris: Ed. Seuil 2005.

— *Le Séminaire XXIV (1976–1977). L'insu que sait de l'une-bévue s'aile à mourre.*, s. unter: http://www.gaogoa.free.fr [22.07. 2010].

La Cause Freudienne (Revue de psychanalyse): *Les maladies du nom propre*, Paris: Navarin 1998.

Lanselle, Rainier, *Schrift oder graphische Sprache?* In: RISS, Zeitschrift für Psychoanalyse, Nr. 67, 3/2007, S. 23–60.

Laska Francine: *La magie du nom*, s. unter: http://www.freud-lacan.com/articles/article.php?url_article=flaska260492 [16.07.2010].

Lebrun Jean-Pierre: *Changer le nom: manquer à perdre.* In: Revue La clinique lacanienne, Nr. 7, 1/2004, S. 181–189.

Leclaire, Serge: *Der psychoanalytische Prozess*, übers. v. Norbert Haas, Olten u. Freiburg i.Br.: Walter-Verlag 1971 [i.O.: *Psychanalyser. Un essai sur l'ordre de l'inconscient et la pratique de la lettre*, Paris: Ed. Seuil 1968].

Leisi, Ernst: *Paar und Sprache*, Heidelberg: Quelle & Meyer (UTB) [4]1993.

Leroux, Georges: *Derrida en castellano – «Passion : transcendance». Derrida lecteur du platonisme négatif,* s. unter: http//www.jacques-derrida.com.ar/comentarion/platonisme-ne… [15.07.2010].

Leroy, Sarah: *Le nom propre en français*, Paris: Ophrys 2004.

López, Justo Fernández: *Eigenname*, s. unter: http://culturitalia.uibk.ac.at/hispanoteca/lexikon%20der%20linguistik/e/EIGENNAME%20%20%20Nombre%20propio.htm [15.07.2010].

Mach, Ernst: *Erkenntnis und Irrtum*. In: Digitale Bibliothek, Bd. 2: Philosophie, Brasov: Directmedia Publishing o.J., S. 51214/5.

Maciejewski, Franz: *Der Moses des Sigmund Freud. Ein unheimlicher Bruder*, Göttingen: Vandenhoeck & Ruprecht 2006.

Major, René: *Die Psychoanalyse als Eigenname*. In: Frag.mente. Schriftenreihe zur Psychoanalyse, Nr. 29/30, 1989, S. 129–140.

— *L'archonte, l'architrace, l'archive*. In: Che vuoi? Revue de Psychanalyse, Nr. 23, 2005, S. 21–32.

Malengreau, Pierre: *Fonction paternelle et direction de la cure*, s. unter: www.ch-freudien-br.org/Feuillets/PDF/Malengreau-f5.pdf [22.07.2010].

Marone Fulvio: *Nom: nécessité et contingence*. In: Revue L'en-je lacanien, Nr. 12, 1/2009, S. 9–20.

Mill, John Stuart: *System der deduktiven und induktiven Logik*. In: Digitale Bibliothek, Bd. 2: Philosophie, Brasov: Directmedia Publishing o.J., S. 51959/60.

Morel, Geneviève: *Sexe, genre et identité: du symptôme au sinthome*. In: Revue Cités, Nr. 21, 1/2005, S. 61–78.

Musch, Manfred: *Name und Differenz. Zur Problematik des Eigennamens bei (und nach) Jacques Derrida*, s. unter: http://parataktika.de/schriften/name.html [22.07.2010].

Pelham, Brett W.; Mirenberg, Matthew C.; Jones, John T.: *Why Susie sells seashells by the seashore: Implicit egotism and major life decisione*. In: Journal of Personality and Social Psychology 82, S. 469–487.

Pessoa, Fernando: *Dokumente zur Person und ausgewählte Briefe.*, hg. u. übers. v. Georg R. Lind u. Frank Henseleit-Lucke, Zürich: Ammann 1988.

Petzer Tatjana, Sasse Sylvia; Thun-Hohenstein, Franziska; Zanetti, Sandro (Hg.), *Namen. Benennung – Verehrung – Wirkung*, Berlin: Kadmos 2009.

Platon: *Kratylos*. In: G.W., Bd. 3, übers. v. Friedrich Schleiermacher, hg. v. Gunther Eigler, Darmstadt: Wissenschaftliche Buchgesellschaft 1974, S. 395–574.

Pommier, Gérard: *Naissance et renaissance de l'écriture*, Paris: PUF 1993.

— *Les noms du père chez Jacques Lacan*, Ramonville Saint-Agne: Ed. Erès 1997.

*Du monstre phobique au Totem, et du Totem au Nom-du-Père*. In: Revue La clinique lacanienne, Nr. 9, 2/2005, S. 21–46.

Porath, Erik: *Zwischen Lebenden und Toten, zwischen Assoziation und Vergessen. Das Subjekt und sein Name*. In: Petzer, Tatjana; Sasse, Sylvia; Thun-Hohenstein, Franziska; Zanetti, Sandro (Hg.): *Namen* ..., op. cit., S. 243–259.

Porge, Eric: *Les noms du père chez Jacques Lacan*, Ramonville Saint-Agne: Ed. Erès 1997.

— *Jacques Lacan, un psychanalyste*, Ramonville Saint-Agne: Ed. Erès 2000.

— *L'erre de la métaphore*. In: Revue Essaim, Nr. 2, 2008, S. 17–44.

Russell, Bertrand: *Über das Kennzeichnen [On Denoting]*. In: Ders.: Philosophische und politische Aufsätze, hg. v. Ulrich Steinvorth, Stuttgart: Reclam 1971, S. 3–22.

Sade, Marquis de: *Philosophie im Boudoir*, hg. v. Peter Schalk, München: Heyne 1977.

Schade, Sigrid: *Ein Fall von Namenvergessen und ein Fall von Bilderinnern. Freud und die Fresken Luca Signorellis in Orvieto*. In: Frag.mente. Schriftenreihe zur Psychoanalyse, Nr. 38, Juni 1992, S. 113–130.

Schmid, Michael: *Das Motiv der Bindung*. In: texte. psychoanalyse. ästhetik. kulturkritik, Nr. 2, 2003, S. 14–37.

Schmidt, Gunnar: *Unica Zürn. Die Ruhe im Unglück*, s. unter: http://www.medienaesthetik.de/literatur/zuern.html

Scholem, Gershom: *Der Name Gottes und die Sprachtheorie der Kabbala*. In: Judaica 3, Frankfurt a.M.: Suhrkamp 1973, S. 7–70.

Schreber, Daniel Paul: *Denkwürdigkeiten eines Nervenkranken*, mit Aufsätzen v. Franz Baumayer, einem Vorwort u. sechs Abb., hg. v. Peter Heiligenthal u. Reinhard Volk, Frankfurt a.M.: Syndikat 1985.

Seibicke, Wilfried: *Traditionen der Vornamengebung. Motivationen, Vorbilder, Moden: Germanisch*. In: Eichler, Ernst; Hilty, Gerold; Löffler, Heinrich et al. (Hg.): *Namenforschung* ..., op. cit., S. 1207–1214.

Shakespeare, William: *Romeo und Julia*, nach d. Übers. v. A. Schlegel, s. unter: http://de.wikisource.org/wiki/Romeo_und_Julia [14. 07.2010].

Siboni, Jacques: *L'oubli du nom propre est structure comme une bouteille de Klein*, s. unter: http://jacsib.lutecium.org/papers/l070201.ps [15.07.2010].

Soler, Colette: *Die Paradoxien des Symptoms in der Psychoanalyse*. In: RISS, Zeitschrift für Psychoanalyse, Nr. 71, 2009, S. 79–98.

— *Les noms de l'identité*. In: Mensuel Nr. 28, Novemer/2007, S. 11–18, s. unter: http://www.champlacanienfrance.net/article.php3?id_article=289 [17.07.2010].

Sous, Jean-Louis: »*Retour au réel: la condensation*«. *Les p'tits mathèmes de Lacan*. In: Revue Essaim, Nr. 2, 2008, S. 171–177.

Stekel, Wilhelm: *Die Verpflichtung des Namens*. In: Zeitschrift für Psychotherapie und medizinische Psychologie, Bd. 3, 1911, Stuttgart: Enke, S. 110–115.

Stiegler, Bernd: *Die Aufgabe des Namens. Zur Funktion der Eigennamen in der Literatur des 20. Jahrhunderts*, München: Fink 1994.

Thibierge, Stéphane: *Pathologie de l'image du corps. Etude des troubles de la reconnaissance et de la nomination en psychopathologie*, Paris: PUF 1999.

Tomatis, Alfred: *Der Klang des Lebens*, Reinbek b. Hamburg: Rowohlt, [13]1990.

Uhlmann, Berit: *Prägt der Name unser Schicksal?* In: Süddeutsche Zeitung v. 25.08.2008, s. unter: http://www.sueddeutsche.de/wissen/frage-der-woche-praegt-der-name-unser-schicksal-1.691365 [22.07.2010].

Valas, Patrick: *Dieu, Le retour?*, s. unter: http://www.valas.fr/Dieu-Le-retour,046 [16.07.2010].

— *Lacan a propos le meurtre du père*, s. unter: http://www.valas.fr/?page=imprimer&id_article=9 [16.07.2010].

Vasse, Denis: *L'ombilic et la voix*, Paris: Ed. Seuil 1974.

Vaquié Michel: *Le sinthome et Ulysse*. Collège clinique de Toulouse, Séminaire de lectures, séance du 11 mars 2006, s. unter: http://www.google.ch/#hl=de&q=michel+vaqui%C3%A9%2BUlysse&aq=f&aqi=&aql=&oq=michel+vaqui%C3%A9%2BUlysse&gs_rfai=&fp=6633e42a02b245a [16.07.2010].

Vincent, Denise: *L'oubli des noms et la lettre dans l'inconscient*, s. unter: http://www.freud-lacan.com/articles/article.php?url_article=dvincent270902_4 [16.07.2010].

Weber, Samuel M.: *Zur Singularität des Namens in der Psychoanalyse. Lacan und Heidegger.* In: Seifert, Edith (Hg.): Perversion der Philosophie, Berlin: Edition Tiamat 2002, S. 31–61.

Widmer, Peter: *Metamorphosen des Signifikanten. Zur Bedeutung des Körperbilds für die Realität des Subjekts*, Bielefeld: transcript 2006.

— *Paraphrenie, ein vergessenes Konzept Freuds.* In: Widmer, Peter; Schmid, Michael (Hg.): *Psychosen: eine Herausforderung für die Psychoanalyse. Strukturen – Klinik – Produktionen*, Bielefeld: transcript 2007, S. 75–101.

— *Vom Mysterium zum Sprachversagen. Lacans Beiträge zur Scham.* In: Schäfer Alfred; Thompson, Christiane (Hg.): Scham, Paderborn: F. Schöningh 2009, S. 51–74.

Willems, Klaas: *Eigennamen und Bedeutung*, Heidelberg: Universitätsverlag C. Winter 1996.

Wimmer, Rainer: *Die Bedeutung des Eigennamens.* In: Semasia 5, 1978, S. 1–21.

Wolf, Ursula (Hg.): *Eigennamen. Dokumentation einer Kontroverse*, Frankfurt a.M.: Suhrkamp 1993.

Wyss, Eva Lia: *»What's in a name?« Zur soziokulturellen Bedeutung von Eigennamen.* In: Bulletin VALS/ASLA 80. S. 1–19.

Zeeb, Ekkehard: *Die Unlesbarkeit der Welt und die Lesbarkeit der Texte*, Würzburg: Königshausen & Neumann 1995.

# Namenregister

## Namen von Autoren, Herausgebern und Übersetzern

## Eigennamen, auf die angespielt wird (literarische, biblische Figuren und solche aus Träumen)

# Begriffsregister

# Psychoanalyse

Tanja Jankowiak, Karl-Josef Pazzini,
Claus-Dieter Rath (Hg.)
**Von Freud und Lacan aus:**
**Literatur, Medien, Übersetzen**
Zur »Rücksicht auf Darstellbarkeit«
in der Psychoanalyse

2006, 286 Seiten, kart., 26,80 €,
ISBN 978-3-89942-466-9

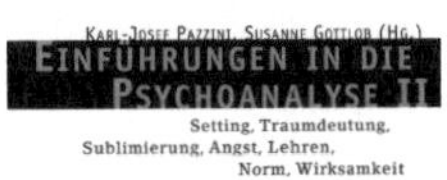


Karl-Josef Pazzini,
Susanne Gottlob (Hg.)
**Einführungen in die Psychoanalyse II**
Setting, Traumdeutung, Sublimierung,
Angst, Lehren, Norm, Wirksamkeit

2006, 170 Seiten, kart., 17,80 €,
ISBN 978-3-89942-391-4

[transcript] Psychoanalyse

Karl-Josef Pazzini,
Marianne Schuller,
Michael Wimmer (Hg.)
**Wahn – Wissen – Institution II**
Zum Problem einer Grenzziehung

2007, 182 Seiten, kart., 20,80 €,
ISBN 978-3-89942-575-8

# Psychoanalyse

Frank Dirkopf,
Insa Härtel,
Christine Kirchhoff,
Lars Lippmann,
Katharina Rothe (Hg.)
**Aktualität der Anfänge**
Freuds Brief an Fließ vom 6.12.1896
2008, 190 Seiten, kart., 20,80 €,
ISBN 978-3-89942-682-3

Susanne Gottlob
**Stimme und Blick**
Zwischen Aufschub des Todes und Zeichen der Hingabe: Hölderlin – Carpaccio – Heiner Müller – Fra Angelico
2002, 252 Seiten, kart., 25,80 €,
ISBN 978-3-933127-97-6

Karl-Josef Pazzini,
Susanne Gottlob (Hg.)
**Einführungen in die Psychoanalyse I**
Einfühlen, Unbewußtes, Symptom, Hysterie, Sexualität, Übertragung, Perversion
2005, 160 Seiten, kart., 16,80 €,
ISBN 978-3-89942-348-8

Karl-Josef Pazzini,
Marianne Schuller,
Michael Wimmer (Hg.)
**Wahn – Wissen – Institution**
Undisziplinierbare Näherungen (unter Mitarbeit von Jeannie Moser)
2005, 376 Seiten, kart., 29,80 €,
ISBN 978-3-89942-284-9

Erik Porath
**Gedächtnis des Unerinnerbaren**
Philosophische und medientheoretische Untersuchungen zur Freudschen Psychoanalyse
2005, 542 Seiten, kart., 34,80 €,
ISBN 978-3-89942-386-0

Jutta Prasse
**Sprache und Fremdsprache**
Psychoanalytische Aufsätze (herausgegeben von Claus-Dieter Rath)
2004, 212 Seiten, kart., 22,80 €,
ISBN 978-3-89942-322-8

Bernhard Schwaiger
**Das Begehren des Gesetzes**
Zur Psychoanalyse jugendlicher Straftäter
2009, 252 Seiten, kart., 26,80 €,
ISBN 978-3-8376-1128-1

Georg Christoph Tholen,
Gerhard Schmitz,
Manfred Riepe (Hg.)
**Übertragung – Übersetzung – Überlieferung**
Episteme und Sprache in der Psychoanalyse Lacans
2001, 442 Seiten, kart., 25,80 €,
ISBN 978-3-933127-74-7

Peter Widmer
**Angst**
Erläuterungen zu Lacans Seminar X
2004, 176 Seiten, kart., 18,80 €,
ISBN 978-3-89942-214-6